Klartext

Veröffentlichungen des Instituts für Kultur und Geschichte
der Deutschen im östlichen Europa

Herausgegeben von Detlef Brandes und Dietmar Neutatz

Band 1

Ungleiche Nachbarn

Demokratische und nationale Emanzipation
bei Deutschen, Tschechen und Slowaken
(1815-1914)

Für die deutsch – tschechisch-slowakische
Historikerkommission

herausgegeben
von Hans Mommsen und Jiří Kořalka

Das Titelbild zeigt die Grundsteinlegung des
Prager Nationaltheaters am 16. Mai 1868

CIP-Titelaufnahme der Deutschen Bibliothek

Ungleiche Nachbarn : demokratische und nationale Emanzipation bei Deutschen, Tschechen und Slowaken (1815 – 1914) / für die Deutsch-Tschechisch-Slowakische Historikerkommission hrsg. von Hans Mommsen und Jiří Kořalka. – 1. Aufl. – Essen: Klartext-Verl., 1993

(Veröffentlichungen des Instiutus für Kultur und Geschichte der Deutschen im Östlichen Europa ; Bd. 1)
ISBN 3-88474-052-0 brosch.
ISBN 3-88474-056-3 Gb.

NE: Mommsen, Hans [Hrsg.]; Institut für die Kultur und Geschichte der Deutschen im Östlichen Europa <Düsseldorf>: Veröffentlichungen des Instituts ...

1. Auflage August 1993
Satz: Klartext Verlag
Druck: Fuck, Koblenz

ISBN 3-88474-056-3

Inhalt

Zum Geleit

Mit diesem Band eröffnet das Institut für Kultur und Geschichte der Deutschen im östlichen Europa an der Heinrich-Heine-Universität Düsseldorf die Reihe seiner Veröffentlichungen. Mit der Gründung des Instituts im Jahre 1991 wurde dem in den letzten Jahren sprunghaft gestiegenen Bedürfnis nach wissenschaftlicher Auseinandersetzung mit der Vergangenheit und Gegenwart der Deutschen im östlichen Europa Rechnung getragen und die einschlägige Forschung und Lehre erstmals an einer deutschen Universität verankert.

Das Institut wird in einer Anlaufphase vom Bundesminister des Innern großzügig gefördert. Besonders hervorzuheben ist die Möglichkeit, für jedes Semester einen Gastprofessor aus den Staaten des östlichen Europa einzuladen. Nach Ablauf der ersten vier Jahre tritt an die Stelle des Bundesministers das Wissenschaftsministerium des Landes Nordrhein-Westfalen. In Forschung und Lehre ist das Institut voll in das Programm der Heinrich-Heine-Universität Düsseldorf integriert.

Wir möchten aber auch nach außen wirken, wozu sich die Herausgabe einer Reihe am besten eignet. In ihr sollen nicht nur Arbeiten veröffentlicht werden, die am Institut entstanden sind. Das Institut möchte vielmehr auch Kollegen, die auf verwandten Gebieten arbeiten, seine Dienste anbieten, wobei wir neben Forschern aus Westeuropa besonders an solche aus Ostmittel- und Südosteuropa sowie aus Rußland und der Ukraine denken. Wie es aussieht, dürfte es nämlich noch einige Zeit dauern, am längsten wohl in den Nachfolgestaaten der Sowjetunion, bis das Verlagssystem und die Förderungsinstrumente so weit entwickelt sein werden, daß westeuropäische Hilfen und Publikationsangebote überflüssig werden. Es wäre schade, wenn nach Jahrzehnten des Stillstands begrüßenswerte Neuansätze an mangelnden Publikationsmöglichkeiten scheitern würden.

Die Übernahme der Konferenzbände der deutsch – tschechisch-slowakischen Historikerkommission, an deren Arbeit die Herausgeber als Mitglied bzw. als Referent beteiligt sind, ermöglicht der Reihe einen guten Start und soll die Richtung künftiger Veröffentlichungen anzeigen.

Ohne Druckkostenzuschüsse können wissenschaftliche Werke in den seltensten Fällen veröffentlicht werden. Die Heinrich-Heine-Universität Düsseldorf hat das Glück, sich eines aktiven Freundes- und Fördererkreises erfreuen zu können. Diesem danken wir herzlich für die Vermittlung eines großzügigen Druckkostenzuschusses aus Mitteln des Dr. Reinhard und Emmi Heynen-Nachlasses zu diesem Band.

Detlef Brandes, Dietmar Neutatz

Vorwort

Der hier vorgelegte Sammelband enthält die Referate, die während der ersten Konferenz der deutsch – tschechisch-slowakischen Historikerkommission 1991 in Prag gehalten wurden. Diese im Jahr zuvor auf Initiative der Präsidenten und der Außenminister der Bundesrepublik Deutschland und der Tschechoslowakischen Föderativen Republik eingesetzte Kommission erhielt die Aufgabe, zur Vertiefung der Kenntnis, zum besseren Verstehen und zur neuen Beurteilung der tausendjährigen „gemeinsamen Geschichte" beizutragen, die in der Präambel des Vertrages über gute Nachbarschaft und freundschaftliche Zusammenarbeit von 1991 angesprochen ist. Die von den Fachverbänden der Historiker beider Staaten vorgeschlagenen Mitglieder der Kommission verstehen sich als ein unabhängiges wissenschaftliches Gremium, das sich vorgenommen hat, seiner Aufgabe durch Analyse und Vergleich der geschichtlichen Entwicklung der deutschen, tschechischen und slowakischen Nationen insbesondere im 19. und 20. Jahrhundert gerecht zu werden – also in einer Zeit intensiver Kontakte und Beziehungen, aber auch zunehmender Spannungen, Konflikte und schwerster Belastungen.

Als grundlegendes, aber auch besonders schwerwiegendes und kompliziertes Problem im Verhältnis dieser drei Nationen mußte am Anfang die Nationalitätenfrage behandelt werden: die Tatsache, daß jahrhundertelang Deutsche in den böhmischen Ländern und der Slowakei, und damit in Ländern des Hauses Habsburg bzw. des österreichischen Kaiserreichs und der österreichisch-ungarischen Doppelmonarchie, und in der Ersten Tschechoslowakischen Republik lebten. Selbstverständlich konnte bei der Behandlung dieser Thematik nicht die Absicht bestehen, zu grundlegend neuen Ergebnissen oder gar zu einer abschließenden, „politisch verträglichen" Wertung zu gelangen. Das kann in keiner Hinsicht Anspruch der Arbeit der Kommission sein. Vielmehr will sie – auf dem gegenwärtigen Stand der Forschung und weitere Forschung anregend – eine vorurteilsfreie Betrachtung der gemeinsamen Geschichte vorstellen. Dafür sind durch die umwälzenden Ereignisse seit 1989 ganz neue, hoffnungsvolle Voraussetzungen gegeben. Politische und ideologische Hindernisse, die lange die wissenschaftliche Kooperation gehemmt haben, sind beseitigt; Archive, vor allem auf tschechischer und slowakischer Seite, werden geöffnet; wissenschaftliche Begegnungen und Konferenzen, der Austausch von Forschern, Lehrenden und Studierenden nehmen zu, ebenso die allgemeine gegenseitige Aufmerksamkeit für die historische Forschung, die Geschichtskenntnis und die Geschichtsbilder.

Das Ausmaß des Wandels der letzten Jahre, vor allem in Böhmen, Mähren und der Slowakei, ist kaum zu überschätzen, und im Licht dieses Wandels hat die Frage nach der Geschichte der letzten anderthalb Jahrhunderte eminente Bedeutung. In diesem zeitlichen Rahmen müssen auch die besonders belastenden Vorgänge von 1938 bis 1948 gesehen werden. Deshalb hat die Kommission ihre erste Konferenz dem Thema „Demokratie und Nationalismus in der deutschen, tschechischen und slowakischen Entwicklung 1815-1938" gewidmet. Weitere Konferenzen haben sich mit dem „Scheitern der Verständigung. Tschechen, Slowaken und Deutsche in der Ersten Republik" (1918-1938) und mit dem

„Weg in die Katastrophe" (1938-1948) befaßt. Ihre Ergebnisse werden in nachfolgenden Bänden vorgelegt werden. Sie – wie auch weitere Bände – werden parallel in deutscher und tschechischer bzw. slowakischer Sprache erscheinen. Daß die Arbeit der Kommission sich in überaus sachlicher und freundschaftlicher Weise vollzieht, darf ausdrücklich betont werden.

Die Konferenz, deren Ergebnisse in dem vorliegenden Band vereinigt sind, fand vom 17. bis zum 20. Juni 1991 in Prag statt. Vorbereitet wurde sie von den Herausgebern Professor Dr. Hans Mommsen und Dr. Jiří Kořalka. Ihnen wie allen anderen am Gelingen Beteiligten gebührt unser Dank.

Jan Křen, Rudolf Vierhaus
(Kommissionsvorsitzende)

Einleitung

Die meisten Probleme, die das Verhältnis zwischen den Deutschen und ihren südöstlichen Nachbarn in Mitteleuropa, den Tschechen und den Slowaken, bis heute beeinflussen, sind durch den sozialen Wandel, die Nationsbildungsprozesse und die machtpolitischen Auseinandersetzungen des 19. Jahrhunderts und des Ersten Weltkriegs hervorgerufen worden. Erst die staatsrechtlichen Veränderungen von 1866/67, 1871 und 1918 haben entschieden, daß die vornationalen, ihrem Wesen nach supraethnischen Staatsgebilde des Deutschen Bundes und des Kaiserreiches Österreich scheiterten, und daß schließlich die bilaterale, zwischenstaatliche Beziehung Deutschlands und der Tschechoslowakei für das Verhältnis zwischen den Deutschen, Tschechen und Slowaken zukunftsweisend geworden ist. In den vorhergehenden Jahrzehnten war die Situation weniger eindeutig. Daß sich Deutsche, Tschechen und Slowaken in Nationalstaaten konstitutiert haben, ist erst das Ergebnis der Geschichte des 19. und 20. Jahrhunderts.

Die Deutschen stellten schon vor 1871 eine große europäische Kulturnation dar. Bis zur Gründung des Deutschen Reiches und zum Teil noch darüber hinaus war jedoch strittig, ob auch Österreicher und Deutschschweizer, Flamen und Niederländer zur deutschen Nation gehören. Andererseits begünstigte die Vielfalt der deutschen Staatenwelt in den ersten zwei Dritteln des 19. Jahrhunderts das Fortleben eines bayerischen, sächsischen und preußischen Staatspatriotismus, das den Nationsbildungsprozeß in Deutschland noch weiter komplizierte. Die Länder der böhmischen Krone im Rahmen des Habsburgerreiches grenzten vor 1871 an die Königreiche Bayern, Sachsen und Preußen, nicht an Deutschland an; sie wurden bis 1866 eher als Bestandteil des Deutschen Bundes, also im geographischen Sinne zu Deutschland gehörend, betrachtet. Die Grenzen der ethnisch-sprachlichen Siedlungsgebiete der Deutschen waren noch im 19. Jahrhundert nicht definitiv festgelegt, nicht zuletzt infolge einer jahrhundertelangen gegenseitigen Überschichtung deutschsprachiger und nichtdeutscher Bevölkerungsgruppen in West- und Ostmitteleuropa. Dies führte nicht nur zu einer gegenseitigen kulturellen Bereicherung, sondern auch zu vielfältigen Spannungen und Konflikten der Deutschen mit den Dänen, Niederländern, Franzosen, Italienern, Slowenen, Tschechen, Slowaken, Ungarn, Polen und den baltischen Völkern.

Die Tschechen setzten im 19. Jahrhundert die geschichtliche Entwicklung des westlichsten slawischen Volksstammes und des böhmischen Staates fort. Im Unterschied zu den Deutschen war die Anerkennung der Tschechen als Nationalität noch in der ersten Hälfte des 19. Jahrhunderts keine Selbstverständlichkeit. Sowohl von den Befürwortern eines zentralisierten Kaisertums Österreich als auch von den Vertretern der deutschen Einheitsbewegung, die den Deutschen Bund in einen Bundesstaat umwandeln wollten, wurden die Tschechen bestenfalls als eine zu tolerierende ethnische Gruppe innerhalb des österreichischen Staates oder innerhalb der deutschen Staatsnation, nicht aber als eigenständige Nation neben der deutschen Nation betrachtet. Gegenüber der sie fast vollständig einkreisenden deutschsprachigen Umwelt nahm die tschechische Nationalbewegung zunächst eine Abwehrhaltung ein, um sich gegenüber der zahlenmäßigen, machtpolitischen und wirtschaftlichen Überlegenheit der Deutschen behaupten zu können. Eine Stütze fand sie dabei im österreichischen Staatsgedanken und im böhmischen Landespatriotismus, die im Gegensatz zur deutschen nationalen Einheit standen. Der Aufstieg der Tschechen von einer politisch nicht verfaßten ethnisch-sprachlichen Einheit im Vormärz zu einer sozial und politisch ausdifferenzierten nationalen Gesellschaft, damit zu der am meisten entwickelten „Nation ohne Staat" auf dem europäischen Kontinent an der Wende des 19. zum 20. Jahrhundert, vollzog sich binnen weniger Jahrzehnte.

Das Gewicht der staatlichen Tradition des Königreichs Böhmen und die weitgehende Parallelität der Interessen der böhmischen Adelsopposition gegen den österreichischen Zentralismus mit denen der tschechischen Nationalbewegung unterschieden die Tschechen von den Slowaken, die einer solchen Stütze entbehrten. Die slowakische Nationalbewegung mußte ihre Identität vor allem gegen die Tendenz zur Umwandlung des supraethnischen Königreichs Ungarn in einen magyarischen Nationalstaat durchsetzen und verteidigen. Die Religion spielte für die slowakische Entwicklung eine weitaus größere Rolle als für die Deutschen oder die Tschechen, wobei jahrzehntelang eine sprachliche Differenz zwischen den slowakischen Katholiken und Protestanten bestand. Durch den österreichisch-ungarischen Dualismus von 1867 wurde der hoffnungsvolle Aufstieg der slowakischen Nationalbewegung gebremst und im Schul- und Bildungswesen fast völlig unterbrochen. In ihrem Kampf um die nationale Selbstbehauptung, der sich primär gegen die Magyaren richtete, konnten die kulturellen und politischen Repräsentanten der Slowaken bis 1918 in den Tschechen wie in den Deutschen vielfach eher ihre Verbündeten als ihre Gegner sehen, wenn es auch in vielen Fällen zu gegenseitigen Mißverständnissen und Polemiken kam.

Die nationsbildenden Prozesse waren ein integraler Bestandteil des sozialen Wandels von der ständischen zur bürgerlichen Gesellschaft. Die Durchsetzung einer gemeinsamen Schriftsprache und eines überregionalen Nationalbewußtseins begleiteten den sozialen und politischen Aufstieg breiter Bevölkerungsschichten ebenso wie die Modernisierung der Wirtschaft, des Verkehrs, der Staats- und Selbstverwaltung. Bis tief in das 19. Jahrhundert hinein bestand jedoch in Mitteleuropa eine äußerst komplizierte Situation dadurch, daß ein und dieselbe Bevölkerung von verschiedenen, sich überlagernden nationsbildenden Prozessen in Anspruch genommen wurde. Die miteinander konkurrierenden Nationalbewegungen traten sonach zumeist nicht als friedliche Nachbarn, sondern als Konkurrenten und Gegner auf. Ob die Tschechen ein Bestandteil der deutschen Nation, ob die deutschsprachigen Bewohner Böhmens und die Mährer ein Bestandteil der böhmischen (oder tschechischen) Nation, ob die Slowaken ein Bestandteil der ungarischen oder tschechischen (beziehungsweise tschechoslowakischen) Nation sein wollten und konnten, darüber wurde jahrzehntelang diskutiert und gekämpft. Regionale Unterschiede spielten im 19. Jahrhundert sowohl bei den Deutschen als auch bei den Tschechen und Slowaken eine grundlegende Rolle.

Bis zu den großen staatsrechtlichen Veränderungen von 1866/67 und 1871 (im slowakischen Fall noch viel später) war also die Nationsbildung in Mitteleuropa noch nicht endgültig abgeschlossen. Lokale und regionale Bindungen, vor allem auf dem Lande, erschienen ungleich wichtiger als ein überregionales Nationalbewußtsein. Die Struktur des

Kaisertums Österreich begünstigte in vielen Fällen die Zwei- oder Mehrsprachigkeit und eine nationalpolitische Neutralität, besonders beim Adel, in Beamten- und Offizierskreisen. Mit dem sozialen Aufstieg vieler Tschechen und Slowaken war eine sprachliche und nationale Assimilation an das Deutschtum, beziehungsweise an das Magyarentum verbunden; aber von Anfang der 1860er Jahre an war wenigstens in Böhmen ein zweiseitiger Verlauf der nationalen Assimilation zu beobachten. Während sich unter den deutschböhmischen Politikern nicht wenige Personen mit tschechischen Familiennamen und Vorfahren befanden, gab es unter den tschechischen nationalen Aktivisten viele Personen, die ursprünglich aus dem deutschsprachigen Milieu kamen und deutsche Namen trugen.

Was die jüdische Bevölkerung anbelangt, erkannte die österreichische Gesetzgebung sie nicht als einen eigenen Volksstamm an, so daß die Juden in den böhmischen Ländern vor die Wahl zwischen der deutschen und der tschechischen Umgangssprache, in der Slowakei vor die Wahl zwischen der deutschen und der magyarischen Nationalität gestellt waren. Zunächst unterstützte ein überwiegender Teil der Juden auch im tschechischen und slowakischen Siedlungsgebiet den deutsch-österreichischen Liberalismus und den aufgeklärten Absolutismus, der die Emanzipation der Juden durchgesetzt hatte. Mit dem wirtschaftlichen und gesellschaftlichen Aufstieg der Tschechen gewann die Hinwendung der Juden zum Tschechentum in den böhmischen Städten und Bezirken in den letzten Jahrzehnten des 19. Jahrhunderts wachsende Anziehungskraft. Dagegen blieben die Juden in Mähren und Österreichisch-Schlesien bis 1918 fast überall deutschsprachig, während sie in den vorwiegend slowakischen Komitaten Ungarns nach wie vor zwischen einer deutschsprachigen, einer magyarischen und einer jüdisch-orthodoxen Orientierung oszillierten.

Diese äußerst komplexe ethnisch-sprachliche und nationalpolitische Situation in den böhmischen Ländern und in der Slowakei wurde im Laufe des 19. Jahrhun- derts mit dem raschen wirtschaftlichen und machtpolitischen Aufstieg Nord-, West- und Mitteldeutschlands konfrontiert. Keine der neuen gesellschaftlichen und politisch-ideologischen Strömungen des 19. Jahrhunderts, wie die des Liberalismus, der Demokratie oder des Sozialismus, konnte sich in Deutschland und in ganz Mitteleuropa in einem bereits bestehenden und klar begrenzten nationalstaatlichen Rahmen entwickeln. Der Aufstieg der bürgerlichen Gesellschaft und die soziale Emanzipation der Unterklasse wurden also in diesem geographischen Raum von verschiedenen, oft gegensätzlich aufeinanderprallenden nationalpolitischen Tendenzen überlagert. Was die deutsche Entwicklung angeht, ging sie der tschechischen um zwei bis drei Jahrzehnte voraus. Gleichartig zu der Emanzipationsbewegung des tschechischen Volkes war die enge Verbindung von demokratischer Emanzipation und nationaler Bewegung. Unter deutschen Verhältnissen richtete sie sich gegen den absolutistischen Territorialstaat und trug unitarische Züge, während sie in Böhmen an die ältere Landeseinheit anschloß und sich im Zeichen des böhmischen Staatsrechts der Wenzelskrone gegen den habsburgischen Gesamtstaat wandte. In beiden Ländern war die bürgerliche Nationalbewegung auf die Durchsetzung konstitutioneller Verfassungen gerichtet, aber die unterschiedlichen Bündniskonstellationen bewirkten eine andersartige richtungspolitische Ausprägung und drängten die bürgerliche Bewegung in Böhmen an die Seite der konservativ-adligen Opposition.

Auch die deutsche Linke vertrat, als es in der Paulskirche um den Geltungsbereich der Reichsverfassung ging, das historische Prinzip und bezog Böhmen ebenso ein wie die preußisch-polnischen Provinzen, und die Polenbegeisterung, die im März breite Kreise der deutschen Liberalen erfaßt hatte, wich einer zunehmenden Ablehnung der polnischen Forderungen auf die Einverleibung der Provinz Posen in einen zu begründenden polnischen Staat. Für die sich erst im Verlauf der Revolution als politische Bewegung konstituierenden tschechischen Patrioten war die historische Einheit der böhmischen Länder unabdingbare Forderung, zumal ein offener Gegensatz zum autochthonen Deutschtum noch nicht sichtbar war. In der Frühphase konnte sie insofern eine transnationale Färbung haben, als der böhmische Landespatriotismus die deutsche Bevölkerung einschloß, während sich Mähren, das stärker nach Wien orientiert war, noch abseits hielt.

Schon in den revolutionären Kämpfen der Jahre 1848/49 kam es zu einer Differenzierung des deutschen Gesamtliberalismus, wenngleich der kleindeutsche Verfassungskompromiß noch einmal den Riß zwischen radikal-demokratischen Gruppen und gemäßigten Liberalen, die von vornherein den Ausgleich mit den bestehenden Landesfürsten anstrebten, überdeckte. Nach dem Scheitern der Revolution traten die Gegensätze noch einmal zurück, aber der Versuch, mit dem *Deutschen Nationalverein* von 1859 die fortschrittlichen Gruppierungen zu vereinigen, blieb Episode. Die Niederlage der *Fortschrittspartei* in Preußen von 1862 drängte die junge deutsche Arbeiterbewegung, die die Trennung von der bürgerlichen Demokratie vollzogen hatte, in eine Außenseiterrolle, aus der nach ihrem international solidarischen Eintreten für die Pariser Kommune, das sie auch nationalpolitisch zum Paria im werdenden Kaiserreich machte, eine dauernde Oppositionsstellung hervorging.

Dies stellte zugleich einen Reflex der definitiven Niederlage des Linksliberalismus dar, der in Gestalt der preußischen *Fortschrittspartei* nach 1859 einen vergeblichen Anlauf gemacht hatte, den preußischen Militärstaat konstitutionellen Fesseln zu unterwerfen und, indem sie die Stellung der Volksvertretung gegenüber der Krone entscheidend zu stärken versuchte, ohne schon volle parlamentarische Mitwirkung zu verlangen, Preußen erneut auf den Weg der moralischen Eroberungen zu bringen gedachte. Die nach Bismarcks Kampfpolitik im Anschluß an die gegen das Habsburgerreich durchgesetzte gewaltsame Lösung der schleswigschen und holsteinischen Frage herbeigeführte Reichseinigung von oben zwang die oppositionellen Kräfte im liberalen Lager auf die Knie. Die nun entstehende *Nationalliberale Partei* wurde für ein Jahrzehnt zum maßgeblichen politischen Partner Bismarcks, um dann ein Opfer der auf wechselnde Bündnisse gestützten autoritären Konsolidierung zu werden, die Bismarck in Rückwendung von seiner „revolutionären Phase" einschlug und die den Weg zur „inneren Reichsgründung" endgültig abschnitt.

Im Vergleich dazu vollzog sich in Böhmen die Ablösung der bürgerlich-liberalen Kräfte vom konservativ-staatsrechtlich eingestellten Flügel der tschechischen Nationalbewegung mit einer gewissen Phasenverschiebung. Dabei spielte mit, daß die Rückwirkungen der kleindeutschen Reichsgründung auf den in ihrem Vorfeld zur Doppelmonarchie gewandelten habsburgischen Staat zu einer Schwächung der bis dahin kaum bestrittenen Vorherrschaft des österreichischen Deutschtums geführt hatten. Seit 1871 konnte es nicht mehr an der Schlüsselstellung festhalten, die es auf der Grundlage des herkömmlichen bürokratischen Zentralismus des Habsburgerreiches eingenommen hatte.

Bei vielerlei Parallelen in der Entwicklung des tschechischen und des deutschen Bürgertums – dessen bildungsbürgerliche Ausprägung wurde von tschechischer Seite gutenteils aufgenommen – war doch deutlich, daß sich der in den neunziger Jahren emanzipierende tschechische Liberalismus weniger verbraucht hatte und weniger machtfremd und weniger gouvernemental auftrat als der deutsche, der sich nach der Reichsgründung größerenteils mit den neuen Machtverhältnissen abfand und das Programm des inneren konstitutionellen Ausbaus nach einer eindrucksvollen Phase der Realisierung liberaler Reformen preisgab. Dieser spannte sich vielmehr zunehmend vor den Wagen eines unverhüllten imperialistischen Nationalismus mit unverkennbar antisemitischen Untertönen und betont antikatholischer Zuspitzung.

Demgegenüber gelang es den seit 1890 in den Vordergrund tretenden *Jungtschechen*, den Einfluß der tschechoslawischen Arbeiterbewegung, die sich schon vor ihrem Anschluß an die deutschösterreichische Sozialdemokratie konsolidiert hatte, einzudämmen und das Feld demokratischer Reformen zunächst selbst zu besetzen. In nationalpolitischer Beziehung vermochte sie die tschechoslawische Sozialdemokratie zunehmend in die Defensive zu drängen. Im Verhältnis zum Nationalliberalismus in Deutschland, den eine tiefe soziale Kluft von der gesellschaftlichen Unterschicht trennte und der wenig Energie aufbrachte, um das preußische Dreiklassenwahlrecht abzuschaffen, blieb die stärker kleinbürgerlich-populistisch geprägte tschechische bürgerliche Bewegung sozial offener, so daß es trotz der sich verstärkenden sozialen Spannungen nach der Jahrhundertwende im Reichsrat zu einem weitgehend einheitlichen Auftreten der tschechischen Parteien kam. Allerdings blieb formell die Distanz der tschechoslawischen Sozialdemokraten zu dem sich nach 1905 bildenden tschechischen Nationalverband bis in die Kriegsjahre erhalten.

Bestimmend für die tschechische Politik war das am pointiertesten von Thomas G. Masaryk formulierte Demokratieverständnis, dessen humanistische Prägung sich gutenteils am Gegensatz zum Deutschtum festmachte, dem Herrschsucht und kriegerische Gesinnung beigelegt wurden. Die deutsche Nationalstaatsbildung und die Gegenbewegung des tschechischen Volkes haben die enge Symbiose, in der beide Völker in den vorausgegangenen Jahrhunderten gestanden hatten, verdeckt und vorübergehend zurücktreten lassen. Auf beiden Seiten kam es zur Verbreitung von Feindstereotypen und einer verhängnisvollen Zuspitzung nationalistischer Ressentiments, die den sachlich möglichen und mehrfach beinahe erreichten nationalen Ausgleich in Böhmen, in der Regel infolge von Rivalitäten innerhalb der Parteien des jeweiligen Lagers, wieder zerschlugen. Im gleichen Zusammenhang begann die deutsche Bevölkerung in den böhmischen Ländern, die sich im Wiener Kabinett immer weniger repräsentiert sah, ihre Hoffnungen auf Deutschland zu setzen, ohne dort viel Gegenliebe zu finden.

Denn der wilhelminische Nationalismus zielte in erster Linie nach Osten und bewies wenig unmittelbares Interesse an Böhmen. Tschechen und Slowaken wurden durch die Brille der deutsch-österreichischen oder der promagyarischen Presse beurteilt, die seit der Verschärfung des deutsch-tschechischen Nationalitätenkonflikts in der Badenikrise von 1897 ein wenig objektives Bild präsentierte. Umgekehrt blieb Deutschland für die tschechische Bildungsschicht und die aufsteigenden neuen Eliten in vieler Hinsicht erstrebenswertes Vorbild, doch wandten sie ihre Sympathien im Zuge der Nationalitätenkonflikte vielfach Frankreich und dem Westen zu. Aber die tieferen kulturellen Einflüsse, insbesondere der Ideengänge Herders und des frühen Idealismus sowie der Romantik, blieben gleichwohl prägend für das tschechische Nationalbewußtsein, das dem deutschen Pendant um so vieles ähnlicher war als dem westeuropäischen.

Bei der Entfaltung des demokratischen Sozialismus bei den Tschechen sind vielfältige Entsprechungen und unmittelbare Einflüsse von deutscher Seite zu konstatieren. Auch für den Aufbau der tschechoslawischen Sozialdemokratie und später der slowakischen Arbeiterbewegung stand die deutsche sozialistische Theorie und Praxis Pate, so daß sich allenthalben das an der formellen Marxismus-Rezeption orientierte deutsche sozialdemokratische Modell durchsetzte. Allerdings geschah dies – trotz direkter mitteldeutscher Einflüsse in der Frühphase – primär auf dem Umwege über die deutsche Arbeiterbewegung in Österreich. Sie hatte besonders seit der Neugründung der sozialdemokratischen Partei in Hainfeld um die Jahreswende 1888/89 nicht ohne Erfolg versucht, die deutsch-tschechische Symbiose, die in Nordböhmen auch durch den Anpassungszwang der einströmenden tschechischen Arbeitskräfte an eine deutschsprachig geprägte Arbeitswelt unterstützt wurde, im Sinne des proletarischen Internationalismus umzusetzen.

Dabei bedurfte es auf deutscher Seite eines Lernprozesses, um zu begreifen, daß es auch für die arbeitenden Klassen gerade der nichtdeutschen Nationen berechtigte nationale Forderungen gab und daß ihr Streben nach nationaler Gleichberechtigung nicht einfach bis zur Verwirklichung der zukünftigen sozialistischen Gesellschaft vertagt werden konnte. Gleichwohl kam es unter dem Druck der konkurrierenden liberal-nationalen oder christlich-sozialen Parteien trotz gemeinsamer sozialpolitischer Zielsetzungen zu schweren nationalitätenpolitischen Zerwürfnissen. Die bis zur Jahrhundertwende vielfach vorbildliche internationale Zusammenarbeit deutscher und tschechischer Sozialdemokraten, die in der Durchsetzung des allgemeinen und gleichen Wahlrechts von 1907 ihren Höhepunkt fand, wurde in der österreichischen Staats- und Reichskrise und den sie begleitenden Nationalitätenkonflikten zerrieben.

Auf tschechischer Seite kam es zu einer bewußten, von der Irrealität der staatsrechtlichen Forderungen bei den damaligen Machtverhältnissen einerseits, von der Überschätzung tschechischer Positionen im österreichischen Staatsapparat sowie auch früherer und künftiger Wanderungsgewinne andererseits bedingten Offenhaltung der nationalen Frage. Dagegen sahen sich deutschösterreichische Parteien, die zu lange gewartet hatten, um überfällige Konzessionen in den Sprachfragen zu machen, in die Defensive gedrängt und reagierten gereizt. Was das Verhältnis Böhmens zum Deutschen Reich betrifft, hat die Zuspitzung der Nationalitätenfrage nach 1897 den Blick für die Fülle von Gemeinsamkeiten verdeckt, die heute, nach der Überwindung eines auf die Spitze getriebenen Nationalstaatsgedankens, wieder in den Vordergrund treten.

Beim Vergleich der politischen Geschichte beider Länder in der postrevolutionären Periode fällt der Blick zuvörderst auf die beiden großen Strömungen der demokratisch-liberalen und sozialen Emanzipation, die in den Spielarten des bürgerlichen Liberalismus und des demokratischen Sozialismus Gestalt annahmen. Sie stehen im Mittelpunkt der nachfolgenden Beiträge, die darauf abzielen, in Form von Fallstudien vergleichbare Problemfelder einander gegenüberzustellen, zugleich aber die Eigenständigkeit der nationalen Entwicklung zu respektieren. Im Hinblick auf Liberalismus und Demokratie nahmen beide Länder einen sehr unterschiedlichen Verlauf. So findet sich die spezifisch liberal-konstitutionelle Phase des deutschen Vormärz und der Revolution von 1848/49 zum gleichen Zeitpunkt in Böhmen weit weniger ausgeprägt, während seit 1890 die jungtschechische und später die realistische Politik ein weit größeres Gewicht besessen haben, als das zum gleichen Zeitpunkt im Deutschen Reich für die liberale *Sezession* und die *Freisinnige Volkspartei* galt, die vielmehr durch den nachgerade in verfassungspolitischer Beziehung nach rechts abdriftenden Nationalliberalismus isoliert wurden. Folgerichtig kam es in Böhmen nicht zu der für die deutschen Verhältnisse bezeichnenden politischen Isolierung der Sozialdemokratie.

Die Einzelstudien werden mit einer Analyse des Frühliberalismus und Frühnationalismus in Deutschland von Dieter Langewiesche eröffnet, der die Entwicklung der bürgerlichen Bewegung bis zu dem Umschlagspunkt der Revolution von 1848 führt, an dem der zunächst eindeutig emanzipatorisch und demokratisch geprägte deutsche Nationalismus machtstaatliche Züge annahm und sich von der einzig möglichen kleindeutschen Begrenzung löste. Ähnliche Ambivalenzen weist die vergleichende Analyse der Nationsbildung bei Deutschen und Tschechen aus der Feder Jiří Kořalkas nach, die in dem sich im Frühjahr 1848 auch durch Palackýs Absagebrief ankündigenden deutsch-tschechischen Konflikt zum Ausdruck kam und die in der sich allerdings erst verzögert herausbildenden slowakischen Nationalbewegung und deren Frontstellung gegen die Magyarisierungspolitik Ungarns eine Parallele besaß. Im Anschluß daran behandelt Gangolf Hübinger, ausgehend von der Formel vom „Machtstaat, Rechtsstaat, Kulturstaat" die sich im wilhelminischen Kaiserreich vollziehende Formverwandlung des deutschen Liberalismus, der seine innenpolitischen Prinzipien weitgehend zugunsten eines imperialistisch gefärbten nationalen Machtstaatsgedankens preisgab und schließlich populistisch-völkische Züge annahm. Im Kontrast dazu arbeitet Jan Havránek die Formierung des tschechischen Liberalismus im letzten Drittel des 19. Jahrhunderts und dessen Absetzung vom gleichzeitigen deutschösterreichischen Pendant heraus. Dabei wird deutlich, daß theoretische Positionen des Liberalismus erst spät und nur zögernd vertreten wurden und daß dessen für das österreichische Deutschtum charakteristische honoratiorenhaft-großbürgerliche Variante in mancher Hinsicht zugunsten einer stärker demokratischen, aber auch nationalen Ausprägung, wie sie sich bei den Realisten ausbildete, übersprungen wurde. Noch stärker tritt diese Eigentümlichkeit in Dušan Kováčs Schilderung der Grenzen des slowakischen Liberalismus hervor, der in der Frontstellung gegenüber dem magyarischen Liberalismus hervor und dessen systematischer Benachteiligung und Unterdrückung der Nationalitäten betont demokratische Züge annahm, aber auch ein Bündnis mit dem konfessionell uneinheitlichen klerikalen Lager einging, wobei innere Differenzen der slowakischen Emanzipation mit unterschiedlichen pro-ungarischen oder pro-tschechischen Strategien zusammenhingen.

An diese Beiträge zur bürgerlichen Bewegung schließt sich ein Überblick von Hans Mommsen über die Haltung der mitteleuropäischen Sozialdemokraten zur nationalen

Frage an, der dem relativen Versagen der Marxschen Theorie die positiven Beiträge der austromarxistischen Schule wie die praktische nationale Verständigungspolitik der österreichischen Sozialdemokratie gegenüberstellt. Im Kontrast dazu behandelt JAN GALANDAUER die Haltung der tschechoslawischen Sozialdemokratie in den habsburgischen Nationalitätenkonflikten und die Ursachen der Spaltung der „kleinen österreichischen Internationale". Im Zusammenhang damit werden bislang wenig beachtete Quellen zum erstenmal in deutscher Sprache vorgelegt. Abschließend kommt noch einmal JIŘÍ KOŘALKA mit einem großen Essay über die „ungleichen Nachbarn" zu Wort, der die nationalitätenpolitischen Konflikte in der späten habsburgischen Monarchie und die Ursachen für deren Zuspitzung in der Vorkriegsphase beleuchtet.

Die vorliegenden Abhandlungen stellen zusammen genommen ein lebendiges Bild zentraler Problemfelder der deutschen, der tschechischen und slowakischen inneren Entwicklung vom Vormärz bis zum Ausgang des Ersten Weltkriegs dar und skizzieren die damit verknüpften Nationsbildungsprozesse wie die durch sie ausgelöste krisenhafte Entwicklung vom Blickpunkt der modernen Geschichtswissenschaft. Dem Leser, der hier vielfach eine knappe Information über einen Gegenstand findet, die sonst gebündelt nur schwer greifbar ist, sei Nachsicht abgefordert, daß auf eine systematische Erfassung aller Politikbereiche ebenso wie eine direkte vergleichende Analyse verzichtet worden ist, da es den Autoren und der deutsch – tschechisch-slowakischen Historikerkommission vor allem darum zu tun war, den damit begonnenen transnationalen Dialog einem breiteren Publikum zugänglich zu machen.

Jiří Kořalka, Hans Mommsen

Dieter Langewiesche

Frühliberalismus, Frühkonstitutionalismus und die Entstehung der „bürgerlichen Gesellschaft" in Deutschland[1]

Welche Bedeutung besaß der deutsche Frühnationalismus für jenen Entwicklungsprozeß, den die drei Begriffe im Titel dieses Aufsatzes – Frühliberalismus, Frühkonstitutionalismus und „bürgerliche Gesellschaft" – umreißen? Diese Frage soll im Mittelpunkt stehen, um das Leitmotiv des Tagungsbandes – die Rolle des Nationalismus – im politisch-gesellschaftlichen Umfeld der ersten Hälfte des 19. Jahrhunderts verfolgen zu können. Damit wird das Thema des Beitrags zugespitzt und auch verengt. Denn auch im Deutschland der ersten Hälfte des 19. Jahrhunderts fällt die Entwicklung von Frühliberalismus, Frühkonstitutionalismus und „bürgerlicher Gesellschaft" nicht zusammen mit der Geschichte des Nationalismus. Aber die nationale Idee bot den stärksten Kitt innerhalb der breiten politisch-sozialen Reformbewegungen der damaligen Zeit. Keine andere Ideologie, die damals entstand, weder Republikanismus und Liberalismus noch Konservativismus oder Sozialismus – keine dieser Ideologien besaß eine solche gesellschaftliche Integrationskraft wie der Nationalismus. Deshalb kann es nicht verwundern, daß die Liberalen und ebenso die Demokraten die nationale Idee als innenpolitische Reformkraft zu nutzen suchten.

Wie überall in Europa entstand der *moderne* Nationalismus auch in Deutschland erst im späten 18. Jahrhundert, als die älteren Formen von Nationalgefühl und Patriotismus der modernen Idee der Nation zu weichen begannen[2]. Diese Zäsur hatte schon Friedrich Meinecke in seiner Geistesgeschichte des deutschen und des preußischen Nationalismus scharf herausgearbeitet. Er unterschied eine ältere Periode mit eher „vegetativ" dahinlebenden Nationen, die nicht den Drang entfalteten, zur Staatsnation werden zu wollen, von

1 Dieser Beitrag bietet eine stark verkürzte Fassung meines Aufsatzes: Reich, Nation und Staat in der jüngeren deutschen Geschichte. Historische Zeitschrift 254 (1992) 341-381.

2 Vgl. MÜNKLER, Herfried: Nation als politische Idee im frühneuzeitlichen Europa. In: Nation und Literatur im Europa der Frühen Neuzeit. Akten des I. Internationalen Osnabrücker Kongresses zur Kulturgeschichte der Frühen Neuzeit. Hrsg. v. Klaus GARBER. Tübingen 1989, 56-86 (mit umfangreichen Literaturangaben). – Siehe auch: Nationalism in the Age of the French Revolution. Eds. Otto DANN, John DINWIDDY. London 1988. – SCHÖNEMANN, Bernd: „Volk" und „Nation" in Deutschland und Frankreich 1760-1815. Zur politischen Karriere zweier Begriffe. Zeitschrift für Pädagogik 24 (1989), Beiheft, 275-292. – MORAW, Peter: Bestehende, fehlende und heranwachsende Voraussetzungen des deutschen Nationalbewußtseins im späten Mittelalter. In: Ansätze und Diskontinuität deutscher Nationsbildung im Mittelalter. Hrsg. v. Joachim EHLERS. Sigmaringen 1989. (Nationes. Historische und philologische Untersuchungen zur Entstehung der europäischen Nationen im Mittelalter 8), 99-120. Grundlegend ist nur der von Karl Ferdinand WERNER verfaßte Teil des Artikels „Volk, Nation, Nationalismus, Masse", in: Geschichtliche Grundbegriffe. Historisches Lexikon zur politisch-sozialen Sprache in Deutschland. Hrsg. v. Otto BRUNNER, Werner CONZE, Reinhart KOSELLECK.

der jüngeren Phase, in der aus dem „Geiste von 1789“ der bewußte „Wille zur Nation“ geboren wurde[3]. Jetzt erst setzte ein, was Norbert Elias der mentalitätsgeschichtlichen Forschung vielfach vorausgreifend für die deutsche Geschichte eindringlich erörtert hat. „In latenter oder manifester Form ist der Nationalismus eines der mächtigsten, wenn nicht *das* mächtigste soziale Glaubenssystem des 19. und 20. Jahrhunderts“[4] geworden. In einem „selbsttätigen Prozeß der wechselseitigen Verstärkung“ habe diese innerweltliche Glaubensdoktrin „immer mehr Macht über ihre Gläubigen“[5] gewonnen. Elias versteht Nationalismus als einen „Glauben von wesentlich säkularer Natur“, der „im soziologischen, nicht im politischen Sinn des Wortes“ einen „erheblichen Grad von Demokratisierung“ voraussetzt[6]. Wer sich zur modernen Idee der Nation bekannte, richtete eine Kampfansage an die überlieferte Ständegesellschaft mit ihrem dichten Geflecht an Privilegien und Ausgrenzungen. Auch wo ein gemeinsamer Staat bereits bestand, wie in Frankreich, wirkte die Idee der Nation als ein egalitärer Zukunftsentwurf. Er versprach jedermann – Frauen wurden noch nicht in das Egalitätsversprechen einbezogen[7] – politische und rechtliche Gleichberechtigung. Und er säkularisierte den Glücksanspruch des Individuums. Denn *Nation* als Zukunftsverheißung akzeptierte nicht mehr die Zwänge einer vermeintlich gottgefügten weltlichen Ordnung. Sie gab sich auch nicht mehr damit zufrieden, auf die Egalität des Jenseits vertröstet zu werden. Deshalb war das Zukunftsmodell *Nation* eine potentiell revolutionäre Kraft. Es forderte eine reformierte Gesellschaft und reformierte Staaten. Deshalb die Wahlverwandtschaft von Frühliberalismus und Frühnationalismus. Beide erstrebten das, was die Zeitgenossen „bürgerliche Gesellschaft“ nannten – eine nicht mehr ständisch reglementierte Gesellschaft, sondern eine politisch und rechtlich egalitäre Staatsbürgergesellschaft mit einer Verfassungsordnung, die die Mitwirkung der Gesellschaft im Staat klar regeln sollte. Der Frühliberalismus mit seinen konstitutionellen Reformzielen und seinem Verlangen nach einer „bürgerlichen Gesellschaft“ fand also in der nationalen Idee eine integrierende Kraft. Deshalb die Symbiose von Frühnationalismus und Frühliberalismus.

Die Idee der Nation forderte grundlegende Änderungen in Staat und Gesellschaft. Dies gilt für alle Staaten, die unter den Einfluß des modernen Nationalismus gerieten. Nirgendwo überlagerten sich die Probleme jedoch so massiv und wurden deshalb so brisant wie in

3 Weltbürgertum und Nationalstaat. Hrsg. u. eingeleitet von Hans HERZFELD (Friedrich MEINECKE, Werke, Bd. V). München 1969 (1. Aufl. 1907), 12 f., 15.

4 ELIAS, Norbert: Studien über die Deutschen. Machtkämpfe und Habitusentwicklung im 19. und 20. Jahrhundert. Hrsg. v. Michael SCHRÖDER. Frankfurt am Main 4. Aufl. 1990, 194. – Das Kapitel über den Nationalismus wurde wohl in den 1960er Jahren verfaßt.

5 Ebenda 195.

6 Ebenda 196.

7 Zur Bedeutung der „Nation“ für die frühe Emanzipationsbewegung vgl. LIPP, Carola: Krieg und Revolution. Geschlechterbeziehung und Nationalismus in der Revolution 1848/49. In: Schimpfende Weiber und patriotische Jungfrauen. Frauen im Vormärz und in der Revolution 1848/49. Hrsg. v. Carola Lipp. Moos – Baden-Baden 1986, 353-384. – Die retardierende Kraft des Nationalismus betont MOSSE, George L.: Nationalismus und Sexualität. Bürgerliche Moral und sexuelle Normen. München 1985.

Deutschland[8]. Die Nationalisierung der deutschen Staatenwelt mußte zwangsläufig an drei Fronten Konflikte erzeugen: – nach innen gegen die deutschen Einzelstaaten; – nach außen gegen andere Nationalstaaten; – und gegen den habsburgischen Vielvölkerstaat, der zwischen den Selbstbestimmungsansprüchen der zahlreichen Nationalitäten, die er umschloß, zerrieben zu werden drohte. In Deutschland kam als weiteres spezifisches Problem hinzu, daß die alte Reichsidee noch lange in die Idee der modernen Nation einfloß. Unter dem Reformdruck, den die Französische Revolution und vor allem der Revolutionsexport durch Napoleon erzwungen hatten, brach das Heilige Römische Reich Deutscher Nation zwar zusammen, doch die Reichsidee lebte fort. In den Verfassungsberatungen von 1814/15 über die künftige staatliche Gestalt Deutschlands spielte sie eine bedeutende Rolle. Schon damals verschleierte jedoch die „Parole von der Wiedergeburt des Reiches [...] reine Machtinteressen“[9]; realisierbare politische Alternativen zum Deutschen Bund bot sie nicht. Sie wurde zum Schlagwort, das mit gegensätzlichen Inhalten gefüllt wurde, konservativ-defensiven ebenso wie unitarisch-demokratischen. Doch so sehr die Reichsidee in der ersten Hälfte des 19. Jahrhunderts politisch verblaßte und ohne konkrete Perspektive blieb – sie lebte fort. In der Lyrik der Freiheitskriege, in den Burschenschaften und auf dem Wartburgfest[10], in der frühen, von Jahn geprägten Turnbewegung[11], in den Nationaldenkmä-

8 Das habe ich ausführlicher dargestellt in: „Nation“ und „Nationalstaat“. Zum Funktionswandel politisch-gesellschaftlicher Leitideen in Deutschland seit dem 19. Jahrhundert. In: Perspektiven gesellschaftlicher Entwicklung in beiden deutschen Staaten. Hrsg. v. Friedrich W. Busch. Oldenburg 1988, 173-182. – Vgl. für die erste Phase bis zur Reichsgründung insbesondere: Dann, Otto: Nationalismus und sozialer Wandel in Deutschland 1806-1850. In: Nationalismus und sozialer Wandel. Hrsg. v. Otto Dann. Hamburg 1978, 77-128. – Schulze, Hagen: Der Weg zum Nationalstaat. Die deutsche Nationalbewegung vom 18. Jahrhundert bis zur Reichsgründung. München 1985. – Nation-building in Central Europe. Ed. Hagen Schulze. Leamington – Spa 1987. – Die Rolle der Nation in der deutschen Geschichte und Gegenwart. Hg. v. Otto Busch. Berlin 1985. – Mit der neuesten Literatur: Breuilly, John: Nation and Nationalism in Modern German History. The Historical Journal 33 (1990) 659-675. – Anregender Gesamtüberblick: Nipperdey, Thomas: Nationale Einheit und demokratischer Pluralismus als historisches Problem. In: Deutschland und Europa in der Neuzeit. Hrsg. v. Ralph Melville u.a. Stuttgart 1988, 99-108.

9 Fehrenbach, Elisabeth: Reich. In: Geschichtliche Grundbegriffe. Band 5. Stuttgart 1984, 493. – Dieser Artikel (S. 423-508, verfaßt von Peter Moraw, Karl Otmar Freiherr von Aretin, Notker Hammerstein, Werner Conze und Elisabeth Fehrenbach) bietet den besten begriffsgeschichtlichen Überblick über die Entwicklung der Reichsidee.

10 Vgl. Fehrenbach 490-494. – Weber, Ernst: Lyrik der Befreiungskriege (1812-1815). Gesellschaftspolitische Meinungs- und Willensbildung durch Literatur. Stuttgart 1991. – Düding, Dieter: Das deutsche Nationalfest von 1814: Matrix der deutschen Nationalfeste im 19. Jahrhundert. In: Öffentliche Festkultur. Politische Feste in Deutschland von der Aufklärung bis zum Ersten Weltkrieg. Hrsg. v. Dieter Düding, Peter Friedemann, Paul Münch. Reinbek bei Hamburg 1988, 67-88. – Brandt, Peter: Das studentische Wartburgfest vom 18./19. Oktober 1817. Ebenda 89-112

11 Vgl. Düding, Dieter: Organisierter gesellschaftlicher Nationalismus in Deutschland (1808-1847). Bedeutung und Funktion der Turner- und Sängervereine für die deutsche Nationalbewegung. München 1984, 29 ff. (zu den „reichspatriotischen Erinnerungselementen“ bei Jahn, Luden und Arndt).

lern[12] und ab den 1820er Jahren mit beträchtlicher Breitenwirkung in den süddeutschen Männergesangvereinen[13] – überall durchzog die Erinnerung an das untergegangene Reich die nationalen Hoffnungen.

Im Gegensatz zum imperialistisch gewendeten Reichsnationalismus der wilhelminischen Ära drückte sich in der ersten Jahrhunderthälfte in der Reichsmetaphorik vor allem zweierlei aus: die fortlebende Idee der deutschen Kulturnation, die nicht auf einen Nationalstaat zielte, und die föderative Vielfalt der deutschen Staatenwelt, die sich ebenfalls gegen einen nationalen Zentralismus sperrte. Als 1828 zum Liederfest nach Eßlingen die „Liederkränze unseres Vaterlandes"[14] eingeladen wurden, meinten die liberalen Veranstalter Württemberg, nicht etwa Deutschland. Der gereimte Prolog verwob die Geschichte Schwabens und vor allem Eßlingens mit der Reichsgeschichte. Dann folgte die Festrede, ein reichsnationaler Geschichtsunterricht, der in pathetischer Sprache die städtischen Bürger als die Erben einer nationalen Adelskultur feierte, die mit den Stauferkaisern ihren glanzvollen Höhepunkt erreicht habe, dann einer Bürgerkultur weichen mußte, die in den Wirren des Dreißigjährigen Krieges untergegangen sei und nun in neuer Form wiederauflebe. Auch Otto Elben – der erste Geschichtsschreiber der Sängervereine als einem organisatorischen Kern der deutschen Nationalbewegung und einer der bekanntesten württembergischen Liberalen – pries 1855 noch die deutsche Kulturnation. Zu ihr zählte er auch „die entfernteren Glieder deutschen Volksthums": die Österreicher, Schweizer, Niederländer und Flamen[15]. Erst als er sich in den 1860er Jahren zum nationalliberalen Verehrer Bismarcks wandelte, wurde der Württemberger Elben einer der entschiedensten Verfechter eines preußisch geführten Nationalstaates. Bis dahin blieb seine Idee von einer deutschen Nation kultur- und reichsnational imprägniert, ohne daß damit imperiale Ansprüche verbunden gewesen wären. Deutsche Sängervereine trafen sich noch nach der Jahrhundertmitte mit Vereinen aus der Schweiz, Holland und Belgien oder gastierten mit nationalen Liedern begeistert gefeiert in England. Eine „drastische nationale Einfärbung" behinderte nicht den internationalen Erfolg, denn Universalität und Nationalität galten in der Musik, in der Sängerbewegung und ihrem Publikum nicht als Gegensatz. „Universalität sollte durch Nationalität, nicht gegen sie erreicht werden[16]."

12 Vgl. vor allem NIPPERDEY, Thomas: Nationalidee und Nationaldenkmal in Deutschland im 19. Jahrhundert. In: DERS.: Gesellschaft, Kultur und Staat. Göttingen 1976, 133-173. – TRAEGER, Jörg: Der Weg nach Walhalla. Denkmallandschaft und Bildungsreise im 19. Jahrhundert. Regensburg 1987. – Zur Kunstpolitik des bayerischen Königs s. GOLLWITZER, Heinz: Ludwig I. von Bayern. Königtum im Vormärz. Eine politische Biographie. München 1986, 646 ff.

13 Vgl. neben DÜDING: Organisierter Nationalismus, insbesondere LANGEWIESCHE, Dieter: Die schwäbische Sängerbewegung in der Gesellschaft des 19. Jahrhunderts – ein Beitrag zur kulturellen Nationsbildung. Zeitschrift für württembergische Landesgeschichte 1993.

14 Das Liederfest zu Eßlingen am Pfingst-Montag den 26. Mai 1828. o. O. 1828, 3.

15 ELBEN, Otto: Der volksthümliche deutsche Männergesang, seine Geschichte, seine gesellschaftliche und nationale Bedeutung. Tübingen 1855, 134 f.

16 DAHLHAUS, Carl: Die Musik des 19. Jahrhunderts. Wiesbaden 1980, 30. – Vgl. zur kulturnationalen Haltung, die bei DÜDING (wie Anm. 11) zu wenig beachtet wird, und zu den Kontakten vor allem in die Schweiz LANGEWIESCHE (wie Anm. 13).

Die Reichsidee, wie sie bis über die Mitte des 19. Jahrhunderts hinaus wirkte, darf also nicht mit der späteren gleichgesetzt werden. Noch milderte sie die zentralisierende Kraft, die von der Idee der Nation ausging. Sie verflüssigte deren Grenzen kulturell, stellte aber nicht die selbständige Existenz jener Staaten in Frage, die früher einmal zum Reich gehört hatten, nicht aber zur nachrevolutionären deutschen Nation zählten. Man blickte zwar über die Grenzen des Deutschen Bundes, aber mit kulturellen, nicht mit territorialen Erwartungen. Auch nach innen sperrte sich die Reichsidee gegen einen nationalstaatlichen Zentralismus, indem sie die kulturellen Leistungen der staatlichen Vielfalt pries. Sie wehrte österreichische wie preußische Hegemonieansprüche gleichermaßen ab. Stolz auf die frühere reichsstädtische Selbständigkeit und auf die Landes- oder Stammestradition, in die man sich einordnete, konnte bruchlos einhergehen mit einem Reichsnationalismus, der eine in sich offene Nation ohne Grenzen, aber keinen zentralistischen Nationalstaat erstrebte. Das erwähnte Eßlinger Liederfest bietet dafür ein Beispiel. Auch Goethe hatte eine solche Nation ohne Zentrum und Zentralismus vor Augen, als er am 23. Oktober 1828 mit Eckermann über die „Einheit Deutschlands und in welchem Sinne sie möglich und wünschenswert" sprach:

> „Mir ist nicht bange, daß Deutschland nicht eins werde; unsere guten Chausseen und künftigen Eisenbahnen werden schon das ihrige tun. Vor allem aber sei es eins in Liebe untereinander und immer sei es eins gegen den auswärtigen Feind. Es sei eins, daß der deutsche Taler und Groschen im ganzen Reich gleichen Wert habe; eins, daß mein Reisekoffer durch alle sechsunddreißig Staaten ungeöffnet passieren könne. Es sei eins, daß der städtische Reisepaß eines weimarischen Bürgers von dem Grenzbeamten eines großen Nachbarstaates nicht für unzulänglich gehalten werde, als der Paß eines *Ausländers*. Es sei von Inland und Ausland unter deutschen Staaten überall keine Rede mehr. Deutschland sei ferner eins in Maß und Gewicht, in Handel und Wandel und hundert ähnlichen Dingen, die ich nicht alle nennen kann und mag.
>
> Wenn man aber denkt, die Einheit Deutschlands bestehe darin, daß das sehr große Reich eine einzige große Residenz habe und daß diese eine große Residenz wie zum Wohl der Entwickelung einzelner großer Talente, so auch zum Wohl der großen Masse des Volkes gereiche, so ist man im Irrtum. [...] Wodurch ist Deutschland groß als durch eine bewunderungswürdige Volkskultur, die alle Teile des Reichs gleichmäßig durchdrungen hat. Sind es aber nicht die einzelnen Fürstensitze, von denen sie ausgeht und welche ihre Träger und Pfleger sind? – Gesetzt, wir hätten in Deutschland seit Jahrhunderten nur die beiden Residenzstädte Wien und Berlin oder gar nur eine, da möchte ich doch sehen, wie es um die deutsche Kultur stände, ja auch um einen überall verbreiteten Wohlstand, der mit der Kultur Hand in Hand geht[17]."

Diese föderative Tradition, deren große Leistungen Goethe zu Recht betonte, hat die deutsche Geschichte bis heute geprägt. In den Anstrengungen, die Lebensverhältnisse der alten und neuen Bundesländer rasch anzugleichen, steht sie vor einer erneuten Bewährungsprobe. Das Verfassungsgebot der Chancengleichheit in allen Teilen Deutschlands, vor allem die Durchsetzungskraft dieses Gebotes wäre ohne die nie verloschene föderative Tradition wohl nicht zu verstehen.

17 Eckermann, Johann Peter: Gespräche mit Goethe in den letzten Jahren seines Lebens. München 1984, 605 f.

In der ersten Hälfte des 19. Jahrhunderts harmonierte das in der Lebenswelt der Menschen tiefeingeschliffene föderative Bewußtsein nicht nur mit der aus der Vergangenheit geschöpften Reichsidee, sondern in der Regel auch mit der in die Zukunft blickenden Vision einer deutschen Nation. Man sprach in der Nationalbewegung vor der Revolution 1848/49 von *Nation* und *Nationalität*, von *Nationalbewußtsein*, *Nationaleinheit*, *Nationalkirche*, *Nationalsinn*, *Nationalgefühl*, *Nationalehre*, *Nationalliebe*, und es wurden viele andere Worte mit dem jungen Leitbegriff *Nation* gebildet. Doch das Wort *Nationalstaat* scheint noch nicht zum politischen Sprachschatz der Deutschen im Vormärz gehört zu haben[18].

Dieser Sprachgebrauch spiegelt die föderative Reformlinie des deutschen Frühnationalismus wider. Sie dominierte. Carl Theodor Welcker ist dafür ein Beispiel. Er verurteilte zwar die staatliche Zersplitterung Deutschlands als Schwäche, aber einen nationalen Einheitsstaat lehnte er ab. Die deutsche Nation, verbunden „in einer untrennbaren Gemeinschaft unserer politischen Entwicklung, unserer Hoffnungen und Gefahren“[19], sollte die bestehenden Staaten reformieren, nicht jedoch auslöschen. Darin stimmten Repräsentanten des gemäßigt-konstitutionellen sächsischen Liberalismus mit dem prominenten badischen Liberalen überein. Eine „wahrhaft teutsche Volks- und Reichsgeschichte“, hieß es 1828 in dem Organ des „konservatorischen Liberalismus“[20] Sachsens, müsse nicht nur die „Geschichten der einzelnen Fürstengeschlechter und Landesgebiete“ einbeziehen, sondern ebenso „die Chroniken der einzelnen Reichsstädte, ja sogar die Urkunden und Jahrbücher der Klöster und Stifte“[21]. Auf der Vielfalt dieser Territorien, auf ihren Fürsten und dem Volk, beruhe „der alte politische Verband des teutschen Staatskörpers“, der von seinen Anfängen unter Ludwig dem Deutschen bis zum Deutschen Bund „nach und nach in eine rechtlich geordnete *Staatenfamilie*“ zusammengewachsen sei[22]. Dieses Bild einer „teutschen Völkerfamilie“, in der sich die Geschichte dem „Endpunct aller geselligen und bürgerlichen Ausbildung“[23] annähere, war national und zugleich föderativ, und es untermauerte den staatsbürgerlichen Partizipationsanspruch historisch, indem es neben den Fürsten das *Volk* zu gleichgewichtigen Trägern der Nation erhob. Ähnlich wie

18 So auch DÜDING: Organisierter Nationalismus 288, für die Turner- und Sängerbewegung. – In den von mir durchgesehenen zahlreichen zeitgenössischen Lexika war „Nationalstaat“ ebenfalls nicht zu finden.

19 Vgl. SCHÖTTLE, Rainer: Politische Freiheit für die deutsche Nation. Carl Theodor Welckers Theorie. Ein Beitrag zur Geschichte des deutschen Frühliberalismus. Baden-Baden 1985, 71 ff., Zitat 74 (aus dem Jahre 1833).

20 Diesen Begriff hatte Ludwig Harscher von Almendingen, ehemaliger Dillenburger Hofgerichtspräsident und Publizist, 1823 geprägt. – FABER, Karl Georg: „Konservatorischer Liberalismus“, „Umstürzender Liberalismus“, „Konservatorischer Obskurantismus“. Aus dem Briefwechsel zwischen Marschall und Almendingen (1823). Nassauische Annalen 78 (1967) 177-207, 201. – Zur Tradition des Reichspatriotismus, in der Almendingen stand, ebenda 193 f.

21 Prof. HASSE (Dresden): Giebt es eine teutsche Geschichte? Jahrbücher der Geschichte und Staatskunst. Eine Monatsschrift, in Verbindung mit mehrern gelehrten Männern herausgegeben von Karl Heinrich Ludwig PÖLITZ, Königl. Sächsischem Hofrathe und öffentlichem Lehrer der Staatswissenschaften an der Universität Leipzig. Bd. 1. Leipzig 1828, 47-60, hier 47.

22 Ebenda 56, 58.

23 Ebenda 58.

bei Friedrich Ludwig Jahn richtete sich diese Vorstellung von *Volksgeschichte* gegen den staatlich-politischen Alleinvertretungsanspruch der Fürsten, ohne jedoch die monarchische Staatsform in Frage zu stellen. Doch während Jahn und die frühe Turnbewegung die deutsche Nation schroff nach außen, vor allem gegen den „Erbfeind“ Frankreich abgrenzten[24], sah der zitierte sächsische Liberale in der deutschen „Staatenfamilie“ den Kern „eines gemeinsam völkerrechtlichen europäischen Staatenverbandes“[25].

Für eine unitarische Nation sprach sich nur aus, wer die Einzelstaaten für reformunfähig hielt. Das taten die entschiedenen Demokraten und vor allem die Republikaner. Denn wer den Nationalstaat in Form einer demokratischen Republik erstrebte, mußte Reformen im Gehäuse der bestehenden Fürstenstaaten ablehnen. Unitarismus und Republik bedeuteten in Deutschland zwangsläufig Revolution. Deshalb bestärkten die starken föderativen Traditionen den Unwillen zur Revolution, der bis weit in die Reihen der Demokraten reichte. Liberale lebten ohnehin in der Furcht vor Revolution und Republik[26]. Ein revolutionärer Nationalismus konnte deshalb in Deutschland nur wenig Anklang finden. Noch in der Revolution von 1848/49 setzte die deutsche Nationalbewegung ganz überwiegend auf eine Reformallianz mit den Landesfürsten und auf den Erhalt der bestehenden Länder innerhalb des künftigen Nationalstaats[27].

Die wirkungsmächtigsten Gegenspieler der föderativen Traditionslinie im deutschen Frühnationalismus waren nicht die unitarischen Nationalisten auf der Linken, die Radikaldemokraten und Republikaner, sondern zunächst die reformverweigernden Fürsten und dann die Befürworter eines preußisch dominierten Nationalstaats. Die variantenreiche Idee einer deutschen Trias, die sich den Hegemonialansprüchen der beiden deutschen Vormäch-

24 Diese Seite Jahns und eines Teils der Turnbewegung tritt bei DÜDING (Anm. 11) gegenüber der auch vorhandenen emanzipatorischen zurück. – Vgl. LANGEWIESCHE, Dieter: „... für Volk und Vaterland kräftig zu würken ...“ Zur politischen und gesellschaftlichen Rolle der Turner zwischen 1811 und 1871“. In: Kulturgut oder Körperkult? Sport und Sportwissenschaft im Wandel. Hrsg. v. Ommo GRUPE. Tübingen 1990, 22-61, vor allem 24 ff.; 27 (Erbfeind).

25 HASSE: Giebt es eine teutsche Geschichte 58.

26 Vgl. WENDE, Peter: Radikalismus im Vormärz. Untersuchungen zur politischen Theorie der frühen deutschen Demokratie. Wiesbaden 1975. – KOCH, Rainer: Demokratie und Staat bei Julius Fröbel 1805-1893. Liberales Denken zwischen Naturrecht und Sozialdarwinismus. Wiesbaden 1978. – LANGEWIESCHE, Dieter: Liberalismus und Revolution in Deutschland 1789-1871. In: Liberalismus und Revolution. 2. Rastatter Tag zur Geschichte des Liberalismus am 16./17.9. 1989. St. Augustin 1989, 25-40. – DERS.: Republik, Konstitutionelle Monarchie und „soziale Frage“. Grundprobleme der deutschen Revolution von 1848/49. Historische Zeitschrift 230 (1980) 529-548, erneut in: Die deutsche Revolution von 1848/49. Hrsg. v. Dieter LANGEWIESCHE. Darmstadt 1983, 341-361. – Zur Begriffsgeschichte ist grundlegend MAGER, Wolfgang: Republik. In: Geschichtliche Grundbegriffe. Bd. 5. Stuttgart 1984, 549-651.

27 Den besten Überblick über den gesamten Revolutionsverlauf bietet SIEMANN, Wolfram: Die deutsche Revolution von 1848/49. Frankfurt am Main 1985. – Den neuesten Forschungsstand referiert LANGEWIESCHE, Dieter: Die Revolution von 1848/49 und die vorrevolutionäre Gesellschaft: Forschungsstand und Forschungsperspektiven, Teil II. Archiv für Sozialgeschichte 31 (1991) 331-443.

te entgegenstellte, ließ sich dagegen mit einem föderativen Nationalismus vereinbaren[28]. Die Nationalbewegung wandte sich erst gegen die Einzelstaaten, als deren Fürsten und Bürokratien seit der restaurativen Versteifung um 1820 politische Reformen zunehmend verweigerten. Zunächst hatte es keinen Widerspruch bedeutet, für eine einheitlichere Nation zu plädieren und sich zugleich als loyaler Bürger zu dem deutschen Staat zu bekennen, in dem man lebte und politisch wirkte. Man konnte als Liberaler für innerstaatliche Reformen und für die deutsche Nation werben und gleichzeitig die Existenz der Einzelstaaten nicht in Frage stellen. Gemeinsam mit diesen Staaten und ihren Repräsentanten wollte man die deutsche Nation zusammenschließen. Erst als innerstaatliche Reformen ausblieben und zum Teil zurückgenommen wurden, entwickelte sich *Nation* zu einem Reformziel, das sich gegen die Einzelstaaten richtete. Dieser ungeplante Weg der Nationalbewegung in die Opposition läßt sich am Philhellenismus der 1820er Jahre[29] ebenso verfolgen wie etwa am Wandel Ludwig Uhlands, den die Enttäuschung über die ausbleibenden Reformen in Württemberg dazu führte, seine Hoffnungen auf den großdeutschen Nationalstaat zu setzen[30]. Reformwille und Bekenntnis zur Nation wuchsen zusammen, die nationale Idee wurde reformpolitisch instrumentalisiert[31]. Wer politische Reformen ablehnte, gehörte selbst dann nicht zur Nationalbewegung, wenn er seinen „Nationalsinn" öffentlich bekundete. Das mußte auch der bayerische König Ludwig I. erfahren, der wohl wie kein anderer deutscher Fürst der ersten Hälfte des 19. Jahrhunderts den nationalen Gedanken förderte[32]. Die meisten Fürsten seiner Zeit begriffen *Nation* und *Nationalismus* als eine doppelte Untergangsdrohung: gerichtet gegen die monarchische Machtposition im Staat *und* gegen die Existenz der Einzelstaaten. Zwar entstand schon im Vormärz ein konservativer Nationalstaatsgedanke, doch noch wollte er, wie Meinecke mit Blick auf Preußen hervorhob, „kein Deutsches Reich, verlangte höchstens, wie Ranke, Radowitz und Friedrich Wilhelm IV., einen Ausbau der Bundesverfassung[33]." Dem konservativen Nationalismus galt die monarchische Legitimität als unantastbar, deshalb mußte sein Nationsideal föderativ-staatenbündisch sein. Auch Ludwig I., „seit seinen

28 Vgl. dazu detailliert BURG, Peter: Die deutsche Trias in Idee und Wirklichkeit. Vom Alten Reich zum Deutschen Zollverein. Stuttgart 1989.

29 Vgl. vor allem HAUSER, Christoph: Anfänge bürgerlicher Organisation. Philhellenismus und Frühliberalismus in Südwestdeutschland. Göttingen 1990.

30 Vgl. LANGEWIESCHE, Dieter: Der deutsche Frühliberalismus und Uhland. In: Ludwig Uhland. Dichter – Politiker – Gelehrter. Hrsg. v. Hermann BAUSINGER. Tübingen 1988, 135-148.

31 So für den vormärzlichen Liberalismus auch GALL, Lothar: Liberalismus und Nationalstaat. Der deutsche Liberalismus und die Reichsgründung. In: Vom Staat des Ancien Regime zum modernen Parteienstaat. Festschrift für Theodor Schieder. Hrsg. v. Helmut BERDING. Wien 1978, 287-300, hier 290.

32 Vgl. GOLLWITZER: Ludwig I., vor allem 646-653.

33 MEINECKE: Weltbürgertum 262. – Zur „Nationalisierung" deutscher Monarchien siehe nun Hanisch, Manfred: Nationalisierung der Dynastien oder Monarchisierung der Nation? Zum Verhältnis von Monarchie und Nation in Deutschland im 19. Jahrhundert. In: Bürgertum, Adel und Monarchie. Wandel der Lebensformen im Zeitalter des bürgerlichen Nationalismus. Hrsg. v. Adolf M. BIRKE und Lothar KETTENACKER unter Mitarbeit von Helmut REIFELD. München 1989, 71-91. – Vgl. auch BUSSMANN, Walter: Zwischen Preußen und Deutschland. Friedrich Wilhelm IV. Eine Biographie. Berlin 1990.

Jugendtagen ein glühender Patriot", wollte sein „stark historisch geprägtes deutsches Nationalbewußtsein", in dem die Reichsidee fortlebte, mit dem „bayerischen Staatspatriotismus"[34] verbinden, um die einzelstaatliche Monarchie und zugleich die Nation zu stärken.

Als Carl von Rotteck, einer der prominentesten südwestdeutschen Liberalen, 1832 einen deutschen „Staaten-Bund" forderte, da dieser, „laut dem Zeugnis der Geschichte, zur Bewahrung der Freiheit geeigneter [sei] als die ungeteilte Masse eines großen Reiches"[35], wandte er sich damit gegen nationalunitarische Äußerungen von Demokraten und Liberalen auf dem Hambacher Fest[36]. Die pfälzischen Liberalen hatten sich zunächst zur „bayerischen Nation" bekannt. Erst als die Konstitutionalisierung, die sie als Kernelement jeder Nation betrachteten, ausblieb, forderten sie einen gesamtdeutschen Nationalstaat, von dem sie jene Liberalisierung erhofften, die der Partikularstaat verweigerte[37]. Diese nationalpolitische Neuorientierung, die sie im Vorfeld des Hambacher Festes vollzogen, lehnte Rotteck ab. Er setzte weiterhin auf die Reformfähigkeit der Einzelstaaten, die sich zu einer nicht-unitarischen Nation zusammenschließen würden. Die Gefahr eines preußisch geführten Nationalstaates hatte er dagegen nicht vor Augen. Das wäre ihm zu unrealistisch gewesen. Zu mächtig erschienen ihm Habsburgs Position in Deutschland und zu schwach die Anhänger Preußens.

Die ältere kleindeutsche Geschichtsschreibung hat die politische Kraft und die Breitenwirkung der nationalen Publizistik im Umkreis der „Befreiungskriege" gegen das napoleonische Frankreich meist verklärt. In den Jahrhundertfeiern von 1913 erklomm diese Borussifizierung der deutschen Nationalgeschichte einen Höhepunkt[38]. Johann Gottlieb Fichtes retrospektiv vielgefeierten „Reden an die deutsche Nation" waren in ihrer Zeit aber nicht mehr als „ein luftiges Wolkenkuckucksheim", und auch Ernst Moritz Arndts oder Friedrich Ludwig Jahns berühmte Schriften erreichten nur einen kleinen Leserkreis[39]. Gleichwohl darf man die mobilisierende Wirkung der napoleonischen Ära in Preußen nicht unterschätzen. Das „Erlebnis von Zusammenbruch und Fremdherrschaft" bildete hier „gewissermaßen die Initialzündung für eine allmähliche Politisierung der breiten Bevölkerung"[40]. Vor allem aber prägten die schweren wirtschaftlichen Probleme in der Zeit politischer Abhängigkeit von Frankreich. „Wenn irgend etwas in dieser Zeitspanne ein

34 Gollwitzer: Ludwig I. 42 f.
35 Zitiert nach Fehrenbach: Reich 495.
36 Vgl. dazu vor allem Foerster, Cornelia: Der Preß- und Vaterlandsverein von 1832/33. Sozialstruktur und Organisationsformen der bürgerlichen Bewegung in der Zeit des Hambacher Festes. Trier 1982. – Mit der neuesten Literatur: Dies.: Das Hambacher Fest 1832. Volksfest und Nationalfest einer oppositionellen Massenbewegung. In: Öffentliche Festkultur, 113-131.
37 Vgl. Schunk, Erich: Vom nationalen Konstitutionalismus zum konstitutionellen Nationalismus. Der Einfluß der „Franzosenzeit" auf den pfälzischen Liberalismus zur Zeit des Hambacher Festes. Zeitschrift für bayerische Landesgeschichte 51 (1988) 447-470.
38 Vgl. Siemann, Wolfram: Krieg und Frieden in historischen Gedenkfeiern des Jahres 1913. In: Öffentliche Festkultur, 298-320.
39 Vgl. Münchow-Pohl, Bernd von: Zwischen Reform und Krieg. Untersuchungen zur Bewußtseinslage in Preußen 1809-1812. Göttingen 1987, 338 ff., Zitat 338. – Ibbeken, Rudolf: Preußen 1807-1813. Staat und Volk als Idee und in Wirklichkeit. Köln – Berlin 1970, 326 u.a.
40 Münchow-Pohl: Zwischen Reform und Krieg 397.

Bewußtsein nationaler Identität vermitteln konnte, dann die Erfahrung gemeinsamer Unterdrückung" und Not. Ohne sie wäre die „Wucht der Erhebung von 1813" nicht zu begreifen[41].

Diese Erfahrung formte den Frühnationalismus im deutschen Norden, vor allem in Preußen, in anderer Weise als im Süden und Südwesten. Diese Unterschiede sind bislang nicht systematisch erforscht. Innerhalb der Turn- und Sängerbewegung, die in den 1840er Jahren mit jeweils etwa 100.000 Mitgliedern das organisatorische Rückgrat der Nationalbewegung stellten, gab es antifranzösische Ressentiments zwar auch in Süddeutschland. Doch hier konnte die entstehende Nationalbewegung an die Reformleistungen anknüpfen, die von der napoleonischen Ära ausgingen[42]. Im entschieden oppositionellen Liberalismus der Pfalz läßt sich diese prowestliche Linie des deutschen Frühnationalismus ebenso fassen wie in der politisch gemäßigteren schwäbischen Sängerbewegung. In ihr konnte die mit den schwarz-rot-goldenen Farben der Nationalbewegung geschmückte Sängerfahne unbefangen „die deutsche Tricolore" genannt werden[43]. Ein solcher Ehrentitel wäre in der anfangs auf Norddeutschland konzentrierten Turnbewegung undenkbar gewesen. Im Norden konnte es vorkommen, daß man Pappeln als „undeutsche Bäume" fällte und auf dem Turnplatz mit dem „Ger nach dem Kopfe Napoleons" warf oder „mit dem Rappier [!] nach dem Herzen eines französischen Grenadiers" stach[44]. Im Norden, insbesondere in Preußen, erwuchs anders als im Süden der deutsche Nationalismus vor allem aus der Erfahrung, von Frankreich politisch unterdrückt, wirtschaftlich ausgebeutet und als Staat existentiell gefährdet worden zu sein. Mit seinem unbändigen Franzosenhaß und seiner generellen Xenophobie war Jahn ein Repräsentant dieses Zweiges des deutschen Frühnationalismus aus der preußischen Unterjochungserfahrung heraus[45]. Wie wirkungsmächtig diese Linie damals war, wissen wir bislang nicht[46]. Es scheint aber, daß diese antifranzösische Prägung trotz der Kriegsstimmung infolge der Rheinkrise von 1840 in dem vorrevolutionären Jahrzehnt zurückging, als die Nationalbewegung auch sozial in die Breite wuchs

41 Ebenda 427.

42 Vgl. Fehrenbach, Elisabeth: Der Kampf um die Einführung des Code Napoléon in den Rheinbundstaaten. Wiesbaden 1973. – Dies.: Traditionale Gesellschaft und revolutionäres Recht. Die Einführung des Code Napoléon in den Rheinbundstaaten. Göttingen 1978. – Berding, Helmut: Napoleonische Herrschafts- und Gesellschaftspolitik im Königreich Westfalen 1807-1813. Göttingen 1973.

43 Zur Erinnerung an Karl Pfaff, geb. zu Stuttgart den 22. Februar 1795, gest. zu Eßlingen den 6. Dezember 1866. Herausgegeben zum Besten des dem Verstorbenen auf der Maille in Eßlingen zu errichtenden Denkmals von dem Ausschusse des Schwäbischen Sängerbundes und dem Ausschusse des Eßlinger Liederkranzes. Eßlingen 1867, 30. – Zur Fahnensymbolik im internationalen Vergleich: Fehrenbach, Elisabeth: Über die Bedeutung der politischen Symbole im Nationalstaat. Historische Zeitschrift 213 (1971) 296-357.

44 Timm, H.: Das Turnen mit besonderer Beziehung auf Meklenburg. Neustrelitz 1848, 80.

45 Vgl. Anm. 24.

46 In der Griechenbewegung der 1820er Jahre zum Beispiel waren antifranzösische Einstellungen nicht vorhanden. Es gab vielmehr Zusammenarbeit über die Grenzen hinweg. – Vgl. Hauser: Anfänge bürgerlicher Organisationen (Anm. 29).

und politisch entschiedener liberal, teilweise demokratisch wurde[47]. Gleichwohl bleibt festzuhalten, daß die Abgrenzung nach außen, vor allem gegen Frankreich aggressiv gesteigert, nicht erst in den späteren Phasen des deutschen Nationalismus auftrat. Diese Färbung gehörte von Beginn an dazu, war aber in der ersten Hälfte des 19. Jahrhunderts noch nicht dominant. Auch für Deutschland gilt: Die Anfänge der modernen Vorstellung von Nation waren fortschrittlich, emanzipatorisch, demokratisch[48]. Davon ist selbst der xenophobe Jahn nicht auszunehmen.

Die Revolutionen von 1848 stellten die europäischen Nationalbewegungen und damit auch den europäischen Liberalismus vor ihre erste große internationale Bewährungsprobe. Sie bestanden sie nicht. Es war eine wahrhaft europäische Revolution, die sich von Frankreich bis in die Randzonen des Osmanischen Reiches erstreckte, aber sie wurde auch zu einer Revolution der europäischen Nationen und Nationalitäten gegeneinander[49]. Der Traum vom europäischen „Völkerfrühling" zerrann schnell. Als belastbar erwies sich dagegen der antirevolutionäre Internationalismus der Großmächte, dem nur zweierlei entgegenstand: ein damals völlig bedeutungsloser Internationalismus der pazifistischen Bewegung und der ebenso wirkungslose Internationalismus einiger demokratischer Revolutionäre, die vergeblich auf einen revolutionären Internationalismus der Nationalitäten hofften. Statt dessen entstand eine vehemente Rivalität der Nationalitäten, die zugunsten ihrer Ziele immer wieder mit den Kräften der Gegenrevolution paktierten. Das war überall so, nicht nur in Deutschland[50]. Hier traten aber die Probleme am stärksten hervor. Das war nicht zu vermeiden. Denn den Deutschen Bund, der bis zu 41 Staaten in einer Mischung aus Ohnmacht und Widerstandskraft in der Mitte Europas zusammenband, in einen Nationalstaat zu verwandeln, mußte zwangsläufig eine Vielzahl europäischer Staaten, Nationen und Nationalitäten beunruhigen. Zwei ausländische Monarchen gehörten 1848 als Fürsten deutscher Territorien dem Deutschen Bund an, und Österreich, aber auch Preußen, die beiden deutschen Führungsmächte, besaßen große Gebiete außerhalb des

47 Vgl. dazu DÜDING: Organisierter Nationalismus (Anm. 11) und Langewiesche: „für Volk und Vaterland" (Anm. 24) 34 f.

48 Ein schönes Beispiel dafür bietet der Artikel „Patriotismus" von MURHARD In: Staats-Lexikon oder Encyklopädie der Staatswissenschaften. Hrsg. v. Carl von ROTTECK und Carl WELCKER. Bd. 12. Altona 1841, 386-419: Patriotismus als „höhere Vaterlandsliebe" zeige sich in der Bereitschaft und Fähigkeit zur Anteilnahme am Gemeinwesen. Eine durchgehende Fremdenfeindlichkeit als Hauptmerkmal von Beginn an behauptet dagegen JEISMANN, Michael: Das Vaterland der Feinde. Studien zum nationalen Feindbegriff und Selbstverständnis in Deutschland und Frankreich 1792-1918. Stuttgart 1992.

49 Vgl. zum Folgenden neben SIEMANN: Revolution (Anm. 27) vor allem BRANDT, Harm-Hinrich: The Revolution of 1848 and the Problem of Central European Nationalities. In: Nation-building (Anm. 8), 107-134. – WOLLSTEIN, Günter: Mitteleuropa und Großdeutschland – Visionen der Revolution 1848/49. In: Deutsche Revolution (Anm. 26), 237-257. – Ausführlich, aber mehr referierend DERS.: Das „Großdeutschland" der Paulskirche. Nationale Ziele in der bürgerlichen Revolution 1848/49. Düsseldorf 1977. – LANGEWIESCHE, Dieter: Germany and the National Question in 1848. In: The State of Germany: The Making, Unmaking and Remaking of a Nation State. Ed. John BREUILLY. London 1992.

50 Vgl. als europäische Überblicke STEARNS, Peter N.: The Revolutions of 1848. London 1974. – LANGEWIESCHE, Dieter: Europa zwischen Restauration und Revolution 1815-1849. München 1993[3].

Bundes. In ihn brachte Österreich fast sechs Millionen Menschen anderer Nationalitäten ein, Tschechen und Slowenen vor allem, aber auch Polen, Kroaten und über 400.000 Italiener. In etlichen Teilen der Habsburgermonarchie, die zum Deutschen Bund zählten, lebten sogar überwiegend nichtdeutsche Nationalitäten, ebenso im preußischen Großherzogtum Posen. Im Deutschen Bund und erst recht in der mit ihm verbundenen Habsburgermonarchie war nahezu jede europäische Nationalität vertreten, die noch nicht über einen eigenen Nationalstaat verfügte. Deshalb drohte dieser Staatenbund unvermeidlich in fast alle Nationalitätenkonflikte verwickelt zu werden, sobald die noch staatenlosen europäischen Nationalitäten in Bewegung geraten sollten. Jeder Versuch, aus dem deutschen Staatenbund einen Nationalstaat zu formen, mußte die Interessen der vielen anderen Nationalitäten tangieren, wie auch jeder Versuch dieser Nationalitäten, selber Nationalstaaten zu gründen, zu Konflikten mit der deutschen Nationalbewegung führen konnte. Als 1848 die Revolution ausbrach, wurden diese zuvor nur latenten Probleme schlagartig aktuell.

In der deutschen Nationalversammlung in Frankfurt brachen damals imperiale Machtträume von erschreckendem Ausmaß hervor[51]. Und zwar auch unter den Liberalen und Demokraten. Man hatte eine deutsche Hegemonie von der Nord- und Ostsee bis zur Adria und zum Schwarzen Meer vor Augen, und die Flotte, für die in allen deutschen Staaten Geld gesammelt wurde, sollte die neue Stärke der deutschen Nation in alle Welt tragen. Dieser expansive Nationalismus fand unter den Linken ebenso Anklang wie unter den Rechten. Sie blickten alle in die Vergangenheit des untergegangenen Reiches, um ihre Großmachtträume historisch zu rechtfertigen. Der liberale Varnhagen von Ense hat 1848 das Problem historisch begründeter Grenzen für den auch von ihm ersehnten deutschen Nationalstaat klug beschrieben:

> „Vereinigung der Deutschen, Einheit von Deutschland – wie süß klingen seit Jahren diese Worte dem Vaterlandsfreund ins Ohr! Leider jedoch sah es von jeher bei uns mit der Sache mißlich aus, und es scheint, daß wir auch heute nicht so schnell damit aufs reine kommen. Die Nationalität ist im allgemeinen bei uns schwer festzuhalten, sie war von den frühesten Zeiten in stetem Flusse [...]. Franken und Angelsachsen zogen aus der Heimat fort, mischten sich mit anderen Völkern und wurden groß und frei, während Langobarden und Vandalen auf gleichen Wegen sich in der Fremde verloren. Die Schweiz fiel von Deutschland ab, das slawische Böhmen und das gallische Belgien schlossen sich an, Elsaß und Lothringen wurden hingegeben: Wo sollen wir anfangen zu rechnen, zu fordern? Eine reine Lösung aus dieser Völkermischung herauszufinden, ist nicht möglich. Wenn sie nur annähernd gelingt, können wir zufrieden sein. Aber die Nationalität ist auch keineswegs die alleinige Grundlage des Staates, nicht die alleinige und nicht die wesentlichste. Gesetzgenossenschaft und Freiheitsgenossenschaft sind unstreitig höherer Geltung als Stammesverwandschaft, besonders wenn diese noch vielfach gebrochen und verdunkelt ist[52]."

51 Vgl. im einzelnen WOLLSTEIN: „Großdeutschland" (wie Anm. 49). – Mit der neuesten Literatur: LANGEWIESCHE: Forschungsstand (wie Anm. 27).

52 VARNHAGEN VON ENSE, Karl August: Kommentare zum Zeitgeschehen. Publizistik, Briefe, Dokumente 1813-1858. Hrsg. v. Werner GREILING. Leipzig 1984, 172.

Auch bei Varnhagen gründete *deutsche Nation* in der Reichsidee, aus der er aber keine territorialen Forderungen ableitete. Zu dieser einsichtigen Haltung rang sich schließlich auch die Mehrheit der deutschen Nationalversammlung durch. Die imperiale Rhetorik blieb Gedankenspielerei in der ersten Euphorie revolutionären Kraftgefühls. Es wäre deshalb unfair, die deutsche Nationalbewegung von 1848/49 nur an ihren Machtträumen von einem deutschen Großreich zu messen. Zur freiwilligen Selbstbescheidung zeigte sie sich jedoch ebensowenig bereit wie die anderen europäischen Nationalitäten, die in der Revolution ihre Sehnsucht nach einem Nationalstaat zu erfüllen suchten. Man steckte zurück, weil man seine Ziele nicht durchsetzen konnte.

Der kleindeutsche Nationalstaat, zu dem sich eine knappe Mehrheit der Nationalversammlung schließlich widerwillig durchrang, wäre die einzige Lösung gewesen, die die europäische Staatenordnung nicht zerstört hätte und sich mit den nationalstaatlichen Ambitionen der anderen Nationalitäten hätte vereinbaren lassen. Die Mehrheit der Nationalversammlung und der gesamten Nationalbewegung wollte aber zweifellos den großdeutschen Nationalstaat. Ihre Gründe waren unterschiedlich. Viele dachten in der historischen Reichstradition; viele Katholiken glaubten, ohne das katholische Österreich vom protestantischen Preußen beherrscht zu werden; vor allem süddeutsche Demokraten und Liberale fürchteten sich – wie in den 60er Jahren dann die großdeutschen Sozialisten um August Bebel und Wilhelm Liebknecht – vor einem borussifizierten Deutschland, das sie für nicht mehr reformierbar hielten; andere meinten, nur in einem Großdeutschland könnten die einzelnen Staaten ihr Eigengewicht bewahren, denn ohne Österreich werde der Föderalismus vom Übergewicht Preußens erstickt. Ein großdeutscher Staat wäre jedoch nicht durchzusetzen gewesen, denn er hätte die Habsburgermonarchie zweigeteilt. Dies wollten aber außer den Ungarn keine der habsburgischen Nationalitäten und die österreichische Staatsspitze wie auch die europäischen Großmächte ebenfalls nicht.

Bisher wurden vornehmlich die Ziele der von den Liberalen und Demokraten geführten Nationalbewegung vorgestellt. Die überlegene politisch-soziale Integrationskraft der nationalen Idee zeigte sich aber gerade darin, daß auch die Konservativen, sogar die regierenden Dynastien sich gezwungen sahen, national zu argumentieren. Das soll zum Abschluß noch mit Blick auf die Revolution und deren Folgen knapp skizziert werden.

Neben den beiden nationalstaatlichen Konzeptionen der Nationalversammlung, der kleindeutschen und der großdeutschen, gab es noch zwei andere. Sie wurden von den Regierungen in Österreich und in Preußen propagiert, um die Revolution zu beenden und zugleich zu beerben. Mit ihren Plänen konkurrierten die beiden deutschen Hauptmächte untereinander und zugleich gegen die Nationalbewegung. Beide hätten das Verfassungswerk der Nationalversammlung konservativ beschnitten[53]. Nur der preußische Plan besaß eine Zukunftschance, der österreichische nicht. Denn dieser wollte die gesamte Habsbur-

53 Vgl. zu den Einzelheiten DOERING-MANTEUFFEL, Anselm: Der Ordnungszwang des Staatensystems: Zu den Mitteleuropa-Konzepten in der österreichisch-preußischen Rivalität 1849-1851. In: Die Herausforderung des europäischen Staatensystems. Nationale Ideologie und staatliches Interesse zwischen Restauration und Imperialismus. Hrsg. v. Adolf M. BIRKE und Günther HEYDEMANN. Göttingen 1989, 119-140.

germonarchie mit dem Deutschen Bund verklammern. Damit wären Mitteleuropa, Oberitalien und große Teile Südosteuropas zu einem riesigen Staatenbund vereinigt worden, der die Machtverteilung in Europa irreparabel zerstört hätte. Der preußische Plan sah dagegen einen kleindeutschen Nationalstaat vor. Nur in diesem territorial begrenzten Umfang, das hatte sich 1848 gezeigt, konnte es für Europa erträglich sein, wenn der lockere deutsche Staatenbund zu einem Nationalstaat verfestigt werden sollte. Zunächst scheiterten jedoch beide Pläne, der österreichische und der preußische. Sie scheiterten, aber sie waren Zeichen eines beginnenden revolutionären Wandels der monarchischen Politik: Die traditionelle österreichisch-preußische Rivalität um die Führungsrolle im Deutschen Bund wurde nun nationalpolitisch überformt. Noch hielt das „Familienkartell regierender Häuser"[54] der nationalen Herausforderung stand. Dynastische Solidarität, durchwoben mit Reichsbewußtsein, ließ den preußischen König Friedrich Wilhelm IV. einen Krieg mit Österreich um die Vorherrschaft in Deutschland strikt ablehnen[55]. Doch der föderativ-partikularistische Kulturnationalismus, den deutsche Monarchen bis 1848 gepflegt hatten, war durch die Revolution in den Sog des modernen Staatsnationalismus[56] geraten, und die künftigen nationalpolitischen Bruchstellen im „Verein der Monarchien"[57] waren sichtbar geworden.

Auch der konservative Nationalismus, der über den monarchischen weit hinausreichte, hat sich in der Revolution verändert. In Preußen entstand ein ausgedehntes Organisationsnetz, in dem sich erstmals die Fähigkeit des Konservativismus zeigte, auch unter den Bedingungen einer politisierten Gesellschaft breitere Bevölkerungskreise an sich zu binden[58]. Mit ihren Organisationen und ihrer intensiven Öffentlichkeitsarbeit reihten sich die Konservativen 1848/49 in den gesellschaftlichen Nationalismus ein, der bis zur Jahrhundertmitte sozial in die Breite gewachsen war. Doch während die liberalen und die meisten demokratischen Vereine einen föderativen deutschen Nationalstaat forderten und die katholischen Organisationen einen auf Habsburg orientierten Reichsnationalismus vertraten, propagierten die konservativen Vereine 1848/49 einen partikularstaatlichen Abwehrnationalismus. Ihre Parole hieß: Preußen gegen Deutschland verteidigen. Massiv organisiert entstand diese konservative Abwehrfront in den Revolutionsjahren nur in Preußen. Dies – und ebenso der „preußische Staatspatriotismus", der sich auch unter den Linken der Berliner Nationalversammlung zeigte – dürften darauf hindeuten, daß in keinem anderen deutschen Staat die Herausbildung einer einzelstaatlichen Staatsnation so weit

54 Gollwitzer: Ludwig I. (wie Anm. 12) 27.
55 Vgl. Bussmann: Zwischen Preußen und Deutschland (wie Anm. 33) 305 ff.
56 Zur Unterscheidung von Kultur- und Staatsnation ist Meineckes Werk „Weltbürgertum und Nationalstaat" (wie Anm. 3) weiterhin grundlegend.
57 Gollwitzer: Ludwig I. 26.
58 Vgl. dazu die beiden wichtigen Studien von Schwentker, Wolfgang: Konservative Vereine und Revolution in Preußen 1848/49. Die Konstitutierung des Konservativismus als Partei. Düsseldorf 1988 und Trox, Eckhard: Militärischer Konservativismus. Kriegervereine und „Militärpartei" in Preußen zwischen 1815 und 1848/49. Stuttgart 1990. – Siehe auch Ders.: Kriegerfeste, militärische Männerbünde und politisierte Offiziere. Aspekte preußischer Militärgeschichte in der ersten Hälfte des 19. Jahrhunderts als Geschichte konservativer Modernisierung. Militärgeschichtliche Mitteilungen 51 (1992) 23-46.

vorangeschritten war wie hier[59]. Die Revolutionserfahrungen veranlaßten dann aber auch andere deutsche Staaten zu verstärkten Bemühungen, die Eigenstaatlichkeit im Bewußtsein der Bevölkerung fester zu verankern. Am entschiedensten ging Bayern vor, wo König Maximilian II. ein „umfassendes Programm zur ‚Hebung des bayerischen Nationalgefühls'"[60] entwarf. Die Reformbereitschaft deutscher Fürsten im Reichsgründungsjahrzehnt zielte in die gleiche Richtung. In einer Art Liberalisierungswettbewerb versuchten sie die einzelstaatlichen Selbstbehauptungskräfte gegen die nationalpolitische Gravitationskraft Preußens und des Norddeutschen Bundes zu festigen[61].

Diese Entwicklungen können hier nicht dargestellt werden. Es sollte nur gezeigt werden, daß sich der deutsche Nationalismus in der Revolution von 1848/49 tiefgreifend veränderte. Liberale und Demokraten blieben allerdings noch die zentralen Wortführer der nationalen Bewegungen. Deshalb blieben auch die zentralen Ziele, die sich mit der nationalen Idee verbanden, liberal und demokratisch geprägt. Etwas Neues war jedoch sichtbar geworden. Als in der Revolution von 1848/49 die deutsche Öffentlichkeit erstmals uneingeschränkt durch obrigkeitsstaatliche Zensur über die eigene politische Zukunft nachdenken durfte, da zeigte sich, daß die nationale Idee in einem Staat, der freie Diskussion gestattet, keineswegs ihre nach außen gerichtete Sprengkraft verlieren würde. Man wird vielmehr sagen müssen, daß mit der Liberalisierung von Staat und Gesellschaft, mit der stärkeren Beteiligung der Massen an der Politik auch die gefährlichen Seiten des Nationalismus deutlicher hervortraten. Jetzt wurde nämlich sichtbar, daß sich die Wahlverwandtschaft von Frühliberalismus und Frühnationalismus auflösen könnte. Der Nationalismus konnte sich von seinen liberalen und demokratischen Wurzeln lösen und nach innen und nach außen illiberal wirken, gleichwohl aber seine überlegene gesellschaftliche Integrationskraft behaupten. Das war der Weg, den der deutsche Nationalismus vor allem seit dem letzten Drittel des 19. Jahrhunderts einschlug. Erkennbar wurde diese Möglichkeit zu einem nach innen und außen aggressiven illiberalen Nationalismus schon in der ersten Hälfte des 19. Jahrhunderts und vor allem in der Revolution von 1848/49. Durchgesetzt hatte sich diese Richtung aber noch nicht. Der deutsche Frühnationalismus war in seinem Kern eine Reformbewegung, die Staat und Gesellschaft liberalisieren und demokratisieren wollte. Deshalb gehörte er zu den Triebkräften auf dem Weg in die „bürgerliche Gesellschaft".

59 Vgl. auch MEINECKE: Weltbürgertum (wie Anm. 3), 2. Buch. – BOTZENHART, Manfred: Das preußische Parlament und die deutsche Nationalversammlung im Jahr 1848. In: Regierung, Bürokratie und Parlament in Preußen und Deutschland von 1848 bis zur Gegenwart. Hrsg. v. Gerhard A. RITTER. Düsseldorf 1983, 14-89, 21.

60 HANISCH: Nationalisierung (wie Anm. 33) 83.

61 Vgl. zur „liberalen Ära" und ihrem Ende um 1878 LANGEWIESCHE, Dieter: Liberalismus in Deutschland. Frankfurt am Main 1988, 104 ff., 164 ff. – Materialreich und detailliert für alle Bereiche: HUBER, Ernst Rudolf: Deutsche Verfassungsgeschichte seit 1789. Bd. 3. Stuttgart 1963, Bd. 4. Stuttgart 1969.

Jiří Kořalka

Nationsbildung und nationale Identität der Deutschen, Österreicher, Tschechen und Slowaken um die Mitte des 19. Jahrhunderts

Die in West- und Mitteleuropa seit der Französischen Revolution von 1789 zutage tretende Nationalisierung des gesellschaftlichen und kulturellen Lebens war – meiner Meinung nach – direkt und kausal mit der Modernisierung und dem sozialen Wandel verbunden. Nicht nur die Überbrückung ständischer und regionaler Grenzen innerhalb eines Landes, sondern auch die Modernisierung der Wirtschaft, des Handels und des Verkehrs ebenso wie der Aufbau einer effektiven Staats- und Selbstverwaltung waren ohne eine gemeinsame Sprache als das wichtigste Kommunikationsmittel und ohne ein überregionales Nationalbewußtsein auf lange Sicht nicht denkbar. Die in Europa bestehenden dynastischen Staaten bedienten sich diesbezüglich oft derselben Mittel wie die nach ihrer Emanzipation strebenden Nationalbewegungen. Jede nationale Ideologie barg und birgt in sich wesentliche Merkmale der Selbstbegrenzung, Ausschließlichkeit und Feindseligkeit gegenüber der Außenwelt, vor allem gegenüber ihren Nachbarn. Ich vertrete jedoch die Ansicht, daß eine moralische Verurteilung des Nationalismus nicht die Tatsache übersehen kann, daß die Entfaltung nationaler Bindekräfte und nationaler Ideologien eine unausweichliche Begleiterscheinung des sozialen und politischen Aufstiegs breiter Bevölkerungsschichten in der Epoche der Herausbildung der bürgerlichen Gesellschaft war.

Es stellt also kein mitteleuropäisches Spezifikum dar, daß die gesellschaftliche Entwicklung einen vorwiegend nationalen Charakter annahm, als die früher unterprivilegierten Schichten im Zuge des Heranreifens der kapitalistischen Produktionsverhältnisse zu selbständiger Aktivität erwachten. Spezifisch scheint jedoch der Umstand zu sein, daß diese Entwicklung mit verschiedenen, meistens aufeinanderprallenden nationalpolitischen Tendenzen und den entsprechenden Nationsbegriffen verbunden war[1]. Nation im modernen Sinne war in Mitteleuropa bis zur Revolution von 1848/49 (zum Teil auch darüber hinaus) eher ein Wunschbild als eine gesellschaftlich strukturierte Realität, aber national orientierte Führungsgruppen zeigten sich in steigendem Maße fähig, mancherorts auch breitere

1 Ich folge hier dem Gedankengang in meinem Aufsatz: Fünf Tendenzen einer modernen nationalen Entwicklung in Böhmen. Österreichische Osthefte 22 (1980) 199-213. – Vgl. auch Koralka, Jiří: Tschechen im Habsburgerreich und in Europa 1815-1914. Sozialgeschichtliche Zusammenhänge der neuzeitlichen Nationsbildung und der Nationalitätenfrage in den böhmischen Ländern. Wien – München 1991, 23-75 (Schriftenreihe des Österreichischen Ost- und Südosteuropa-Instituts 18).

Bevölkerungsschichten zu beeinflussen. In einigen Fällen stützten sich die aufsteigenden nationalen oder quasi-nationalen Ideologien auf die bestehenden Territorialstaaten oder auf den ständischen Landespatriotismus. Eine starke Wirkung übte die französische revolutionär-politische Nationsauffassung aus, in anderen Fällen entsprach vielmehr der kulturell orientierte Volksbegriff den Bedürfnissen und Vorstellungen nationaler Aktivisten[2]. Natürliche und historische Rechte der Nationen, die in einer modernen Gesellschaftsstruktur noch nicht existierten, wurden von diesen Aktivisten abwechselnd (oder auch zur gleichen Zeit) gegeneinander ins Feld geführt.

Der Deutsche Bund und das Kaisertum Österreich

Bis zur Gründung des Deutschen Reiches von 1870/71 versuchten alle Territorialstaaten in Mitteleuropa eine Art Staatspatriotismus zu entwickeln, obgleich die meisten von ihnen während der großen staatspolitischen Umgestaltungen in der Epoche der Französischen Revolution, der Napoleonischen Kriege und des Wiener Kongresses in neuen Grenzen gebildet worden waren[3]. Die Regierungen der fünf Königreiche Preußen, Bayern, Württemberg, Hannover und Sachsen, des Großherzogtums Baden, der hessischen und vielen anderen Kleinstaaten im Deutschen Bund stellten ihre Eigenständigkeit oft und gern zur Schau. Einige Historiker und Publizisten schrieben in der ersten Hälfte des 19. Jahrhunderts wesentlich mehr über eine bayerische, württembergische oder sächsische Nation als über die deutsche Nation. Besonders stark ausgeprägt war die Suche nach dem eigenen Nationalcharakter in Bayern, wo das Sonderbewußtsein der zwischen 1803 und 1818 zum altbayerischen Staatskern geschlagenen Herrschaften und Landesteile getilgt werden sollte und wo eine besondere Sendung des Bayerntums innerhalb des Deutschen Bundes konstruiert wurde. Alle diese Versuche litten an der unvermeidlichen Spannung zwischen der Treue zur Dynastie und dem Bestreben, eine Honoratiorennation oder sogar andere Bevölkerungsschichten als gestaltenden Faktor des Staatswesens neben der wittelsbachischen Dynastie zur Geltung zu bringen. In diesem Sinne sollte die „uraltdeutsche" bayerische Nation dem neuen Staatsgebilde des Königreichs Bayern das Ansehen von Dauer verleihen[4].

2 Hroch, Miroslav: Die Vorkämpfer der nationalen Bewegung bei den kleinen Völkern Europas. Eine vergleichende Analyse zur gesellschaftlichen Schichtung der patriotischen Gruppen. Praha 1968 (Acta Universitatis Carolinae Philosophica et Historica, Monographia 24). – Ders.: Social Preconditions of National Revival in Europe. A Comparative Analysis of the Social Composition of Patriotic Groups among the Smaller European Nations. Cambridge 1985. – Ders.: Evropská národní hnutí v 19. století. Společenské předpoklady vzniku novodobých národů [Europäische Nationalbewegungen im 19. Jahrhundert. Gesellschaftliche Voraussetzungen der Entstehung der neuzeitlichen Nationen]. Praha 1986.

3 Schieder, Theodor: Die mittleren Staaten im System der großen Mächte. Historische Zeitschrift 232 (1981) 583-604.

4 Seibt, Ferdinand: Die bayerische „Reichshistoriographie" und die Ideologie des deutschen Nationalstaats 1806-1918. Zeitschrift für bayerische Landesgeschichte 28 (1965) 523-554.

Der Deutsche Bund von 1815 war im Bewußtsein vieler Zeitgenossen mehr als ein völkerrechtlicher Staatenbund souveräner Fürsten und freier Städte. Bereits in der Bundesakte von 1815 wurde als Zweck des Deutschen Bundes ausdrücklich die „Erhaltung der äußeren und inneren Sicherheit Deutschlands"[5] festgelegt, und eine Gleichsetzung des Bundesterritoriums mit Deutschland war in der in- und ausländischen Journalistik ganz geläufig. Da der Kaiser von Österreich mit den Ländern der böhmischen Krone und den erblichen Donau- und Alpenländern (bis einschließlich Triest) im Deutschen Bund vertreten war, betrachteten fast alle deutschen Liberalen und Demokraten der 1840er Jahre die erwähnten österreichischen Kronländer als selbstverständliche Bestandteile Deutschlands. Sogar die vom politischen Einfluß der Wiener Staatskanzlei nicht freie *Allgemeine Zeitung* in Augsburg begann vom 9. März 1842 an die Beiträge aus Wien, Triest oder Prag in der Rubrik *Deutschland* zu veröffentlichen, während die Beiträge aus Pest oder Lemberg nach wie vor unter die Überschrift *Österreichische Monarchie* eingereiht wurden. Gegenüber den Tschechen auf dem Territorium des Deutschen Bundes wurde in den deutschen publizistischen Diskussionen der 1840er Jahre der liberale (westeuropäische) politische Nationsbegriff angewandt. Der Territorialstaat sollte eindeutig die nationalpolitische Zugehörigkeit bestimmen. Auch den besser informierten Beobachtern, die sich der Existenz einer slawisch sprechenden Bevölkerung in Böhmen und Mähren bewußt waren, schien diese Tatsache kein besonderes Hindernis zu sein, weil der liberale politische Nationsbegriff den ethnisch-sprachlichen Eigentümlichkeiten übergeordnet war[6]. Die Tschechen (ähnlich wie die Lausitzer Sorben oder Wenden, die Slowenen und die österreichischen Italiener) wurden als eine ethnisch-sprachliche Gruppe innerhalb der deutschen Nation, keinesfalls aber als eine eigenständige Nation neben der deutschen Nation anerkannt.

Es entstand ein merkwürdiger sozialpsychologischer Konflikt, dessen Folgen bis in das 20. Jahrhundert hinein wirkten. Die Repräsentanten und Sprecher der deutschen Nationalbewegung empfanden und verbreiteten in der gebildeten Öffentlichkeit das Angstgefühl, daß Deutschland und die Deutschen von allen geographischen Richtungen her bedroht seien. Einflußreiche deutsche Historiker identifizierten das Heilige Römische Reich des Mittelalters mit einem deutschen Nationalstaat und zählten auf, was alles Deutschland von seinem ursprünglichen Territorium verloren hatte. So beschwerte sich Ludwig Häußer im Mai 1846 in einer Polemik gegen die Geschichtsauffassungen der Nachbarvölker der Deutschen:

> „Die deutsche Geschichtsschreibung muß sich ihrer Haut wehren, sonst kommt sie bald auf allen Seiten zu kurz. Wir sind von so vielen nationalen Gelüsten und Gelüstchen umgeben, daß uns bald kein gemeinsamer neutraler Platz mehr übrig bleiben wird; hier hat Frankreich sich Karl

5 Siemann, Walter: Wandel der Politik – Wandel der Staatsgewalt. Der Deutsche Bund in der Spannung zwischen „Gesammt-Macht" und „völkerrechtlichem Verein". In: Deutscher Bund und deutsche Frage 1815-1866. Europäische Ordnung, deutsche Politik und gesellschaftlicher Wandel im Zeitalter der bürgerlich-nationalen Emanzipation. Hrsg. v. Helmut Rumpler. Wien – München 1990, 59-73, hier: 60 (Wiener Beiträge zur Geschichte der Neuzeit 16/17).

6 Vgl. Lemberg, Eugen: Nationalismus. Bd. 1. Psychologie und Geschichte. Reinbek bei Hamburg 1964, 92-95 (rowohlts deutsche enzyklopädie 197/198).

den Großen vindiziert, dort wollen Holland, Dänemark, Böhmen, die Schweiz e tutti quanti mit ihren Ansprüchen uns bitter verkürzen. Ja nicht die eigenen Größen will man uns allein entziehen, man will uns auch zwingen, die in der Fremde Abgefallenen, die verderblichen und ungeratenen Söhne des Vaterlandes demütig anzubeten. Holland wird für die Oranier, die uns um die Nordsee brachten, Verehrung fordern, Dänemark wie billig für seine Waldemare[7] mehr Respekt verlangen, die Schweizer werden prätendieren, daß wir mit Pietät von dem Abfall vom Reiche reden ..."[8]

Im Osten des deutschen Siedlungsgebiets trat dazu noch der latente geographisch-politische Gegensatz zwischen der deutschen Nationalbewegung und der von europäischen Liberalen und Demokraten anerkannten Forderung der Wiederherstellung Polens, weil deutscherseits ein Teil des Großherzogtums Posen mit Rücksicht auf die dortige deutschsprachige Bevölkerung beansprucht wurde. Im Norden forderte die deutsche Nationalbewegung das ganze Herzogtum Schleswig, das in den Deutschen Bund nicht einbezogen war und in dessen nördlichem Teil eine dänische Bevölkerung lebte. Gegenüber den Tschechen und den Slowenen wurde neben staatsrechtlichen Begründungen auch die Überlegenheit der deutschen Sprache und Kultur betont. Einige deutsche Publizisten machten ebenfalls auf die im Elsaß und in den russischen Ostseeprovinzen lebenden Deutschen aufmerksam, aber die meisten deutschen Liberalen und Demokraten waren nicht geneigt, diese Einstellung zu unterstützen. Hauptsächlich der demokratische Flügel der deutschen Nationalbewegung war an einer Zusammenarbeit mit der französischen revolutionären Demokratie interessiert, sonst aber räumte er in Mitteleuropa – neben den Deutschen – nur den Italienern, den Polen und den Magyaren Eigenschaften und Rechte vollberechtigter politischer Nationen ein. Diese mehr oder weniger brennenden Grenzstreitigkeiten trugen bereits vor der Mitte des 19. Jahrhunderts bei allen unmittelbaren Nachbarn der Deutschen zur Überzeugung bei, daß sie selbst sich vor einer deutschen Expansion hüten müßten[9].

Die ältere Tendenz zur Herausbildung einer österreichischen Staatsnation war – im Unterschied zu den dynastischen Nationalstaaten West- und Nordeuropas – dadurch beeinträchtigt, daß der Begriff und das Ausmaß Österreichs und der Österreicher im 19. Jahrhundert nach wie vor unklar blieben. Für viele Zeitgenossen waren Österreicher nur die Einwohner der Herzogtümer ob und unter der Enns, während die Tiroler, die Steirer, geschweige denn die Böhmen, darin nicht einbezogen wurden[10]. Andere Publizisten stellten sich unter diesem Begriff die Bevölkerung des zum Deutschen Bund gehörenden, auch die Länder der böhmischen Krone einschließenden, theresianischen Staatskerns vor, wogegen die der Wiener Staatskanzlei nahestehenden Verfechter des österreichischen

7 Die dänischen Könige Waldemar I. und II. beherrschten in der zweiten Hälfte des 12. und am Anfang des 13. Jahrhunderts die norddeutsche Ostseeküste; auch König Waldemar IV. kämpfte in der Mitte der 14. Jahrhunderts gegen die Hanse.

8 [Häusser, Ludwig]: Ein Wort aus Deutschland über böhmische Geschichtsschreibung. Allgemeine Zeitung (Augsburg), Beilage zu Nr. 147 v. 27.5.1846, 1169-1170, hier: 1169.

9 Vgl. Wollstein, Günter: Das „Großdeutschland" der Paulskirche. Nationale Ziele in der bürgerlichen Revolution 1848/49. Düsseldorf 1977, 31-32, 98-102 u.a.

10 Zöllner, Erich: Der Österreichbegriff. Formen und Wandlungen in der Geschichte. Wien 1988, 58-60 (Österreich Archiv).

Patriotismus das ganze Kaisertum Österreich zur Grundlage einer gemeinsamen nationalpolitischen Idee machen wollten. In der Auseinandersetzung mit den italienischen, deutschen, polnischen, ungarischen und tschechischen Nationalbestrebungen wurde in den publizistischen Diskussionen um 1839/40 das supraethnische Prinzip in den Vordergrund gestellt. In diesem Sinne verteidigte Joseph Christian Freiherr von Zedlitz im Dezember 1838 den gesamtösterreichischen Patriotismus gegen norddeutsche und ungarische Kritiker der österreichischen Zustände:

> „Hat man denn nicht erkennen müssen, daß eine der glücklichsten Fundamentalideen der österreichischen Staatsverwaltung sich längst als Prinzip ausgesprochen hat: nämlich die vollkommene Achtung jeder Nationalität, die einen integrierenden Teil der Monarchie bildet? Diese großartige und liberale Ansicht hat eine schwierige Aufgabe glänzend gelöst: sie hat die heterogenen Bestandteile zu einem Ganzen ausgebildet, was andere Staaten mit ihrem Zentralisationssysteme nicht zu Stande bringen konnten. Die Regierung läßt Deutsche Deutsche, Böhmen Böhmen, Italiener Italiener bleiben; wie sollte sie Ungarn nicht in ihrer ganzen Wesenheit Ungarn bleiben lassen? Alles, was sie wollen kann, ist, daß alle diese Nationalitäten in der Liebe für das österreichische Vaterland und die Dynastie einen gemeinsamen Mittelpunkt finden[11]."

Diese Auffassung rechnete allerdings nicht mit der politischen Tätigkeit freier Staatsbürger und vertraute die Lösung aller Probleme dem Herrscher und seinem Obrigkeitsstaat an. Im Bereich der Staatsverwaltung, bis zu den regulierten Magistraten in den Städten und zu den Obrigkeitsämtern auf dem Lande, im höheren und mittleren Schulwesen, in der Armee, nicht zuletzt im österreichischen Führungsanspruch in Deutschland, war das supraethnische Österreichertum deutsch, aber gegenüber den liberal und demokratisch motivierten deutschen Einheitsbestrebungen war es feindlich eingestellt. Von Zeit zu Zeit versuchte Fürst Metternich das Provinzialbewußtsein und ethnisch-sprachliche Differenzen gegen den Gedanken der italienischen Einheit oder der Wiederherstellung Polens auszuspielen. Auf ähnliche Weise waren Metternich und die von ihm beeinflußten Publizisten bereit, die ethnische Eigenständigkeit der Tschechen in Böhmen unter der Voraussetzung zu dulden und in beschränktem Maße sogar zu unterstützen, daß die tschechischen Bestrebungen auf das Gebiet der Sprachenpflege und Literatur beschränkt blieben und nicht in der politischen Sphäre zum Ausdruck kämen[12]. Das staatspolitische Österreichertum fand Unterstützung im gut funktionierenden Beamtentum und Offizierskorps (man sprach spöttisch von der „Nation der Hofräte"[13], aber keine der österreichischen Nationalitäten identifizierte sich völlig mit der supraethnischen Nationalidee[14].

11 [Zedlitz, Joseph Christian]: Aus Ungarn. Allgemeine Zeitung (Augsburg), Außerord. Beilage 658-659 v. 12.12.1838, 2629. Ohne Nennung des Verfassers zitiert bei Fischel, Alfred: Der Panslawismus bis zum Weltkrieg. Stuttgart – Berlin 1919, 61-62.

12 Haas, Arthur G.: Metternich und die Slawen. In: Gedenkschrift Martin Göhring. Studien zur europäischen Geschichte. Hrsg. v. Ernst Schulin. Wiesbaden 1968, 146-161 (Veröffentlichungen des Instituts für Europäische Geschichte Mainz 50).

13 Bruckmüller, Ernst: Nation Österreich. Sozialhistorische Aspekte ihrer Entwicklung. Wien – Köln – Graz 1984, 66 (Studien zu Politik und Verwaltung 4).

14 Das galt auch für einen großen Teil der Deutschösterreicher, die mit dem steigenden Einfluß der nichtdeutschen Nationalitäten in der Monarchie unzufrieden waren.

Tschechische Nationalbewegung

Im Vergleich mit anderen ethnisch-sprachlichen Gruppen in Ostmittel- und Südosteuropa, die den Weg ihrer nationalen Emanzipation im 19. Jahrhundert im Rahmen eines fremdnationalen Staatswesens eingeschlagen hatten, stellen die Tschechen gewissermaßen einen Übergangs- und Vermittlungstypus dar. Im Unterschied zu den Magyaren in Ungarn oder den Polen in Galizien gehörten böhmische und mährische Adelige bis auf wenige Ausnahmen nicht zu den führenden Repräsentanten der tschechischen Nationalbewegung. Ein wesentlicher Teil des böhmischen Adels fühlte sich jedoch als Landespatrioten und war in seiner Opposition gegen die österreichischen Zentralisierungsmaßnahmen dem tschechischen nationalen Aufstieg in manchen Fällen behilflich. Das Gewicht der staatlichen Tradition des Königreichs Böhmen und eine weitgehende Parallelität der Interessen des böhmischen Landespatriotismus und der tschechischen Nationalbewegung unterschieden die Tschechen von den Slowaken, Slowenen oder Ruthenen, die einer solchen Stütze entbehrten. Die eigene gesellschaftliche und politische Elite der Tschechen war allerdings das ganze 19. Jahrhundert hindurch eindeutig nicht aristokratisch, sondern bürgerlich im weitesten Sinne des Wortes[15].

Die wandelbare Übergangslage der Länder der böhmischen Krone (Böhmen, Mähren und der österreichische Anteil an Schlesien) in Mitteleuropa führte auch dazu, daß sich ein und dieselbe Bevölkerung ohne Wechsel der ethnisch-sprachlichen Zugehörigkeit als Angehörige einer nationalen Majorität oder einer nationalen Minorität fühlen konnte, je nachdem die unterschiedliche Größe des Territoriums eines Staatenverbandes oder Staates, einer Ländergruppe, eines Landes oder einer regionalen Verwaltungseinheit in Betracht genommen wurde. Im sogenannten theresianischen Staatskern des Habsburgerreiches (ohne Ungarn mit Siebenbürgen und Kroatien, ohne Galizien mit der Bukowina und ohne Dalmatien) sahen sich viele Tschechen von den österreichischen Deutschen majorisiert. Dasselbe galt in einem noch größeren Ausmaß für jedes potentielle großdeutsche Staatsgebilde, in dem die Tschechen mit einer vielfachen Übermacht der deutschsprachigen Bevölkerung konfrontiert gewesen wären. Demgegenüber hätte eine staatsrechtliche Sonderstellung oder Selbständigkeit des Königreichs Böhmen oder der Länder der böhmischen Krone die Tschechen in die Lage einer Mehrheitsnation versetzen können, während die dortigen Deutschen mit ihren 37 % in Böhmen und 29 % in Mähren (nach Ermittlung der Umgangssprache in den österreichischen Volkszählungen von 1880 und 1890) zu einer nationalen Minderheit herabgesunken wären; nur in Schlesien hatten die Deutschen eine relative Mehrheit gegenüber den Polen und den Tschechen[16]. In den überwiegend deutschsprachigen Bezirken Nord- und Westböhmens, wohin nach der Mitte des 19. Jahrhunderts der größte Zulauf tschechischer Berg- und Fabrikarbeiter, Handwerker und Gewerbeleute

15 Vgl. Urban, Otto: Česká společnost 1848/1918 [Die tschechische Gesellschaft 1848-1918]. Praha 1982. – Koralka: Tschechen im Habsburgerreich 76-125.

16 Ausführliche statistische Angaben bei Urbanitsch, Peter: Die Deutschen in Österreich. Statistisch-deskriptiver Überblick. In: Die Habsburgermonarchie 1848-1918. Bd. 3/1: Die Völker des Reiches. Hrsg. v. Adam Wandruszka und Peter Urbanitsch. Wien 1980, Tab. 1.

strömte, befanden sich die Tschechen mehr als anderso in der Lage einer unterdrückten Minderheit[17]. Weder die Tschechen noch die Deutschen in den böhmischen Ländern wollten sich mit einem Minoritätsstatus zufriedengeben und wehrten sich gegen eine solche Eventualität mit allen Mitteln.

In der ersten Hälfte des 19. Jahrhunderts waren bei weitem nicht alle, die der tschechischen Ethnie angehörten und tschechisch sprachen, also in der damaligen Vorstellung die böhmischen und mährischen Slawen, auch nationalbewußte Tschechen. Lokale und regionale Bindungen waren für breite Bevölkerungskreise, vor allem auf dem Lande, oft noch wichtiger als das überregionale Nationalbewußtsein. In wirtschaftlich weniger entwickelten Gebieten, zum Beispiel in Südböhmen, oder an der Trennungslinie dreier ethnisch-sprachlicher Großgruppen, wie im Teschener Schlesien[18], dauerte die Eingliederung größerer Bevölkerungsgruppen in die eine oder andere Nationalgesellschaft bis in das 20. Jahrhundert. Die supraethnische Substanz des Habsburgerreiches begünstigte in vielen Fällen die Zwei- und Mehrsprachigkeit und die nationalpolitische Neutralität, vornehmlich beim Adel, in Beamten- und Offizierskreisen. Vor 1848 gab es verhältnismäßig viele gebildete Personen ethnisch tschechischen Ursprungs, die im Zuge des sozialen Aufstiegs zu dem im Kaisertum Österreich herrschenden deutschsprachigen Gesellschafts- und Kulturmilieu tendierten. Viele in deutscher Sprache amtierende Staatsbeamte tschechischer Herkunft gehörten zu den Stützen der österreichischen Verwaltung in den norditalienischen Provinzen oder in Galizien. Das ausschließlich deutschsprachige Mittel- und Hochschulwesen in Böhmen und Mähren bewirkte bis in die 1860er Jahre hinein eine ethnisch-sprachliche Überschichtung. Deutsch war die gehobene Amts-, Handels- und Kultursprache in den böhmischen Ländern, während Tschechisch für den Verkehr mit den niederen Volksklassen übrig blieb[19].

Und doch vollzog sich der Aufstieg der tschechischen bürgerlichen Gesellschaft im 19. Jahrhundert erstaunlich rasch. Das von Josef Dobrovský und seinen Zeitgenossen getragene wissenschaftliche Interesse für die alte tschechische Sprache und Literatur lief parallel zur politischen Opposition des böhmischen Adels gegen die Zentralisierungsbestrebungen Kaiser Josephs II. und der neuen Wiener Bürokratie[20]. Die Begeisterung für die böhmische Geschichte und die tschechische Sprache wurde auch von einigen Gelehrten geteilt, die aus

17 Vgl. Havránek, Jan: Češi v severočeských a západočeských městech v letech 1880-1930 [Die Tschechen in den nord- und westböhmischen Städten in den Jahren 1880-1930]. Ústecký sborník historický 1979, 227-253.

18 Pallas, Ladislav: Jazyková otázka a podmínky vytváření národního vědomí ve Slezsku [Die Sprachenfrage und die Bedingungen zur Bildung des Nationalbewußtseins in Schlesien]. Ostrava 1970.

19 Vgl. Raupach, Hans: Der tschechische Frühnationalismus. Ein Beitrag zur Gesellschafts- und Ideengeschichte des Vormärz in Böhmen. Essen 1939 (Nachdruck Darmstadt 1969), 26-36.

20 Vgl. Drabek, Anna M.: Die Desiderien der böhmischen Stände von 1791. Überlegungen zu ihrem ideellen Gehalt. In: Die böhmischen Länder zwischen Ost und West. Festschrift für Karl Bosl zum 75. Geburtstag. Hrsg. v. Ferdinand Seibt. München – Wien 1983, 132-142 (Veröffentlichungen des Collegium Carolinum 55).

den deutschsprachigen Gegenden Nordböhmens stammten[21] oder an eine erfolgreiche Wiederbelebung der Nationalsprache nicht mehr glaubten. Unter den böhmischen Patrioten der Gelehrtenphase waren sowohl Anhänger als auch Kritiker der josephinischen Reformen vertreten, und ihre Bestrebungen waren mit dem österreichischen Staatspatriotismus durchaus noch vereinbar[22]. Die adeligen böhmisch-patriotischen Gründungen und Unternehmungen, wie die *Königlich Böhmische Gesellschaft der Wissenschaften* (1784), die große Landesausstellung für Industrie und Gewerbe (1791), die *Gesellschaft patriotischer Kunstfreunde* (1796), das Prager Konservatorium für Musik (1811), dann besonders das *Vaterländische Museum für Böhmen* (1818) und der *Verein zur Ermunterung des Gewerbegeistes in Böhmen* (1833), bedeuteten eine wesentliche, über die Gelehrtenphase hinaus wirkende Herausbildung der organisatorischen Stützen der modernen tschechischen Nationsbildung. Einige Versuche an der Wende des 18. zum 19. Jahrhundert, die Grenzen des wissenschaftlichen Interesses zu überschreiten und in breiteren Schichten der tschechischen Bevölkerung in Böhmen ein aktives Nationalgefühl hervorzurufen, blieben jedoch fast ohne Erfolg[23].

Der Anfang einer erfolgreichen nationalen Agitation bei den Tschechen kann in die 1820er Jahre datiert werden. In der zweiten Generation der tschechischen bürgerlichen Patrioten, die sich um Josef Jungmann gruppierte, mußte die ursprüngliche gesamtslawische Begeisterung schon bei der ersten Begegnung mit der Realität, vor allem mit dem russisch-polnischen Gegensatz, einem eindeutigen tschechischen Nationalbewußtsein weichen. Das *Vaterländische Museum,* in den 1840er Jahren umbenannt in *Museum des Königreichs Böhmens,* war unter dem entscheidenden Einfluß von František Palacký einer der wichtigsten Mittelpunkte und Hauptträger der tschechischen Nationalbewegung vor 1848. Unter der Redaktion Palackýs wurden vom Frühjahr 1827 an zwei Museumszeitschriften herausgegeben, aber nur die tschechische Vierteljahrsschrift *Časopis Českého museum (Zeitschrift des Böhmischen Museums)* fand eine genügende Anzahl von Abonnenten und entwickelte sich zum führenden Organ der tschechischen Literatur und Wissenschaft. Im Rahmen des Museums entstand 1830 eine einflußreiche Körperschaft für tschechische Sprache und Literatur, die von 1831 an einen finanziellen Fonds zur Herausgabe hochwertiger tschechischer Bücher unter dem Namen *Matice česká* (zu übersetzen etwa mit *Tschechische Stiftung*) aufbaute[24]. Obgleich die ältere Generation der tschechischen Patrio-

21 Das war der Fall bei zwei Historikern und Verehrern des alten Böhmen, Nikolaus Adaukt Voigt (1733-1787), geboren in Oberleutensdorf (Horní Litvínov), und Karl Rafael Ungar (1743-1807), geboren in Saaz (Žatec).

22 Vgl. Simecek, Zdeněk: Slavista Josef Dobrovský a austroslavismus let 1791-1809 [Der Slawist Josef Dobrovský und der Austroslawismus der Jahre 1791-1809]. Slovanský přehled 57 (1971) 177-190.

23 Vgl. Novotny, Jan: Matěj Václav Kramerius. Praha 1973 (Odkazy pokrokových osobností naší minulosti 33). – Ders.: Krameriova Česká expedice [Die Böhmische Expedition von Kramerius]. Prazský sborník historický 8 (1973) 56-79.

24 Vgl. Drabek, Anna M.: *Matice česká* und *Matice moravská.* Ihre Bedeutung für die kulturelle und nationale Entwicklung der tschechischen Gesellschaft im 19. Jahrhundert. In: Vereinswesen und Geschichtspflege in den böhmischen Ländern. Hrsg. v. Ferdinand Seibt. München 1986, 71-96 (Bad Wiesseer Tagungen des Collegium Carolinum).

ten um Josef Jungmann mit der gesellschaftlichen Bindung Palackýs an den böhmischen Adel nicht einverstanden war und gegen die ursprüngliche deutschsprachige Form der *Geschichte von Böhmen* Palackýs[25] große Bedenken hegte, entwickelte sich Palackýs wissenschaftliche und öffentliche Tätigkeit immer mehr in nationalpolitischer Richtung. In seinen Darstellungen erschien Böhmen als ein selbständiges Königreich, als ein bedeutendes Glied der europäischen Staatenfamilie der Vergangenheit, und dies bevor einander die Namen Böhmen und Habsburg überhaupt in der Geschichte begegneten[26].

Es war kein Zufall, daß Palacký in seinen deutschsprachigen Veröffentlichungen den Gebrauch der Begriffe *Böhmen* und *böhmisch* anstatt *Czechen* und *czechisch* (erst viel später *Tschechen* und *tschechisch*) als Äquivalent der tschechischen Begriffe *Češi* und *český* bevorzugte. Als *Böhmen* waren *Češi* unmittelbare Erben und Fortsetzer des einst mächtigen und einflußreichen Königreichs Böhmen und der historischen böhmischen ständisch-politischen Nation, während sie als *Czechen* für eine slawisch sprechende ethnische Gruppe in Böhmen (beziehungsweise in Österreich oder in Deutschland) gehalten werden konnten, die erst seit dem Ende des 18. Jahrhunderts mühsam ihre Sprache und Literatur herausbildete und für ein geschichtsloses Volk erklärt wurde. Nicht zu übersehen in dieser Auffassung war das Bemühen, auch deutschsprechende Bewohner des Königreiches Böhmen für den staatspolitischen Begriff der von den Tschechen geführten *böhmischen Nation* zu gewinnen, als ein Äquivalent dessen, was die Deutschen von den Tschechen erwarteten, wenn sie in den Tschechen einen slawisch sprechenden Bestandteil der deutschen Nation sahen. Im Unterschied zu den Vorstellungen des böhmischen Adels war die böhmische Nation für Palacký nicht auf das Königreich Böhmen beschränkt; bereits in dem ersten deutsch geschriebenen Band der *Geschichte von Böhmen* von 1836 schrieb Palacký, daß Böhmen und Mähren „beide in nationaler Hinsicht als ein Volk, in politischer als ein Staat gelten" können[27].

Die in der Mitte der 1840er Jahre geformte bürgerlich-liberale Führungsgruppe der tschechischen Nationalbewegung in Prag gewann schnell eine außerordentliche politische Autorität unter der tschechischen Bevölkerung Böhmens. Bei verschiedenen Gelegenheiten, zum Beispiel anläßlich der Wahl eines Vorbereitungskomitees zur Gründung des tschechischen Theaters[28], zeigte sich, daß der Einfluß der verdienten Persönlichkeiten der alten Generation, die bloß auf die Erneuerung der tschechischen Sprache und Literatur orientiert war, deutlich zurückging. An die Seite Palackýs, der die Erweiterung des tschechischen Einflusses im *Museum des Königreichs Böhmen* und in der *Königlich Böhmischen Gesellschaft der Wissenschaften* durchsetzte[29], stellten sich zumeist Handwerker- und

25 Palacky, Franz: Geschichte von Böhmen. Größtenteils nach Urkunden und Handschriften. Bd. 1. Prag 1836. Bd. 2/1. Prag 1839. Bd. 2/2. Prag 1842. Bd. 3/1. Prag 1845. – Erst später, im März 1848, erschien der erste Band der tschechischen Fassung.

26 Palacky: Geschichte 2/1, 75-76.

27 Palacky: Geschichte 1, 7.

28 Rak, Jiří: Divadlo jako prostředek politické propagandy v první polovině 19. století [Das Theater als Mittel der politischen Propaganda in der ersten Hälfte des 19. Jahrhunderts]. In: Divadlo v české kultuře 19. století [Das Theater in der tschechischen Kultur des 19. Jahrhunderts]. Hrsg. v. Milena Freimanová. Praha 1985, 44-52, hier: 50-51 (Studie a materiály Národní galerie 2).

Kaufmannssöhne, die hauptsächlich als Juristen und Schriftsteller tätig waren. Zu den führenden Repräsentanten dieser „neuen Schule"[30] gehörten František Ladislav Rieger, für den heftige Debatten in den Monatsversammlungen des *Vereins zur Ermunterung des Gewerbegeistes in Böhmen* als Vorbereitung für seine später parlamentarische Tätigkeit dienten, und Karel Havlíček (Borovský), der 1846 die Redaktion der amtlichen Zeitung *Pražské noviny [Prager Zeitung]* übernahm und die moderne tschechische Journalistik begründete. Ebenfalls im Jahre 1846 entstand in der *Měšťanská beseda [Bürgerressource]* ein repräsentatives Zentrum des tschechischen Besitz- und Bildungsbürgertums in Prag. Die nationale Emanzipation sollte im Einklang mit der allgemein bürgerlichen Befreiung in der politischen und sozialen Sphäre erreicht werden. Selbstbewußt klangen die Worte Havlíč in seiner Artikelserie *Slovan a Čech [Der Slawe und der Tscheche]* vom März 1846:

> „Wir sind Tschechen und beabsichtigen für immer Tschechen zu bleiben, und wir wollen weder zu Deutschen, noch zu Magyaren, noch zu Russen werden ..."[31]

Schon im Vormärz kündigte die tschechische Nationalbewegung ihren Anspruch an, als eine eigenständige Nation neben (nicht innerhalb) der deutschen Nation anerkannt zu werden. Ähnlicherweise lehnte sie den von Rußland geschürten Panslawismus ab und machte jede Form einer slawischen Zusammenarbeit von der bedingungslosen Anerkennung der tschechischen nationalen Eigenständigkeit abhängig. Schließlich war auch die Einbeziehung der Slowaken in eine völlig magyarisierte ungarische politische Nation ebensowenig annehmbar; eine Komplikation bestand allerdings darin, daß die Slowaken in der Auffassung der meisten Vertreter der tschechischen Nationalbewegung, Palacký und Havlíček eingeschlossen, keine eigenständige Nation, sondern ein in Ungarn lebender Zweig der tschechisch-böhmischen Nation waren. Die Überschichtung und das Gegeneinanderwirken verschiedener nationalpolitischer Tendenzen und Loyalitäten während des ganzen 19. Jahrhunderts trat auch in diesem Fall deutlich zutage.

29 Beran, Jiří: František Palacký jako sekretář Královské české společnosti nauk [František Palacký als Sekretär der Königlich Böhmischen Gesellschaft der Wissenschaften]. In: Akademiku Václavu Vojíškovi k 75. narozeniám [Festschrift für Václav Vojíšek zum 75. Geburtstag]. Praha 1958, 96-121 (Práce z Archivu Československé akademie věd.

30 Urban, Otto: Zur Frage der Voraussetzungen der politischen Tätigkeit des tschechischen Bürgertums in den Jahren 1848/1849. In: Bürgertum in der Habsburgermonarchie. Hrsg. v. Ernst Bruckmüller, Ulrike Döcker, Hannes Stekl und Peter Urbanitsch. Wien – Köln 1990, 205-210, hier: 209.

31 Havlíček Borovský, Karel: Politické spisy [Politische Schriften]. Bd. 1. Hrsg. v. Zdeněk V. Tobolka. Praha 1900, 64.

Slowakische Nationalbewegung

Die nationale Emanzipation der Slowaken hatte viele Ähnlichkeiten mit dem nationalen Aufstieg anderer ethnischer Gruppen in Ostmittel-, Nordost- und Südosteuropa, die keine ausgeprägte staatliche Tradition aus dem Mittelalter und der frühen Neuzeit hatten und einer Stütze in dem adeligen Landespatriotismus entbehrten. Im Unterschied zu den Tschechen, die sich bei ihrer Emanzipation nur mit der zahlenmäßigen, machtpolitischen und wirtschaftlichen Überlegenheit der Deutschen auseinandersetzten, mußten die Slowaken ihre nationale Eigenständigkeit auf drei Seiten verteidigen und durchsetzen, gegen den deutschsprachigen Einfluß in vielen Städten der heutigen Slowakei und im österreichischen Staatsapparat, gegen die immer stärkere Tendenz zur Umwandlung des Königreichs Ungarn in einen magyarischen Nationalstaat und gegen nationalpolitische Vorstellungen der tschechischen Nationalbewegung; der Gegensatz zu den magyarischen Ansprüchen war allerdings am stärksten. Längere Zeit als im tschechischen Fall identifizierten sich die ersten Generationen slowakischer Patrioten mit dem allgemeinen Slawentum, wobei die Begriffe *Slovan (Slawe)* und *Slovák (Slowake)* oft als austauschbar erschienen[32].

Das von der slowakischen Ethnie seit dem Frühmittelalter besiedelte Territorium war durch Gebirgsketten in einzelne Regionen getrennt und öffnete sich in südlicher Richtung zur ungarische Tiefebene hin[33]. Der slowakischen Nationalbewegung fehlte im 19. Jahrhundert ein natürliches Zentrum, wie es Prag für die Tschechen, Buda und Pest für die Magyaren oder Zagreb für die Kroaten waren. Preßburg (Bratislava) hatte eher eine gesamtungarische Bedeutung als Krönungsstadt und ursprünglich als Sitz des ungarischen Landtages. Es war eine dreisprachige Grenzstadt mit einem leichten Übergewicht der deutschsprachigen Bevölkerung, aber die vom dortigen evangelischen Lyzeum ausgehende Agitation hatte für die slowakische Nationsbildung bis in die 1840er Jahre hinein eine große Bedeutung. Demgegenüber übte die westslowakische Stadt Trnava die Funktion eines slowakischen katholischen Zentrums aus. Oft existierten zwei oder drei fast gleichwertige Zentren der slowakischen Nationalbewegung nebeneinander, und auch Turčiansky Svätý Martin, wo seit Anfang der 1860er Jahre zunächst die *Matica slovenská (Slowakische Stiftung)*, dann die Führung der *Slowakischen Nationalen Partei* ihren Sitz hatten und wo ihr Presseorgan *Národné noviny (Nationalzeitung)* erschien, war eine kleine Provinzstadt.

Konfessionell war die slowakische Bevölkerung weitaus tiefer gespalten als die tschechische. Etwa zwei Drittel der Slowaken waren Katholiken, ein Drittel Protestanten, vorwiegend Augsburger (lutherischen) Bekenntnisses; daneben gab es slowakische kalvinistische Inseln und in der Ostslowakei auch slowakische Anhänger der griechisch-katholischen Kirche. In den Anfängen der slowakischen Nationalbewegung trat die Spaltung zwischen

32 Vgl. MÉSÁROS, Július: Začiatky slovenského národného obrodenia [Anfänge der slowakischen nationalen Wiedergeburt]. In: Dejiny Slovenska [Geschichte der Slowakei]. Bd. 2: 1526-1848. Hrsg. v. Vladimír MATULA und Jozef VOZÁR. Bratislava 1987, 599-632.

33 Hier folge ich den Ausführungen von KOVÁC, Dušan: Bedingungen, Eigenheiten und Etappen der nationalen Bewegung der Slowaken, vorgelegt in der Tagung über Typen europäischer Nationalbewegungen im 19. und 20. Jahrhundert, Bielefeld, 21.-23.3.1991.

den slowakischen Katholiken und Lutheranern auch in der grundlegenden Frage der Schriftsprache zutage. Zwei katholische Geistliche, Jozef Ignác Bajza und Anton Bernolák, unternahmen die ersten Versuche zur Kodifikation einer slowakischen Schriftsprache aufgrund des westslowakischen Dialektes. Demgegenüber verteidigten slowakische Lutheraner mit Entschiedenheit das sogenannte biblische Tschechisch des 16. Jahrhunderts als ihre Schriftsprache und bestanden auf der Idee der tschechoslowakischen nationalen Einheit; in diesem Sinne wurde in Preßburg am evangelischen Lyzeum ein Lehrstuhl für die tschechoslowakische Sprache und Literatur gegründet. Unter den bis zum Jahre 1798 geborenen slowakischen Patrioten wurden mehr als ein Drittel katholische Geistliche und fast ein Drittel evangelisch-lutherische Geistliche festgestellt[34]. Trotz der fortbestehenden konfessionellen Gegensätze war seit den 1820er Jahren eine Annäherung zwischen den beiden Lagern der slowakischen Patrioten bemerkbar[35]. Da es nicht möglich war, eine territoriale Grenze zwischen den beiden Religionen zu ziehen, konnte das Glaubensbekenntnis keinen Integrationsfaktor in der slowakischen Nationsbildung darstellen.

Die meisten slowakischen Patrioten stellten die Zugehörigkeit des von den Slowaken bewohnten Territoriums zum multiethnischen ungarischen Staat mit lateinischer Amtssprache nicht in Zweifel. Sie wehrten sich jedoch gegen den Magyarisierungsdruck, der im Kampf des ungarischen oppositionellen Adels gegen die Wiener Zentralisierungsbestrebungen auf die nichtmagyarischen ethnischen Gruppen ausgeübt wurde[36]. Bezeichnenderweise hat die ungarische Sprache nur einen Begriff *magyar* für *ungarisch* im territorialen und für *magyarisch* im ethnisch-nationalen Sinne (ebenso wie die tschechische Sprache die Begriffe *böhmisch* und *tschechisch* mit dem einzigen Wort *český* ausdrückt), und dementsprechend sollte die supraethnische *natio Hungarica* zu einer magyarisierten ungarischen Staatsnation umgewandelt werden. Gegen die Verleugnung ihrer nationalen Eigenständigkeit suchten verschiedene slowakische Aktivisten Zuflucht nicht nur in einer vielseitigen Zusammenarbeit mit der tschechischen Nationalbewegung, sondern auch in einer stärkeren Betonung der slawischen Idee. Vor allem Ján Kollár und Pavol Jozef Šafárik, die aus dem slowakischen evangelischen Milieu stammten und tschechisch oder deutsch schrieben, verbreiteten die Vorstellung über eine einheitliche slawische Sprache und Nation mit unterschiedlichen Dialekten und Stämmen[37]. In Übereinstimmung mit Johann Gottfried Herder war Kollárs Nationsbegriff betont unpolitisch und fand sich mit der Tatsache ab, daß eine Nation in mehrere Kaiser- und Königreiche, Fürstentümer, Grafschaften oder Republiken aufgeteilt

34 Hucko, Ján: Sociálne zlozenie a pôvod slovenskej obrodenskej inteligencie [Soziale Zusammensetzung und Herkunft der slowakischen Intelligenz der Wiedergeburtszeit]. Bratislava 1974. Zusammengefaßt von Hroch: Die Vorkämpfer 113.

35 Mésáros, Július: Druhá generácia slovenských obrodencov 1820-1835 [Die zweite Generation der slowakischen Erwecker 1820-1835]. In: Dejiny Slovenska 2, 633-671.

36 Vgl. Rapant, Daniel: Ilegálna maďarizácia 1790-1840 [Die illegale Magyarisierung 1790-1840]. Turčiansky Svätý Martin 1947 (Spisy Historického odboru Matice slovenskej 9).

37 Vgl. Schaffarik, Paul Joseph: Geschichte der slawischen Sprache und Literatur nach allen Mundarten. Ofen 1826. – Kollár, Johann: Über die literarische Wechselseitigkeit zwischen den verschiedenen Stämmen und Mundarten der slawischen Nation. Pest 1837, 2. Aufl. Leipzig 1844.

werden kann; nach seiner Ansicht waren die Slawen noch weniger staatspolitisch geteilt als die deutsche Nation.

Zur Verteidigung gegen die fortschreitende Magyarisierung Ungarns erschienen nach dem Jahre 1830 mehrere Zeitschriftenaufsätze und Broschüren, zum Teil im außerösterreichischen Deutschland, zum Teil in Kroatien, die eine Gleichberechtigung der ungarischen Slawen mit den Magyaren forderten und naturrechtliche Argumente in den Vordergrund stellten[38]. Die Lösung der Sprachenfrage wurde zum brennendsten Problem der slowakischen Nationalbewegung. Niemanden konnten mehr die Bemühungen Kollárs zufriedenstellen, durch die Einführung von Slowakismen in die tschechische Schriftsprache das alte biblische Tschechisch der slowakischen Bevölkerung näherzubringen. Inzwischen war nämlich die tschechische Sprache in Böhmen weitgehend modernisiert und den slowakischen Katholiken seit einigen Jahrzehnten fremd geworden. Die Schaffung einer gemeinsamen slowakischen Schriftsprache auf der Basis der mittelslowakischen Mundart durch Ľudovít Štúr und seine Freunde war unter diesen Umständen die entscheidende Tat zur nationalen Einigung der slowakischen Katholiken und Protestanten. Durch diese Maßnahme, die von einer kleinen Patriotengruppe am evangelischen Lyzeum in Preßburg um Štúr Anfang 1843 beschlossen wurde, kündigten die Slowaken ihren Anspruch an, eine von anderen Völkern unabhängige Nation zu werden. Gegenüber seinen tschechischen Freunden verteidigte Štúr die Kodifikation der slowakischen Schriftsprache vor allem mit dem Bedürfnis der nationalen Integration:

> „Wir nehmen Zuflucht zu unserer slowakischen Sprache nicht etwa aus irgendeiner Verdrießlichkeit gegenüber den tschechischen Brüdern, sondern wir nehmen dazu Zuflucht, weil wir in der slowakischen Sprache ein Hauptmittel zum geistigen Erwachen und zur Einigung unseres zerfahrenen Stammes sehen, weil wir in ihr einen helleren und schimmervolleren Stern der Wechselseitigkeit im Vergleich mit dem früheren, noch von Strichen und schwarzen Punkten bedeckten Stern sehen, weil sie eine starke, tatkräftige, lebendige Sprache ist, die unser jugendlicher, und wie wir sagen, frischer Geist braucht[39]."

Nicht zu übersehen war in der Argumentation Štúrs die Hervorhebung eines allgemein slawischen Interesses, das gegenüber engeren nationalen Zielen den Vorrang behaupten sollte. Wenn sich seine Prager Freunde nur als Tschechen fühlten, konnten sie den Übergang zur slowakischen Schriftsprache als eine Sprachentrennung und Zwietracht ansehen, aber für das allgemeine Slawentum bedeutete dieser Schritt einen großen Gewinn. Auch bei anderen Gelegenheiten bemängelten einige slowakische Patrioten, daß die Tschechen zu stark dem deutschen Einfluß unterlägen und dem slawischen Geist entfremdet seien. Die jahrhundertelange historische Entwicklung der Tschechen in den Ländern der böhmischen Krone und der Slowaken im Königreich Ungarn hatte unauslöschbare

38 O reč a národ. Slovenské národné obrany z rokov 1832-1848 [Für die Sprache und die Nation. Verteidigung der slowakischen Nation aus den Jahren 1832-1848]. Hrsg. v. Ján V. Ormis. Bratislava 1973.

39 Ľudovít Štúr an Václav Staněk, 18.6.1844. In: Listy Ľudovíta Štúra [Briefe von Ľudovít Štúr]. Hrsg. von Jozef Ambrus. Bd. 2. Bratislava 1956, 42.

Unterschiede in der Lebensweise und Kultur der beiden Ethnien hinterlassen, die von einer nationalpolitischen Zusammenarbeit nur zum Teil überdeckt werden konnten.

Der deutsche Nationalstaatsgedanke und die Nationalitätenprobleme in Mitteleuropa

Im revolutionären Frühjahr 1848 wurde nicht mehr in theoretischen Abhandlungen, wie im Vormärz, sondern in der politischen Praxis die lebenswichtige Frage gestellt, ob – und wenn ja, inwieweit – Österreich seinem Wesen nach ein Bestandteil Deutschlands sei. Es ging um nichts Geringeres als darum, ob die habsburgische Vielvölkermonarchie erhalten, geteilt oder vernichtet werden sollte. Alle drei erwähnten Alternativen, mit einigen Zwischenstufen und in vielen Schattierungen, waren in den deutschen Diskussionen der Jahre 1848 und 1849 vertreten. Das Wesen des supraethnischen Kaisertums Österreich konservativer Prägung stand derart im schroffen Gegensatz zu jeder nationalstaatlichen Ideologie, daß nicht die Großmachtstellung allein, sondern die eigentliche Existenz des Habsburgerreiches durch die deutsche und die ungarische Revolution in Frage gestellt wurde. Angesichts der Verbreitung schwarz-rot-goldener Fahnen und anderer großdeutscher Symbole in Wien und vielen österreichischen, nicht zuletzt deutschböhmischen Städten traten die politischen Repräsentanten der Tschechen, Kroaten, Slowenen, Slowaken und anderer nichtdeutscher und nichtmagyarischer Nationalitäten als viel überzeugtere Österreicher auf. Ihr Österreichertum war allerdings keine Alternative zum eigenen Nationalbewußtsein, sondern es entsprang der rationalen Erwägung, daß ein reformiertes Habsburgerreich unter den gegebenen machtpolitischen Verhältnissen zwischen dem vereinigten Deutschland im Westen und dem autokratischen Rußland im Osten den relativ günstigsten Rahmen für die Herausbildung und Erhaltung kleinerer slawischer Nationen in Mitteleuropa bieten könnte[40].

Nach dem Vorparlament und dem Fünfziger-Ausschuß erhob auch die deutsche konstituierende Nationalversammlung in Frankfurt unzweideutig ihren Anspruch auf diejenigen Länder des Kaisertums Österreich, die zum Deutschen Bund gehörten. Dieser Anspruch betraf auch größere, im ethnisch-sprachlichen Sinne nichtdeutsche Gebiete des Habsburgerreiches, neben dem italienischen Trentino und der mehrsprachigen Hafenstadt Triest, neben den slowenischen Territorien auch das ganze Siedlungsgebiet der Tschechen. Mit Berufung auf den westeuropäischen politischen Nationsbegriff wurden alle Bewohner Deutschlands zu Deutschen erklärt, auch wenn sie nicht Deutsche von Geburt und Sprache waren[41]. Mit Vorliebe verglich man die Lage der tschechischen Bevölkerung im künftigen Deutschland mit der Stellung der Basken, Bretagner, Provenzalen oder auch der deutschsprechenden Elsässer in Frankreich, die trotz der ethnisch-sprachlichen Verschie-

40 Vgl. Koralka, Jiří: Palacký und Österreich als Vielvölkerstaat. Österreichische Osthefte 28 (1986) 22-37. – Vgl. auch Koralka: Die Tschechen im Habsburgerreich 175-200.
41 Schieder, Theodor: Nationalstaat und Nationalitätenproblem. Zeitschrift für Ostforschung 1 (1952) 161-181, hier: 169.

denheit im politischen Sinne zur französischen Staatsnation gehörten. Von dem am 25. April 1848 beschlossenen Verfassungsentwurf des Siebzehner-Ausschusses nahm die deutsche Nationalversammlung die Bestimmmung „über die Gewährleistung der volkstümlichen Entwicklung und der Gleichberechtigung der Sprachen nichtdeutscher Volksstämme auf ihrem Territorium in dem Kirchenwesen, dem Unterrichte, der inneren Verwaltung und der Rechtspflege“ in ihre Protokollerklärung vom 31. Mai 1848 und schließlich in den § 188 der Verfassung des Deutschen Reiches vom 28. März 1849 auf[42]. Als Grundvoraussetzung dafür wurde allerdings die bedingunglose Anerkennung der Zugehörigkeit der von einer nichtdeutschen Bevölkerung bewohnten Länder und Gebiete zu Deutschland gefordert, wenn nötig, gesichert mit Hilfe der bewaffneten Macht[43].

Die führenden Vertreter der tschechischen Nationalbewegung lehnten diese Forderung des in Entstehung begriffenen deutschen Nationalstaates im Frühjahr 1848 mit Entschiedenheit ab. František Palacký, der als Vertreter der slawischen Böhmen in den Frankfurter Fünfziger-Ausschuß eingeladen wurde, erklärte in seine Absage vom 11. April 1848, daß das slawisch-böhmische (tschechische) Volk „zwar ein kleines, aber von jeher ein eigentümliches und für sich bestehendes“ Volk sei[44]. Für jedes Volk, ob groß oder klein, beanspruchte Palacký das Naturrecht einer selbständigen Existenz, weil kein Volk berechtigt sei, „zu seinen Gunsten von seinem Nachbarn die Aufopferung seiner selbst zu fordern, keines ist verpflichtet, sich zum Besten des Nachbars zu verleugnen oder aufzuopfern[45].“ Gegen den befürchteten Verlust der tschechischen nationalen Identität im deutschen Nationalstaat suchten die tschechischen Politiker, mit Palacký an der Spitze, Schutz und Hilfe in der Realität des österreichischen Kaiserstaates und im Gedanken der Umgestaltung Österreichs zu einer Föderation gleichberechtigter Nationen und Nationalitäten. Als dann Palacký in der ersten Maihälfte 1848 als Minister in die Wiener Regierung berufen wurde, begründete er seine Ablehnung mit einer bemerkenswerten Darlegung der liberalen Grundsätze in den Beziehungen zwischen Bürgern, gesellschaftlichen Klassen und Nationalitäten:

> „Ich bin ein entschiedener Liberaler, das heißt ich dringe darauf, daß im gesamten Volksleben fortan die Freiheit das oberste Gesetz, die Regel bilde; ich will jedoch diese Freiheit in der Art, daß sie eine kräftige Regierung nicht nur nicht ausschließe, sondern vielmehr begründen und befestigen helfe. Das alte Bevormundungsprinzip ist mit der natürlichen Entwicklung des Volkslebens ebenso unverträglich, wie die Beibehaltung erblicher Privilegien und Vorrechte eine Volksklasse über die andere. Ich dringe auf Abschaffung aller Reste des Feudalismus; sollen die wahren Rechte gesichert und geschützt, so dürfen sie nicht durch Vorrechte kompromittiert werden; denn diese sind Ausnahmen vom Rechte, also offenbares Unrecht.
>
> Was ich für Individuen und Volksklassen verlange, das wünsche ich auch für die Nationalitäten und die besonderen von ihnen gebildeten Länderkomplexe. Ich möchte ihnen im Prinzip so viel Selbstregierung zugestehen, als mit dem sicheren Bestand einer mächtigen Erbmonarchie, einer

42 Stourzh, Gerald: Die Gleichberechtigung der Nationalitäten in der Verfassung und Verwaltung Österreichs 1848-1918. Wien 1985, 21.
43 Wollstein: Das „Großdeutschland“ der Paulskirche 201.
44 Palacky, Franz: Gedenkblätter. Auswahl aus Denkschriften, Aufsätzen und Briefen aus den letzten fünfzig Jahren. Prag 1874, 150.
45 Ebenda 153.

nach innen und außen Achtung gebietenden Regierung, nur immer verträglich ist. Ich bin der Ansicht, daß wir außer einer einigen Reichsverfassung mehrere voneinander merklich verschiedene Provinzialverfassungen gestatten und ungehindert sich entwickeln lassen müssen; daß somit die Gesamtverfassung aller Länder des Kaiserstaats eine eigentümliche, ein Werk sui generis werden müsse, wozu in der ganzen Geschichte noch kein Vorbild zu finden ist. Die Aufgabe ist allerdings höchst schwierig und wichtig, ich halte sie aber für nicht unlösbar[46]."

Nicht nur in theoretischen Betrachtungen, sondern auch in der Tätigkeit des österreichischen Reichstages, vor allem in Kremsier (Kroměříz)[47], waren führende tschechische Liberale der Jahre 1848-1849 ernsthaft bemüht, auch im Einverständnis mit den deutschösterreichischen Liberalen ein ausgewogenes Verhältnis zwischen der Zentralregierung, der Länderautonomie und dem ethnisch-nationalen Prinzip zu finden. Die Vernichtung dieser von unten kommenden Initiative durch den österreichischen Neoabsolutismus hatte schwerwiegende Folgen für die weitere Entwicklung der sich immer mehr zuspitzenden Nationalitätenprobleme im Habsburgerreich. In den Auseinandersetzungen mit Preußen um die Führung im Deutschen Bund nach 1849/50 versuchte die Wiener Regierung zum letzten Mal, den deutschsprachigen Charakter des Kaisertums Österreich in den Vordergrund zu stellen und die Auffassung einer österreichischer Staatsnation deutscher Prägung zu begründen[48]. Nachdem alle diese Bemühungen infolge der Kriegsniederlagen von 1859 und 1866 gescheitert waren, mußte auch der Kaiser von Österreich im Prager Friedensvertrag vom 23. August 1866 zugestehen, daß Österreich nicht zu Deutschland gehöre. Für die Regierung und die Öffentlichkeit des Deutschen Reiches wurden somit auch der schnelle Aufstieg der tschechischen Gesellschaft im österreichischen Teil der dualistischen Monarchie nach 1867 und die nationale Unterdrückung der Slowaken im Königreich Ungarn bloß zur inneren Angelegenheit eines fremden, wenn auch seit 1879 mit Deutschland verbündeten Nachbarstaates.

46 Ebenda 165-166.

47 Vgl. Kann, Robert A.: Das Nationalitätenproblem der Habsburgermonarchie. Geschichte und Ideengehalt der nationalen Bestrebungen vom Vormärz bis zur Auflösung des Reiches im Jahre 1918. Bd. 2: Ideen und Pläne zur Reichsreform. Graz – Köln 1964, 29-45 (Veröffentlichungen der Arbeitsgemeinschaft Ost 5). – Urban, Otto: Kroměřízský sněm 1848-1849 [Der Kremsierer Reichstag 1848-1849]. Praha 1988 (Slovo k historii 16).

48 Als charakteristisch vgl. Helfert, Josef Alexander: Über Nationalgeschichte und den gegenwärtigen Stand ihrer Pflege in Österreich. Prag 1853, 1-2. – Vgl. Koralka: Tschechen im Habsburgerreich 33-34.

Gangolf Hübinger

„Machtstaat, Rechtsstaat, Kulturstaat". Liberale Verfassungspolitik im Deutschen Kaiserreich

Bismarcks „Lebenswerk hätte doch nicht nur zur äußeren, sondern auch zur inneren Einigung der Nation führen sollen, und jeder von uns weiß: das ist nicht erreicht." Mit Respekt vor der politischen Größe, aber in dieser Weise knapp und ohne Sentimentalität, fällte der Nationalökonom Max Weber in seiner provokanten akademischen Antrittsrede an der Universität Freiburg 1895, noch zu Lebzeiten Bismarcks, ein vernichtendes Urteil über dessen verfassungspolitischen Kurs[1]. Dabei richtete sich Webers Kritik weniger auf vermeintliches oder tatsächliches persönliches Versagen des Reichsgründers. Sie zielte mit wuchtigen Begriffen der politischen Ökonomie auf eine strukturelle Schwäche des politischen Systems insgesamt:

> „Gefährlich und auf Dauer mit dem Interesse der Nation unvereinbar ist es, wenn eine ökonomisch sinkende Klasse die politische Herrschaft in der Hand hält. Aber gefährlicher noch ist es, wenn Klassen, *zu* denen *hin* sich die ökonomische Macht und damit die Anwartschaft auf die politische Herrschaft bewegt, politisch noch nicht reif sind zur Leitung des Staates. Beides bedroht Deutschland zur Zeit und ist in Wahrheit der Schlüssel für die derzeitigen Gefahren unserer Lage[2]."

Die vorindustriellen Eliten trotz wirtschaftlicher Marginalisierung noch an allen Schalthebeln der Macht, die bürgerlichen Eliten dagegen nicht nur politisch ohnmächtig, sondern „unreif" und ohne zureichende Qualifikation zur Herrschaftsübernahme, – darin sah Weber schärfer als die meisten übrigen Zeitkritiker den Hauptgrund für die nicht gelingen wollende innere Integration der politischen Teilkulturen, verbunden mit einer fatalen Schwächung des Reiches gegenüber den rivalisierenden imperialistischen Machtstaaten England und Frankreich.

Innerhalb des deutschen Parteiensystems, das sich inzwischen mit starken katholischen und sozialdemokratischen Fraktionen im Reichstag fest etabliert hatte, richtete sich eine solche Aufforderung zur effektiveren Ausübung bürgerlicher Herrschaft primär an den politischen Liberalismus. Dessen tatsächliche Qualifikation zur Herrschaftsübernahme, verbunden mit partizipatorischen, also demokratischen Entwürfen der Verfassungsordnung im Zeitalter der industriellen Massengesellschaft und des imperialistisch ausgreifen-

1 WEBER, Max: Der Nationalstaat und die Volkswirtschaftspolitik. Gesammelte Politische Schriften. 3. Aufl. Tübingen 1971, 20. – Jetzt auch historisch-kritisch ediert in: Max-Weber-Gesamtausgabe. Bd. I/4: Landarbeiterfrage, Nationalstaat und Volkswirtschaftspolitik (1892 – 1899). Hrsg. v. Wolfgang J. MOMMSEN und Rita ALDENHOFF. Tübingen 1993.

2 WEBER: Nationalstaat 19.

den Nationalstaats, ist Gegenstand der folgenden Erörterung. Den Bezugspunkt bilden die drei in wachsende Spannung zueinander geratenden Prinzipien des Macht-, des Rechts- und des Kulturstaats, an die sich unterschiedliche, zum Teil konträre verfassungspolitische Ordnungsvorstellungen knüpften[3]. Das Machtstaatsprinzip fand seine wissenschaftliche Rechtfertigung und politische Verklärung aufschlußreich in Heinrich von Treitschkes Berliner Vorlesungen zur Politik[4]. Das Rechtsstaatsprinzip wurde nach einer Phase positivistischer Sterilität für eine liberale, sich der sozialen Frage öffnende Staatstheorie neu bestimmt in Georg Jellineks „Allgemeiner Staatslehre"[5]. Kulturstaatsziele, wie sie in erster Linie das protestantische Bürgertum in neuhumanistischer Absicht festschreiben wollte, führten um 1900 zu den heftigsten Kontroversen in der politischen Publizistik[6]. Die recht heterogenen Auslegungen von Macht-, Rechts- und Kulturstaatlichkeit in der Kaiserreichsverfassung hatte eine unüberbrückbare Polarisierung des liberalen Parteien- und Vereinsspektrums zur Folge. Einer Aushöhlung des emanzipatorischen Wertekanons bei den Nationalliberalen standen die Bemühungen um einen „liberalen Revisionismus" bei den zersplitterten Linksliberalen entgegen, wie Theodor Barth als einer ihrer Hauptvertreter sich ausdrückte[7]. In der Spaltung des Liberalismus spiegelt sich der Riß in der politischen Kultur der wilhelminischen Gesellschaft insgesamt und läßt sich besonders deutlich der Antagonismus von Demokratisierungsprozeß und nationaler Integrationsideologie fassen.

Der Sieg Preußens über Österreich im innerdeutschen Nationalkrieg von 1866[8] brachte dem deutschen Liberalismus mit einem Schlag neue und konkrete verfassungspolitische Perspektiven. Die Bildungsbürger lösten sich aus ihrem politischen Protestwinkel, den sie nach der gescheiterten Revolution von 1848 bezogen hatten. Die Besitzbürger sahen sich nicht länger unter dem Zwang, politische Ohnmacht durch wirtschaftliche Erfolge kompensieren zu müssen. Das Gründungsprogramm der Nationalliberalen Partei vom Juni

3 Zum zeitgenössischen Staatsbegriff und zu den konkurrierenden Staatsauffassungen siehe insbesondere den Artikel „Der Staat" von Edgar LOENING (Allgemeine Staatslehre) und Adolph WAGNER (in nationalökonomischer Hinsicht). In: Handwörterbuch der Staatswissenschaften. Hrsg. v. CONRAD/LEXIS/ELSTER/LOENING. Bd. 7. 3. Aufl. Jena 1911, 692-739. – Ferner den Artikel „Staat und Souveränität" von BOLDT/CONZE/HAVERKATE/KLIPPEL/KOSELLECK. In: Geschichtliche Grundbegriffe. Historisches Lexikon zur politisch-sozialen Sprache in Deutschland. Hrsg. v. BRUNNER/CONZE/KOSELLECK. Bd. 6. Stuttgart 1990, 1-154.

4 TREITSCHKE, Heinrich von: Politik. Hrsg. v. Max Cornicelius. 2 Bde. 5. Aufl. Leipzig 1922 (1. Auflage 1897/98 auf der Basis von Kollegnachschriften). – Vgl. ebenda 112, „daß der Staat eine sittliche Macht an sich" ist, weshalb die Bürger auch alle „Irrtümer des Staates auf sich zu nehmen haben".

5 JELLINEK, Georg: Allgemeine Staatslehre. Berlin 1900. – Siehe zur wissenschaftlichen und politischen Zielsetzung HÜBINGER, Gangolf: Staatstheorie und Politik als Wissenschaft im Kaiserreich. Georg Jellinek, Otto Hintze, Max Weber. In: Festschrift für Wilhelm Hennis. Hrsg. v. Hans MAIER, Ulrich MATZ, Kurt SONTHEIMER. Stuttgart 1988, 143-161.

6 Siehe mit einer Fülle von Beispielen: vom Bruch, Rüdiger: Kulturstaat – Sinndeutung von oben? In: Kultur und Kulturwissenschaften um 1900. Krise der Moderne und Glaube an die Wissenschaft. Hrsg. v. VOM BRUCH/GRAF/HÜBINGER. Stuttgart 1989, 63-102.

7 BARTH, Theodor: Liberaler Revisionismus. Die Nation 21 (1903/04) 194.

8 „Es war ein innerdeutscher Staatenkrieg und zugleich ein Nationalkrieg." – LANGEWIESCHE, Dieter: Revolution von oben? In: DERS. (Hrsg.): Revolution und Krieg. Paderborn 1989, 122.

1867 faßte das neue nationale Pathos in die Formel: „Der deutsche Staat und die deutsche Freiheit müssen gleichzeitig mit dem selben Mittel errungen werden[9].“ Konstitutionelles Recht und monarchischer Bundesstaat wurden einmal mehr benannt als die zwei Seiten desselben verfassungspolitischen Ziels, „Freiheit und Macht“ im neuen kleindeutschen Nationalstaat endgültig miteinander zu versöhnen.

Insofern waren die liberal-konstitutionellen Perspektiven von 1866 und 1871 noch ein Teil der alten. Sie waren modifiziert entsprechend dem durch Bismarck gesetzten machtpolitischen Handlungsspielraum, aber damit noch nicht unbedingt ein Verrat an den Revolutionszielen von 1848. Allerdings wurden vielfach aus ehedem glühenden Demokraten jetzt ebenso glühende Bismarckverehrer, die seiner „Revolution von oben“ großen Tribut zollten. Bereits die *Fortschrittspartei* hatte ihm in der Einigungs-Euphorie im September 1866 die Indemnität, die nachträgliche budgetrechtliche Entlastung gewährt und damit den vier Jahre lang anhaltenden Verfassungskonflikt beendet. Erst recht die Nationalliberalen, die sich unter der Devise, „der Liberalismus muß regierungsfähig werden“[10], hiervon abspalteten, avancierten zur eigentlichen „Reichsgründungspartei“.

Nach 1871, mit der ersten Reichstagswahl, sah sich der Liberalismus als eindeutig herrschende Regierungspartei. Die Nationalliberalen bildeten mit einem Drittel aller Stimmen die stärkste Fraktion; die liberalen Parteien insgesamt verfügten mit 52 % der Sitze über eine absolute Mehrheit. Liberale Handschrift und Bismarcks populistischer Instinkt stellten anfänglich die Weichen auf nationalen Reformkurs, auf Parlamentarisierung und Demokratisierung, – auch wenn zwei monarchistische Tabuthemen: die Extrakonstitutionalität des Militärs und die fehlende Ministerverantwortlichkeit das politische System von Beginn an empfindlich störten. Dennoch treffend ist die viel zitierte Erfolgsbilanz, die Eduard Lasker 1880 auf das liberale Konto buchte: „Als die großartigsten Ergebnisse dieser Art sind zu verzeichnen: die Verfassungen des Norddeutschen Bundes und des Reichs, die auf die Organisation, Ausstattung und Erhaltung des Heeres und der Militärpflicht bezüglichen Gesetze, die Reichsgewerbeordnung, das Strafgesetzbuch, die deutschen Justizgesetze, die Kreisordnung, Selbstverwaltungs- und Verwaltungsgerichtsgesetze in Preußen.“ Münzreform, Reichsbank, Reichspressegesetz und Gründung des Reichsgerichts in Leipzig kommen hinzu[11]. Auch Max Weber, der sonst mit Kritik an Mittelmäßigkeit, Pfründenwesen und egoistischer Interessenpolitik der Parteien nicht sparte, würdigte in ähnlicher Weise noch im Weltkrieg die Dekade bis 1878 als „Blütezeit des Reichstags“[12]. Der mit Bismarck geschlossene „liberal-gouvernementale Kompromiß“

9 Programmatische Kundgebungen der Nationalliberalen Partei 1866-1909. Berlin 1909, 10.

10 BAUMGARTEN, Hermann: Der deutsche Liberalismus. Eine Selbstkritik. Hrsg. v. Adolf M. BIRKE. Frankfurt am Main 1974, 149.

11 Zitiert im Kontext von LANGEWIESCHE, Dieter: Liberalismus in Deutschland. Frankfurt am Main 1988, 165f.

12 Max-Weber-Gesamtausgabe I/15: Zur Politik im Weltkrieg. Hrsg. v. Wolfgang J. MOMMSEN und Gangolf HÜBINGER. Tübingen 1984, 441. – „Niemals hatte ein Staatsmann, der nicht aus dem Vertrauen des Parlaments heraus an das Ruder gekommen war, eine so leicht zu behandelnde und dabei so zahlreiche politische Talente umfassende Partei als Partnerin wie Bismarck von 1867 bis 1878.“ Ebenda 440.

war zu Beginn tatsächlich echt und beruhte nicht auf bonapartistischer Übertölpelung. Aber anders als die jüngste Gesamtinterpretation der modernen deutschen Verfassungsgeschichte es darstellt[13], die das „Zusammenspiel von Liberalismus, Reichsleitung und preußischer Regierung" erheblich harmonischer sieht, als es in Wirklichkeit war, blieb dieser Herrschaftskompromiß extrem labil. Er löste nicht, sondern überdeckte nur die vielfältigen Konflikte von der Heeres- bis zur Wirtschaftspolitik, wie sein abruptes Ende von 1878 nur zu deutlich zeigte. Denn die nicht länger als zehn Jahre währende „liberale Ära" war erheblich zu kurz, um ein Zusammenwirken von liberaler Verfassungspolitik und kompetenter Reichsregierung gegenüber dem hegemonialen Preußen und den Eliten um den Monarchen strukturell so zu festigen, daß die Verwandlung in eine liberale parlamentarische Monarchie, angelehnt an das vielbeschworene englische Vorbild, hätte erfolgversprechend sein können. Im Gegenteil: die schutzzöllnerische Allianz von Rittergut und Hochofen, von agrarischen und schwerindustriellen Eliten, und als auslösendes Moment und willkommener Vorwand ein Kaiserattentat genügten, um die Schlüsselstellung der Liberalen im politischen System des Kaiserreichs aufzubrechen. Insofern war der Herrschaftskompromiß „dilatorisch"[14] und nicht konstitutiv für den institutionellen Ausbau eines modernen Staatswesens, auch wenn sich in den Regierungszeiten der Reichskanzler Bülow und Bethmann-Hollweg im Parlament eine Gesetzgebungspolitik von beachtlicher Intensität und pragmatischer Kompromißfähigkeit unter den Parteien entwickelte. Aber seit 1878/79 befestigte sich unter Bismarcks Führung und im Interessenhorizont der traditionalen agrarischen und Beamteneliten die sozialpatrimoniale preußisch-deutsche Staatstradition wieder. Die konkurrierende verfassungspolitische Leitidee der liberalen „Selbstverwaltung" nach dem englischen Vorbild des „Selfgovernment", die Hugo Preuß zu Beginn des Weltkrieges gegen den Strom des nationalistischen Rausches dieser ersten Monate und mit weitsichtigem Blick auf die Nachkriegsordnung zwischen „Obrigkeitsstaat" und „Volksstaat" noch einmal zusammenfaßte, blieb auf die Kommunalpolitik beschränkt[15].

13 Boldt, Hans: Deutsche Verfassungsgeschichte. Bd. 2: Von 1806 bis zur Gegenwart. München 1990, 184-216, Zitat 186.

14 Mommsen, Wolfgang J.: Der autoritäre Nationalstaat. Verfassung, Gesellschaft und Kultur im deutschen Kaiserreich. Frankfurt am Main 1990, 39-65. – Weniger plausibel und in sich widersprüchlich Boldt: Deutsche Verfassungsgeschichte 185. Einerseits schreibt Boldt: „Für das Reich gilt, daß es im Rahmen seiner Zuständigkeit, z.B. im Presse- und Vereinswesen wie auch in Handel und Gewerbe, eine ausgesprochen liberale Gesetzgebungspolitik verfolgte" (180), und charakterisiert das Reich als konstitutionell voll ausgeprägten „bürgerlichen Rechtsstaat" (ebenda). Dabei hatte gerade das bis 1908 geltende restriktive Vereinsrecht verhindert, daß sich ein modernes Parteiensystem mit professionellen Politikern im Reich und in Preußen entfalten konnte. Andererseits konstatiert Boldt beim Eingreifen des Deutschen Reiches in die imperialistische Weltpolitik der Industrienationen: „Das Deutsche Reich trat in die nun folgende, sich seit den achtziger Jahren mit dem Erwerb von Kolonien ankündigende Ära imperialistischer Weltpolitik mit ihrer wirtschaftlichen, politischen und militärischen Konkurrenz unter den großen Industriestaaten als 'Obrigkeitsstaat', als Staat mit einer weder parlamentarisierten, noch demokratisierten Führung ein" (189). So schnell und so einschneidend dürfte sich eine Verfassungsordnung kaum in ihr faktisches Gegenteil verkehrt haben.

15 Preuss, Hugo: Das deutsche Volk und die Politik. Jena 1915. – Vgl. Ders.: Staat, Recht und

Die deutsche Parteienforschung ist seit langem auf diese Zäsur von 1878/79 fixiert, um den Funktionswandel vom „linken zum rechten Nationalismus", den Abtritt des Liberalismus von der reformpolitischen Bühne und damit dessen Selbstauflösung durch Flucht in konservative Bündnisse zu erklären[16]. Diese Sicht ist nicht falsch. Aber sie liefert noch keine zureichende Erklärung dafür, warum sich der liberale Reformnationalismus der Reichsgründungsära in den integralen Nationalismus des späten Kaiserreichs wandelte, mit seinem Kaiser- und Bismarckkult, mit militaristischer Festsymbolik und auf der anderen Seite mit permanenter Reichsfeind-Rhetorik, mit Antisemitismus und völkischen Mythen. Bismarck tauschte bei seinem Kurswechsel von der freihändlerischen zur schutzzöllnerischen Wirtschaftspolitik in geschickter Inszenierung die parteipolitischen Eliten aus. Rudolf von Bennigsen, Eduard Lasker, Ludwig Bamberger und Max von Forckenbeck verloren ihre parlamentarische Schlüsselstellung; der Prozeß der liberalen Spaltungen setzte sich erneut in Gang[17]. Die 1876 neu gegründete *Deutschkonservative Partei* mit Otto von Helldorff avancierte stattdessen zur parlamentarischen Hauptstütze Bismarcks in den 1880er Jahren. Ebenfalls löste sich die katholische *Zentrumspartei* unter Ludwig Windthorsts Führung aus ihrer politischen Isolierung. Es stellt sich deshalb die weiterführende Frage: Wie wurde aus dieser parteipolitischen Machtverschiebung, die der politisch fähigste Kopf der Nationalliberalen, Johannes von Miquel, mit seiner liberal-konservativen Sammlungsbewegung vergeblich aufzufangen versuchte, ein derartiger Strukturwandel der politischen Öffentlichkeit, daß tatsächlich seit etwa Mitte der achtziger Jahre von einem populistischen und aggressiven Nationalismus, der die liberalen bürgerlichen Traditionen zunehmend aushöhlte, gesprochen werden kann?

Zwischen 1886 und 1891, exakt in der Zeit, in der der Kulturkampf von staatlicher Seite endgültig beigelegt wurde und wenig später das Sozialistengesetz im Reichstag auslief, kam es zu einer Gründungswelle neuer Vereine, die als populistische Massenorganisationen zugleich einen neuen Vereinstypus ausprägten. Der bekannteste und aktivste war der *Alldeutsche Verband*, der nach seiner Gründung 1886/94 rasch auf 20.000 Mitglieder

Freiheit. Tübingen 1926. – Zur lange vernachlässigten Analyse seines Verfassungsdenkens jetzt LEHNERT, Detlef: Hugo Preuß als moderner Klassiker einer kritischen Theorie der „verfaßten" Politik. Vom Souveränitätsproblem zum demokratischen Pluralismus. Politische Vierteljahresschrift 33 (1992) 32-54. – Zur beherrschenden Rolle des Liberalismus in den Städten, die er nicht zuletzt einem in der Regel mehrstufigen, undemokratischen Wahlrecht verdankte, siehe LANGEWIESCHE: Liberalismus in Deutschland 200ff. – REULECKE, Jürgen: Bildungsbürgertum und Kommunalpolitik im 19. Jahrhundert. In: Bildungsbürgertum im 19. Jahrhundert. Teil IV: Politischer Einfluß und gesellschaftliche Formation. Hrsg. v. Jürgen KOCKA. Stuttgart 1989, 122-145. – Übergreifend HEFFTER, Heinrich: Die deutsche Selbstverwaltung im 19. Jahrhundert. Geschichte der Ideen und Institutionen. 2. Aufl. Stuttgart 1969.

16 Nach wie vor als prägnanteste Analyse WINKLER, Heinrich August: Vom linken zum rechten Nationalismus: Der deutsche Liberalismus in der Krise von 1878/79. In: DERS.: Liberalismus und Antiliberalismus. Göttingen 1979, 36-51. – Zum Funktions- und Gestaltwandel des Nationalismus in den Verfassungsumbrüchen des 19. und 20. Jahrhunderts siehe übergreifend LANGEWIESCHE, Dieter: Reich, Nation und Staat in der jüngeren deutschen Geschichte. Historische Zeitschrift 254 (1992) 341-381.

17 Hierzu aus der Sicht des Betroffenen und mit linksbürgerlichem Engagement breit ausgeführt KLEIN-HATTINGEN, Oskar: Geschichte des deutschen Liberalismus. 2 Bände. Berlin 1911/12.

anwuchs und zum agitatorischen Aushängeschild einer neuen pan-germanischen Mittelstandsideologie wurde[18]. Im Gefolge hatte er den *Deutschen Flottenverein*, der nach der Jahrhundertwende über eine Million Mitglieder erreichte. Vergessen in der Aufzählung nationalistischer Verbände wird zumeist der 1886 gegründete *Evangelische Bund*. Dabei organisierte er am Vorabend des Ersten Weltkrieges in straffer Form über eine halbe Million Mitglieder und propagierte wirkungsvoll einen militanten Nationalprotestantismus. Zehn Pfennige kosteten seine Kunstdruckblätter, die in Massenauflage Luther und Bismarck als „die beiden größten Deutschen" mit Schwertern in der Hand und „unter einer knorrigen Eiche als Streiter für deutsche Ehre, deutschen Glauben, deutsche Macht" vereinigten[19]. Die Publizistik des *Evangelischen Bundes* läßt keinen Zweifel, daß sich diese Schwerter auch gegen die Reichsfeinde im Innern richteten: gegen die ultramontanen Römlinge und gegen die gott- und vaterlandslosen Sozialdemokraten. Sein Begründer und führender konfessionspolitischer Kopf, der Theologieprofessor Willibald Beyschlag aus Halle, wertete den Friedensschluß zwischen Kaiser und Papst von 1886/87 als welthistorisches Unheil für den „deutsch-protestantischen Staat"[20]. In Umkehrung des tatsächlichen Einflusses der Konfessionen auf Politik, Nationalkultur, Wirtschaftsleben und Wissenschaft sah Beyschlag bei staatsbürokratischer Knebelung des Protestantismus eine großzügige Förderung des Katholizismus und prophezeite nicht weniger als den Untergang der deutschen Kulturnation:

> „Für Deutschland freilich sind diese Aussichten sehr trübe, mögen sie nun auf dem Wege der inneren, geistigen Zerreißung unseres Nationallebens oder auf dem der Wiedervereinigung im römischen Bekenntnis sich weiter entwickeln: in beiden Fällen hieße es am erreichten Ziele: Finis Germaniae[21]."

In derartiger Dramatisierung hielten die Politiker des *Evangelischen Bundes*, dessen Führung stets in der Hand der *Nationalliberalen Partei* lag, den ultramontanen Katholizismus für eine noch größere Gefährdung des jungen Nationalstaates als die sozialdemokratische Arbeiterbewegung, auch wenn deren politische Existenzberechtigung von Katholiken und Protestanten gleichermaßen bestritten wurde. Der sich an der Schwelle zum zwanzigsten Jahrhundert nationaler und bürgerlicher wendende politische Katholizismus[22], aber erst

18 Der ursprünglich als *Allgemeiner Deutscher Verband zur Förderung überseeischer deutsch-nationaler Interessen* 1886 gegründete nationalistisch-kolonialistische Verein richtete seit 1890 seine Interessen verstärkt nach innen; daher seine Umbenennung, zuerst in *Allgemeiner deutscher Verband zur Vertretung Deutsch-Nationaler Interessen*, 1894 in *Alldeutscher Verband*. Zur Mitgliederstruktur, dem hohen Anteil an Liberalen und zum Umfeld anderer patriotischer Vereine siehe ausführlich Chickering, Roger: We Men Who Feel Most German. A Cultural Study of the Pan-German League, 1886-1914. Boston 1984.

19 Unter anderem abgedruckt in: Monatskorrespondenz des Evangelischen Bundes 23 (1909) 167f.

20 Beyschlag, Willibald: Der Friedensschluß zwischen Deutschland und Rom. Leipzig 1890, 19 (Flugschriften des Evangelischen Bundes 4).

21 Ebenda 21.

22 Der größte katholische Massenverband, der *Volksverein für das katholische Deutschland*, der bis 1914 auf 800.000 Mitglieder anwuchs, richtete sich weniger gegen den *Evangelischen Bund* als gegen die Sozialdemokratie als seinen politischen Hauptgegner. – Siehe im einzelnen

recht der militante Nationalprotestantismus ließen noch bei den Reichstagswahlen von 1909 keine Gelegenheit aus, das sozialistische Weltbild als reichsfeindlich, aus liberal-protestantischer Sicht gar als „Terrorismus über die innersten Gefühle der deutschen Nation"[23] zu brandmarken. „Vaterlandsliebe nicht nur [als] eine nationale, sondern auch eine christliche Tugend"[24], beanspruchte das nationalprotestantische Verbandswesen mit dem *Evangelischen Bund* an der Spitze jedoch allein für sich. Nicht nur die klassenpolitischen Auseinandersetzungen, auch die unter dem Schlagwort „Rom oder Wittenberg" ständig geschürte Politisierung konfessioneller Gegensätze trug dazu bei, daß Nationalbewußtsein und Demokratisierungsprozeß sich zu Beginn des 20. Jahrhunderts in der deutschen Gesellschaft blockierten und nicht in ähnlicher Weise wie etwa in der laizistischen politischen Kultur Frankreichs wechselseitig verstärken konnten[25].

In der Spielart des Nationalismus, den die Nationalliberalen mit den „patriotischen Marschmelodien"[26] wie keine andere Partei beförderten, wodurch sie seit ihrer programmatischen „Heidelberger Erklärung" von 1884[27] aber auch ihre sozialdefensive Innenpolitik verbrämten, steckt das zentrale Problem der nicht gelösten „inneren Reichsgründung": 1900 besaß das Deutsche Reich 56 Millionen Einwohner. Nimmt man allein zu den gut 30 % Katholiken die im sozialdemokratischen Milieu gebundene Arbeiterschaft hinzu, so bestand aus der Sicht des nationalliberal denkenden Bürgertums das halbe Reich aus Deutschen zweiter Klasse und potentiellen Reichsfeinden, die zudem im *Zentrum* und in der *SPD* immer mächtiger werdende Parteien besaßen. Die nationalliberalen Wahlaufrufe erfanden in der Folge das Schlagwort von der „klerikal-sozialdemokratischen Herrschaft" und appellierten immer eindringlicher an alle „Kaisertreuen", eine solche zu verhindern[28].

HEITZER, Horstwalter: Der Volksverein für das katholische Deutschland im Kaiserreich 1890-1918. Mainz 1979.

23 Der Kieler Theologe Otto BAUMGARTEN, Mitglied der *Nationalliberalen Partei,* in seiner Rede auf der Generalversammlung des *Evangelischen Bundes* in Mannheim 1909: Ein starker Protestantismus – der Hort echter Freiheit. In: Reden und Vorträge, gehalten bei der 22. Generalversammlung des Evangelischen Bundes. Halle 1909, 64.

24 Amtsgerichtsrat LOHMANN: Religion und Politik. Ebenda 30.

25 Hierzu am Beispiel von Jeanne d'Arc als nationaler Symbolfigur im Streit der „deux France" des rechten und linken politischen Lagers jetzt KRUMEICH, Gerd: Jeanne d'Arc in der Geschichte. Historiographie – Politik – Kultur. Sigmaringen 1989.

26 SHEEHAN, James J.: Der deutsche Liberalismus. München 1983, 308.

27 Abdruck in: Deutsche Parteiprogramme. Hrsg. v. Wilhelm MOMMSEN. Stuttgart 1985, 158-160. – Siehe im Vergleich zu dieser am 23. März 1884 veröffentlichten Erklärung, die die „Kräftigung des Reiches" und deshalb auch die „Erhaltung einer starken deutschen Heeresmacht" in den ersten Absätzen zur vornehmsten politischen Aufgabe erklärte, das kurz zuvor verabschiedete Programm der linksliberalen *Deutschen Freisinnigen Partei,* das die „Entwicklung eines wahrhaft konstitutionellen Verfassungslebens an die Spitze stellte. – Programm vom 5. März 1884, ebenda, 157f. – Zur Spaltung und zum Rechtsruck, den die aus der Feder Johannes von Miquels stammende Heidelberger Erklärung bei den Nationalliberalen zur Folge hatte, und der den endgültigen Bruch zwischen Rechts- und Linksliberalismus besiegelte, siehe SHEEHAN: Liberalismus 234-240.

28 Wahlaufruf vom 14.12.1906. In: Programmatische Kundgebungen der Nationalliberalen Partei 1866-1909, 85.

Das nationalistische Vereinswesen ist deshalb so hervorzuheben, weil die Vereinslandschaft insgesamt für die neuere deutsche Geschichte der zuverlässigste Indikator für Umschwünge in der politischen Kultur darstellt. Die neuen nationalen Großvereine, ihrerseits ein Produkt der Fundamentalpolitisierung und des politischen Massenmarktes nach dem Fall des Sozialistengesetzes 1890, entwickelten kein demokratisches Potential. Stattdessen wurden sie zur Triebkraft eines nach außen wie nach innen gewendeten aggressiven Nationalismus, der eine echte „innere Reichsgründung" verhinderte. Norbert Elias hat seinen scharfsinnigen Reflexionen über den politischen Habitus der Deutschen einen langen Exkurs über den Nationalismus der europäischen Mittelklasse-Eliten beigefügt. Hiernach konnte der Nationalismus „*das* mächtigste soziale Glaubenssystem des 19. und 20. Jahrhunderts" werden, weil die Heiligung der Nation nicht mehr moralisch begründet werden mußte. Diese These trifft in besonderer Weise auf das wilhelminische Deutschland zu. Die Flugschriften der genannten Vereine, unzählige Festtagsreden und patriotische Resolutionen dokumentieren den von Elias eindringlich beschriebenen Prozeß der „Verschiebung der Priorität von humanistischen, moralischen Idealen und Werten, die für Menschen überhaupt galten, zu nationalistischen Wertungen, die ein Idealbild des eigenen Landes und der eigenen Nation über allgemein-menschliche und moralische Ideale erhoben[29]." In seiner deutschen Ausprägung stärker als in den Zivilgesellschaften Frankreichs oder Großbritanniens erhielt der gewandelte Nationalismus eine Doppelfunktion: Er forcierte die Entwertung liberal-bürgerlicher Ordnungsvorstellungen und verschaffte im Gegenzug dem Konservativismus in den verzweigten Sammlungsbewegungen vom *Bund der Landwirte* bis zum *Deutschen Ostmarkenverein* eine populistische Massenbasis.

Die mit dem Funktionswandel des Nationalismus einhergehende Aushöhlung des Liberalismus soll nicht verabsolutiert und ebensowenig behauptet werden, das politische System sei dadurch völlig reformunfähig geworden. Wie überall in Europa oder im *Progressive Movement* der USA entwickelte sich auch im Deutschen Reich ein neuer sozialer Liberalismus, der die Ziele des Reformnationalismus in das Zeitalter der Hochindustrialisierung übertrug. Ihm sind sehr heterogene Trägergruppen zuzurechnen: linksliberale Parteien, kulturprotestantische Vereine, die bürgerliche Sozialreformbewegung, die Mehrheit des jüdischen Bildungsbürgertums und die Spitzen der bürgerlichen Frauenbewegung, nicht zuletzt diverse Kulturbünde aus der Lebensreformbewegung. Nur sind dies jeweils keine Großverbände, sondern zwischen tausend und fünftausend Mitgliedern liegende und zumeist bildungsbürgerlich dominierte Vereinigungen.

Das wilhelminische Bürgertum war mit großer Selbstverständlichkeit national gesinnt, aber sowohl in den symbolischen Formen, ein nationales „Wir-Gefühl" auszudrücken, als auch in den konkreten politischen Willensbekundungen zementierten sich Gräben, die sich quer durch das liberale Parteien- und Vereinsspektrum gebildet hatten. So führten gerade die Spannungen, die sich zwischen dem populistischen Nationalismus als einem sekundären Integrationssystem und dem weiterhin auf mehr „Volksstaat" (Friedrich Naumann, Hugo Preuß) zielenden Reformnationalismus aufluden, zu den eigentümlichen Selbst-

29 Elias, Norbert: Studien über die Deutschen. Frankfurt am Main 1990, Zitate 194, 174.

blockierungen, die das Kaiserreich politisch kennzeichneten. Dieser Riß konditionierte die Bündnisfähigkeit der liberalen Fraktionen im deutschen Parteiensystem, er legte die Handlungsspielräume im Ausbau der Reichsverfassung fest, und er bestimmte die Wechselwirkung von Außen- und Innenpolitik, von Weltmachtanspruch und innerer Demokratisierung. Diese Aspekte sind unter den Stichworten „Machtstaat, Rechtsstaat, Kulturstaat“ im folgenden näher zu charakterisieren.

„Machtstaat, Rechtsstaat, Kulturstaat“ hieß ein Vortrag, den der Theologe, Publizist und linksliberale Politiker Martin Rade 1908 auf dem Kongreß der *Deutschen Friedensgesellschaft* in Jena gehalten hat. Rade hielt wie die meisten humanistisch orientierten Bildungsbürger das formale Verfassungsprinzip der Rechtsstaatlichkeit allein für ein zu labiles Gerüst moderner Gesellschaften. Den militärisch gut gerüsteten Machtstaat stellte er nicht in Frage und wollte deshalb auch nicht wie Ludwig Quidde und die führenden Vertreter der *Friedensgesellschaft* als gesinnungsethischer Pazifist gelten. Allerdings griff er auf die Vormärzideen der föderativen Kulturnation zurück und provozierte die an Flotten- und Weltmachtrhetorik gewöhnte Öffentlichkeit mit der These von der „Überschätzung des Nationalstaats“ und der allgemeinen „Hypnose“, die der „politische Nationalismus“ inzwischen bewirke. Übersteigerter Nationalismus beträfe auf sozial deformierende Weise die folgenden politischen Ziele: „Für die innere Politik das Ideal (1) der Germanisierung aller nichtdeutschen Staatsbürger; für die äußere das Ideal (2) der Expansion über alle außerhalb des Reiches noch von Deutschen bewohnten Gebiete und (3) der Kolonisation, d.h. der Gewinnung neuer noch von Deutschen zu besetzender Länder[30].“

Verfassungsüberlegungen wie die Rades – antizentralistisch, antiborussisch, auf ein supranationales Völkerrecht ausgerichtet und auf die Selbstbehauptung ethnisch-kultureller Minderheiten vertrauend – wurden allerdings nur von wenigen Intellektuellen und von noch weniger Politikern geteilt[31]. Die Parteipolitik wurde vollständig vom Kampf um eine andere Priorität beherrscht. Das alles in Beschlag nehmende Thema galt dem Ausbau des Deutschen Reiches zur Weltmacht und zum imperialistischen Konkurrenten Englands und Frankreichs. Die Geister schieden sich an der Frage, ob der Verfassungsausbau zum demokratischen und sozialen Rechtsstaat mit grundsätzlichen Reformen der Arbeitsrechts-, Gewerkschafts- und Vereinsgesetzgebung dafür als nützlich oder im Gegenteil als schädlich betrachtet werden müsse. Blickt man auf die Wahltabellen, so erweist sich, daß sich die Integrationsparolen des neuen populistischen Nationalismus für keine der bürgerlichen Parteigruppierungen wirklich im Endeffekt ausgezahlt und in der Rekrutierung neuer Wählerschichten niedergeschlagen haben. Neue Wählerrekrutierung gelang lediglich den Sozialdemokraten, die zwischen 1890 und 1912 ihren Stimmenanteil um 16 % (19,8 – 34,8) erhöhten. Die Konservativen besaßen zwar im *Bund der Landwirte* eine nationalistische Interessenorganisation mit Massenbasis, verloren aber im selben Zeitraum 6,9 % (19,1 – 12,2). Die katholische *Zentrumspartei*, die zwischen nationaler Überanpassung und

30 Rade, Martin: Machtstaat, Rechtsstaat, Kulturstaat. Die Christliche Welt 22 (1908), Sp. 505-512, Zitat Sp. 510.

31 Vgl. Chickering, Roger: Imperial Germany and a World without War. The Peace Movement and the German Society 1892-1914. Princeton 1975.

subkulturellem Eigensinn schwankte, für parlamentarische Mehrheiten jedoch unentbehrlich wurde, verlor 2,2 % (18,6 – 16,4); die beiden liberalen Lager gemeinsam verloren 8,4 % (34,3 – 25,9). Dies bedeutet für keines dieser politischen Milieus bereits einen existenziellen Einbruch, wie manchmal zu lesen, wohl aber eine Stagnation[32].

Für die liberalen Parteiführungen war diese Stagnation bereits Mitte der 1880er Jahre überdeutlich, als die kurzfristige absolute Mehrheit des voraufgegangenen Jahrzehnts wieder schwand und sich ein Normalstand von etwa 33 % der Stimmen ein- pendelte. Die unterschiedlichen Konsequenzen, die Rechts- und Linksliberalismus je- weils aus der Erkenntnis zogen, nicht mehr legitime Repräsentanten „des Volkes“ zu sein, sind für eine Typisierung des Nationalismus nach 1890 höchst aufschlußreich. Die Nationalliberalen schlugen mit ihrem Heidelberger Programm von 1884 konsequent einen Machterhaltungskurs ein. Johannes von Miquel, der nach Bismarcks Sturz preußischer Finanzminister wurde, spielte virtuos in seinen Reden alle Klassen- und Wirtschaftskonflikte herunter und verankerte die Politik der liberal-konservativen Sammlung:

> „Aber im großen ganzen sind doch die Interessen aller arbeitenden und erwerbenden Klassen gemeinsam und wesentlich die gleichen (...). Landwirtschaft und Industrie stehen in wechselseitigem Verhältnis von Produzenten und Abnehmern; je kaufkräftiger beide sind, je besser wird es beiden ergehen, und der solide Handel, der diesen Wechselverkehr vermittelt, kann von der Blüte beider nur Vorteile ziehen[33].“

Solidarprotektionistische Interessen und loyale Staatsgesinnung wurden zu zwei Seiten derselben Medaille, wie bereits 1887 der Kartellreichstag zeigte. In allen sogenannten „nationalen Fragen“ der Weltmacht-, Militär- und Kolonialpolitik oder in der Eindämmung der linken „Umsturzpartei“ zum „Schutz der nationalen Arbeit“, stützten die Nationalliberalen fortan und in der Regel mit den Konservativen die jeweilige Regierungspolitik. Ernst Bassermann, der spätere Fraktions- und Parteivorsitzende, hielt die Nationalliberalen strikt auf diesem Kurs. Er gehörte zu den Architekten des aus Konservativen und allen liberalen Parteien gebildeten Bülow-Blocks von 1906. Bassermann war, wie eine neuere Biographie festhält,

> „von früh auf ein 'nationaler Mann' in dem neuen Sinne, der sich aus der Begeisterung über die Erfolge der nationalen Einigungspolitik Bismarcks, aus der Bewunderung für die preußische Armee und ihr Offizierskorps und aus der Überzeugung herleitete, daß das preußische Modell mit seiner Verbindung von Rationalität, Modernität und straffer Führung sich als schlechthin überlegen erwiesen habe[34].“

32 Vgl. jetzt mit ausgiebigen wahlstatistischen Analysen ROHE, Karl: Wahlen und Wählertraditionen in Deutschland. Frankfurt am Main 1992. – Problematisch erscheint hierbei die Annahme eines „Dreilager-Systems“ von Katholiken, Sozialdemokraten und „nationalem Lager“ als Grundmuster der deutschen Parteientwicklung. Dem „nationalen Lager“ werden Konservative, Rechts- und Linksliberale und Antisemiten zugerechnet, was zu einer erheblichen Einebnung der konträren politischen Ordnungsvorstellungen dieser politischen Teilkulturen führt.

33 MIQUEL, Johannes von: Reden. Bd. 4. Halle 1914, 279-281.

34 GALL, Lothar: Bürgertum in Deutschland. Berlin 1989, 406.

Walther Rathenau, der in seinen sozialphilosophischen Hauptschriften bereits vor dem Krieg ein radikales geistig-politisches Umdenken gefordert hatte, rechnete später in der Revolution von 1918/19 mit der obrigkeitsstaatlichen Tradition scharf ab:

> „Die geistige Verräterei des Großbürgertums, das seine Abkunft und Verantwortung verleugnete, das um den Preis des Reserveleutnants, des Korpsstudenten, des Regierungsassessors, des Adelsprädikats, des Herrenhaussitzes und des Kommerzienrats die Quellen der Demokratie nicht nur verstopfte, sondern vergiftete, das feil, feig und feist und durch sein Werkzeug, die nationalliberale Partei, das Schicksal Deutschlands zugunsten der Reaktion entscheiden ließ: diese Verräterei hat Deutschland zerstört, hat die Monarchie zerstört und uns vor allen Völkern verächtlich gemacht[35].“

Rathenaus moralisch vernichtendes Urteil über diesen Strang des Liberalismus behält auch in der historischen Distanz seine Berechtigung. Denn Ausbrüche aus der konservativ-nationalliberalen Sammlung, wie sie zwischenzeitlich Gustav Stresemann unternahm, um den Industriestaat auch verfassungspolitisch dem Agrarstaat deutlicher überzuordnen, waren nur von begrenztem Erfolg. Stresemann wandte sich als Verfechter des „Industrialismus“ entschieden gegen die schwerindustriellen und großagrarischen Gruppen seiner eigenen Fraktion. Er akzeptierte die Gewerkschaftsforderungen nach freiem Koalitionsrecht und hielt aktive Sozial- und Modernisierungspolitik für das wirksamste Mittel, um den „neuen Mittelstand“ für eine mächtige liberale Industriepartei zu werben[36]. Karriere als Parteiführer ließ sich mit einem solchen Kurs jedoch nicht machen, und bekanntlich schwenkte Stresemann im Weltkrieg zur Gruppe der lautesten Nationalisten und Annexionisten[37]. Überblickt man die Zeit von der Reichsgründung bis in den Weltkrieg hinein in ihrer Hauptströmung, so hat sich im Sog des Nationalliberalismus die ursprüngliche liberale Bewegung der Reichsgründungszeit eher verstaatlicht als verbürgerlicht[38]. Die nationale Parole ersetzte zu großen Teilen die Verfassungskritik am labilen politischen System. Dessen autoritäre Ausprägung wurde nicht nur toleriert, sie wurde darüber hinaus aktiv gestützt[39].

Die Nationalstaatsidee weiterhin mit bürgerlichen Demokratieidealen zu verzahnen, blieb hingegen Ziel der Linksliberalen. Aber sie boten ein zersplittertes Bild politischer Gegeneliten. Wirtschaftlich gehörten hierzu alte kompromißlose Verfechter der Manchesterdoktrin wie Eugen Richter, Exponenten der Großbanken und der Exportindustrie;

35 RATHENAU, Walther: Der Kaiser. Eine Betrachtung. Berlin 1919. Zitiert nach DERS.: Schriften und Reden. Hrsg. v. Hans Werner RICHTER. Frankfurt am Main 1986, 238. – Siehe mit breiter Dokumentation zur Resonanz seiner Hauptschriften RATHENAU, Walther: Hauptwerke und Gespräche. Hrsg. v. Ernst SCHULIN. München 1977 (Rathenau-Gesamtausgabe, Bd. 2). – Zu seiner Bedeutung als Kultur- und Zeitkritiker ferner: „Ein Mann vieler Eigenschaften“. Walther Rathenau und die Kultur der Moderne. Hrsg. v. Tilmann BUDDENSIEG. Berlin 1990.

36 Siehe STRESEMANN, Gustav: Wirtschaftspolitische Zeitfragen. Dresden o.J. [1910].

37 HÜBINGER, Gangolf: Gustav Stresemann und Max Weber. Interessentenpolitik und Gelehrtenpolitik. In: Max Weber und seine Zeitgenossen. Hrsg. v. Wolfgang J. MOMMSEN und Wolfgang SCHWENTKER. Göttingen 1988, 448-461.

38 So aus anderer Perspektive auch HARDTWIG, Wolfgang: Bürgertum, Staatssymbolik und Staatsbewußtsein 1871-1914. Geschichte und Gesellschaft 16 (1990) 288f.

39 Vgl. MOMMSEN: Der autoritäre Nationalstaat 36-38.

politisch die Vertreter der neuen europäischen sozialliberalen Bewegung wie Lujo Brentano und Friedrich Naumann, neben dem alten kommunalen Freisinn. Hinzu kamen verschiedene soziale Emanzipationsbewegungen wie das assimilationsorientierte jüdische Bildungsbürgertum oder Teile der bürgerlichen Frauenbewegung[40].

In diesem Lager wurde der Traum einer „starken liberalen Volksbewegung" von „Bassermann bis Bebel" gepflegt, eine Reformkoalition, die aber weder Ernst Bassermann noch August Bebel für ihre Parteien wollten. Die einzige liberal-sozialdemokratische Koalition im Deutschen Reich, der Großblock im Großherzogtum Baden von 1909, blieb eine zwar vielbeachtete aber kurzfristige Episode. Und selbst sie entsprang weniger einer programmatischen Reformenphase als einer Abwehr der zur stärksten Kraft im badischen Landtag angewachsenen katholischen *Zentrumspartei*. Theoretiker und parteipolitischer Wortführer des sozialliberalen Aufbruchs war Friedrich Naumann mit der Devise: Wir müssen „notwendigerweise von der Sozialpolitik zur Verfassungspolitik" zurück. Geleitet war Naumann von dem Ziel, „denselben demokratischen Geist, der in Nordamerika, England und Frankreich zum Wohle dieser Nationen zur Herrschaft gekommen ist, auch in Deutschland zum maßgeblichen Geiste zu machen[41]." Konkret zielte der vergleichende Blick auf die westlichen Industrienationen auf die Umwandlung des halbkonstitutionellen politischen Systems in eine parlamentarische Monarchie nach englischem Vorbild. Die immer wieder erhobene Kernforderung nach konsequenter Parlamentarisierung des Reiches galt der Zurückdrängung des Bundesrates, weil sich nur so die preußische Hegemonie brechen ließ. Und sie galt der politischen Ministerverantwortlichkeit vor dem Parlament, an erster Stelle der Wahl des Reichskanzlers aus der Parlamentsmehrheit[42]. Auch wenn die Linksliberalen genau das fürchteten, traten sie aus Prinzip dafür ein: selbst ein Zentrumsführer muß Reichskanzler werden können. Mit den Nationalliberalen war diese Politik grundsätzlicher Verfassungsrevision nicht zu machen. Das „Politische Handbuch der Nationalliberalen Partei", das den Parteikurs verläßlich widerspiegelt, hält 1907 fest: „Unerfüllte Forderungen [gegenüber Bismarcks Verfassungswerk] waren nur zwei übrig geblieben. Die Bewilligung von Diäten für die Abgeordneten und die Ministerverantwortlichkeit." Kein Anlaß bestehe, „Grundrechte zu fordern, oder den Bundesrat in ein Staatenhaus zu verwandeln[43]." Ähnlich kontrovers optierten beide liberale Richtungen, den Rechtsstaatcharakter weiter auszubauen und den Demokratisierungsprozeß zu forcieren. Die Kardinalfrage hier, in Preußen das allgemeine und gleiche Wahlrecht einzuführen, wurde von der Linken entschieden vertreten. Die Nationalliberalen – einige betrachteten Bismarcks Reichstags-

40 Mit weiterführender Literatur: Das deutsche Judentum und der Liberalismus – German Jewry and Liberalism. Dokumentation eines internationalen Seminars der Friedrich-Naumann-Stiftung in Zusammenarbeit mit dem Leo Baeck Institute. St. Augustin 1986. – GREVEN-ASCHOFF, Barbara: Die bürgerliche Frauenbewegung in Deutschland 1894-1933. Göttingen 1981.

41 NAUMANN, Friedrich: Die Umgestaltung der deutschen Reichsverfassung. In: DERS.: Werke. Bd. 2: Schriften zur Verfassungspolitik. Hrsg. v. Wolfgang J. MOMMSEN. Opladen 1964, 362-390, Zitat 364.

42 NAUMANN: Umgestaltung 385f.

43 Politisches Handbuch der Nationalliberalen Partei. Bd. 1. Berlin 1908, Artikel „Reich", 858. – Abgeordnetendiäten wurden seit 1906 bewilligt.

wahlrecht sogar als „Verbrechen an unserem Lande und Volke" – waren für eine Modifikation des Dreiklassenwahlrechts, aber nur in Richtung eines undemokratischen Pluralwahlrechts, das Besitz und Bildung privilegierte[44]. Einen scheinbar weniger wichtigen, aber für den Einfluß des Nationalismus auf das Verfassungsbewußtsein und auf die Gesetzgebung exemplarischen Fall stellt das Reichsvereinsgesetz von 1908 dar, weil hier die liberale Theorie der bürgerlichen Selbstorganisation und der Pan-Germanismus der preußischen Ostmarkenpolitik miteinander kollidierten. Das Vereinsgesetz ermöglichte erstmals seit 1850 wieder politische Zusammenschlüsse auf überregionaler Ebene und war damit die notwendige Bedingung zur Errichtung eines modernen Parteiensystems auf Reichsebene. Erstmals wurde auch Frauen der Beitritt zu politischen Vereinigungen gestattet. Insoweit wurde das Gesetz von allen Liberalen begrüßt. Zwangsläufig förderte das Gesetz auch die Selbstorganisation der nationalen Minderheiten, insbesondere der Polen. Dies brachte die Nationalliberalen, die sich dem Programm der Germanisierung verschrieben hatten, in einen Zielkonflikt. Ihre Wahlaufrufe forderten die „nachdrückliche Unterstützung der deutschen Volksgenossen gegen die nationalpolnische Gefahr" und die „Bildung neuer bäuerlicher Stellungen durch gesetzliche und Verwaltungsmaßnahmen der inneren Kolonisation"[45]. Sie bauten deshalb mit den Konservativen den berüchtigten Sprachenparagraphen ein, der öffentliche Versammlungen in nichtdeutscher Sprache verbot. Um das Gesetz als Ganzes nicht scheitern zu lassen, verließen die Linken ihren Kurs kulturstaatlicher Toleranz und stimmten aus machtpragmatischen Erwägungen zu[46].

Parallelbeispiele der Aushöhlung liberaler Grundsätze ließen sich besonders in der Antisemitismus-Debatte finden, die die Liberalen in ähnlicher Weise spaltete. So trug der nationalliberal verankerte *Evangelische Bund* erhebliche antisemitische Ressentiments in das protestantische Bürgertum. Die freisinnigen Parteien wiederum organisierten den pressepolitisch recht wirksamen *Verein zur Abwehr des Antisemitismus*. Nicht zuletzt die Debatte um Föderalismus und Demokratisierung baute ein analoges Spannungsfeld im liberalen Bürgertum auf. In der ersten Lesung des Gesetzentwurfs zur elsaß-lothringischen Landesverfassung von 1911, die das 1871 von Frankreich abgeforderte „Reichsland" zum gleichberechtigten Gliedstaat des Deutschen Reiches aufwerten sollte, führten die liberalen Hauptredner Ernst Bassermann und Friedrich Naumann die typischen Denkmuster ihrer Parteien vor. Vordergründig waren sie sich einig, daß die Gleichstellung im Fürstenbund, der das Deutsche Reich verfassungsrechtlich war, und die Einführung des allgemeinen,

44 „Bismarck hat ein Verbrechen an unserem Lande und Volke begangen, indem er demselben das allgemeine gleiche und direkte Wahlrecht gab und dasselbe nicht zu beseitigen suchte, nachdem er längst erkannt haben mußte, daß es zum Nachteil führe [...]. Auf die Dauer ist das Königtum mit einer demokratischen Volksvertretung unverträglich". Friedrich HAMMACHER AN den Berghauptmann VON DER HEYDEN-RYNCH vom 8.6.1897, zitiert nach: Das deutsche Kaiserreich. Hrsg. v. Gerhard A. RITTER. Göttingen 1975, 292. – Zum Pluralwahlrecht siehe Politisches Handbuch der Nationalliberalen Partei, Artikel „Preußen". 1908, 834f.

45 Ziele und Bestrebungen der Nationalliberalen Partei (1907). In: Programmatische Kundgebungen der Nationalliberalen Partei 1866-1909. Berlin 1909, 91.

46 Der dritte Delegiertentag der *Freisinnigen Vereinigung* stand wesentlich im Zeichen dieser Kontroverse. – Vgl. das Protokoll: Dritter Delegiertentag des Wahlvereins der Liberalen in Frankfurt 1908. Berlin 1908, besonders 45-56.

gleichen, geheimen und direkten Wahlrechts zur Abgeordnetenkammer zu gewährleisten seien. In zwei Punkten beklagte Naumann jedoch grundsätzlich fehlenden Mut zum demokratischen Verfassungsausbau. Erstens komme das Gesetz nicht nach Regeln föderativer Selbstbestimmung zustande; anders als bei der württembergischen Verfassungsrevision von 1906 liege hier der Gesetzgebungsprozeß ganz in der Hand von Reichsregierung und Reichstag. Und zweitens sei die Chance verpaßt, die sozialen Gleichheitsrechte zu erweitern und die Frauen in das „gleiche" Wahlrecht einzubeziehen[47]. Naumann und die 1910 aus den linksliberalen Kleinparteien hervorgegangene *Fortschrittliche Volkspartei* steckten in dieser Weise Felder weiterführender Demokratisierung ab, die sie zum Teil mit den Sozialdemokraten, zum Teil auch mit dem katholischen *Zentrum* verbanden.

Nicht geschlossen werden darf aus solchen kultur- und rechtsstaatlichen Impulsen auf einen Verzicht am Ausbau des imperialistisch ausgreifenden Machtstaatsprinzips. Auch hier führt eine politische Forderung aus der zu Beginn zitierten akademischen Antrittsrede Max Webers zum Kern des Problems: „Wir müssen begreifen, daß die Einigung Deutschlands ein Jugendstreich war, den die Nation auf ihre alten Tage beging und seiner Kostspieligkeit halber besser unterlassen hätte, wenn sie der Abschluß und nicht der Ausgangspunkt einer deutschen Weltpolitik sein sollte[48]." Friedrich Naumann formte daraus für seine Politik ein fatales national-darwinistisches Prinzip, das er allerdings später erheblich abschwächte:

> „Die Weltgeschichte... muß fortfahren, Nationen zu zerstören. [...] Wir scheuen uns gar nicht, Polen, Dänen, Suaheli, Chinesen nach Kräften zu entnationalisieren. Über die Methode, wie dies am besten geschieht, streiten wir uns, aber in der Sache sind wir einig. Was wir aber unter keinen Umständen zulassen wollen, ist die Entnationalisierung des deutschen Volkes. Hier ist der Punkt, wo wir uns aufs allerschärfste von der Sozialdemokratie trennen. Die Sozialdemokratie hat einen Begriff von 'international', der zur Entkräftung des Deutschtums führt. Das machen wir nicht mit[49]."

Es war die prekäre Wechselbeziehung von Innen- und Außenpolitik im Zeitalter des europäischen Hochnationalismus, die das liberale Verfassungsdenken im Deutschen Kaiserreich letztendlich in unterschiedliche Bahnen lenkte. Die Liberalen rechter wie linker

47 Stenographische Berichte über die Verhandlungen des Deutschen Reichstages. Bd. 263, 4184ff. – Siehe auch HIERY, Hermann: Reichstagswahlen im Reichsland. Ein Beitrag zur Landesgeschichte von Elsaß-Lothringen und zur Wahlgeschichte des Deutschen Reiches 1871-1918. Düsseldorf 1986.

48 WEBER: Nationalstaat 23.

49 NAUMANN, Friedrich: National und international. Die Hilfe 5 (1899), Nr. 43, 4. – Vgl. ebenda: „Europa ist voll von Nationalitäten, die niemals wieder souverän werden: Serben, Bulgaren, Tschechen, Polen, Finnen, Slawonier, Griechen usw.". „Es fragt sich nur, welche Nationen sich erhalten können. Der politische Großbetrieb siegt. Der politische Großbetrieb ist im Allgemeinen nach der Art des alten Römerreiches konstruiert: nationaler Kern und überwundene fremde Masse. Das ist die Grundform von Großbritannien, Rußland, Frankreich und Deutschland. Unsere nationale Politik bedeutet also: politischer Großbetrieb auf Grund und zu Nutzen des deutschen Volkes." – In der Ära Bethmann Hollweg hat Naumann diese Position zugunsten einer föderalistisch gemäßigteren Politik modifiziert und für einen defensiveren außenpolitischen Kurs plädiert. – Vgl. THEINER, Peter: Sozialer Liberalismus und deutsche Weltpolitik. Friedrich Naumann im Wilhelminischen Deutschland. Baden-Baden 1983, 217-223.

Spielart einte die Idee des imperialistischen Machtstaates als oberster nationaler Wert. In der verfassungspolitischen Legitimierung entwickelten sie dagegen konträre Auffassungen. Die Nationalliberalen hielten monarchisches und demokratisch-parlamentarisches Prinzip für unverträglich. Ihr populistischer Nationalismus erhielt deshalb die Funktion, deren Trennung zu legitimieren und den Primat des monarchischen Prinzips zu garantieren. Umgekehrt hielten die Linksliberalen beide Prinzipien nicht nur für verträglich, sondern den Ausbau des Rechts- und Sozialstaates für unbedingt erforderlich. Ihr Ziel war der demokratisch legitimierte Machtstaat. Das weltpolitische Erscheinungsbild Englands, auch Frankreichs und neuerdings der Vereinigten Staaten von Amerika, wirkte hierfür eher anziehend und nicht, wie für intellektuelle Verfechter einer antiparlamentarischen deutschen Sondertradition, abstoßend.

Die beiden unvereinbaren verfassungspolitischen Denkweisen führten in der politischen Öffentlichkeit zu einem Grad der Polarisierung, der sich in der Kriegs- und Nachkriegsentwicklung als eine der Hauptbelastungen erweisen sollte. Der Riß zeigte sich in aller Schärfe bereits im welthistorischen Epochenjahr 1917 mit der Gründung der völkischen *Vaterlandspartei* und der liberal- demokratischen Gegengründung des *Volksbundes für Freiheit und Vaterland*[50]. Er vertiefte sich durch Kriegsniederlage und Novemberrevolution und bewirkte die fundamentale politische Orientierungskrise des Bürgertums in der Konstitutionsphase der Weimarer parlamentarischen Republik.

50 Die konservativ-liberale Sammlungsbewegung der *Deutschen Vaterlandspartei* organisierte nach ihrer Gründung im August 1917 in kurzer Zeit in 2.500 Ortsgruppen etwa 1,25 Millionen Mitglieder. Der im November 1917 gegründete *Volksbund für Freiheit und Vaterland* ging auf eine Initiative der deutschen Gewerkschaften zurück; den Vorstand bildeten hauptsächlich Gelehrtenpolitiker des linksbürgerlichen Lagers. – Siehe Max-Weber-Gesamtausgabe I/15: Zur Politik im Weltkrieg, 320-326, 767-771.

Jan Havránek

Tschechischer Liberalismus an der Wende vom 19. zum 20. Jahrhundert

Zu Beginn stellt sich die Frage: Gab es überhaupt einen tschechischen politischen Liberalismus? Schlagen wir in der tschechischen Enzyklopädie der achtziger Jahre nach, dann finden wir dort Angaben über zwölf politische Parteien, von der Deutschen Demokratischen Republik bis Japan, in deren Namen das Wort *liberal* dominiert, doch keine einzige tschechische oder slowakische Partei[1]. Erst im Jahre 1989, und zwar noch einige Monate vor dem November, trat eine Partei an die Öffentlichkeit, die sich stolz zu diesem Namen bekannte. Nach 1848, als das Wort *liberal* oft auch in tschechischen Kreisen zu hören war, verzichtete man auf diesen Begriff. An seine Stelle trat seit den sechziger Jahren des 19. Jahrhunderts zur Kennzeichnung einer politischen Richtung das Wort *svobodomyslný*: eine wörtliche Übersetzung des deutschen Wortes *freisinnig*. Wir finden diesen Begriff zuerst im Namen der *Freisinnigen Nationalpartei (Národní strana svobodomyslná)*, die als *jungtschechische (mladočeská)* Partei in das allgemeine Bewußtsein getreten ist. Handelt es sich bei den *Jungtschechen* wirklich um Liberale? War dieser Name nicht nur ein Aushängeschild, mit dem sie zu verstehen geben wollten, daß ihre Gegner – die *Alttschechen*, die *Nationalpartei*, nicht freisinnig waren, sondern konservativ?

Der erste Zusammenstoß der tschechischen Liberalen mit den Konservativen im Jahre 1863

Zur eigentlichen Spaltung zwischen Alt- und Jungtschechen kam es schon 1863. Als casus belli zwischen den liberaler denkenden jüngeren Politikern, die sich um die *Národní Listy (Nationale Blätter)* gruppierten, und der Leitung der *Nationalpartei* – vertreten durch den Führer der tschechischen Nation František Palacký, der sich mit seinen 65 Jahren im Landtag schon selbst als „Greis" bezeichnete[2], sowie durch F.L. Rieger und F.A. Brauner – gilt ihre unterschiedliche Einstellung zum polnischen Aufstand im Januar 1863. Prager tschechische Zeitungen wie *Národní Listy*, *Hlas (Stimme)* und *Pozor (Leset!)*, das deutschsprachige Organ der tschechischen Nationalpartei *Politik* und noch deutlicher die Blätter *Boleslavan* und *Pravda (Wahrheit)*, die Rudolf von Thurn und Taxis in Jungbunzlau (Mladá

1 Malá československá encyklopedie [Kleine tschechoslowakische Enzyklopädie]. Bd. 3. Praha 1986, 793-794.

2 Srb, Adolf: Politické dějiny národa českého [Politische Geschichte der böhmischen Nation]. Bd. 1. Praha 1899, 54.

Boleslav) herausgab, zeigten ihre Sympathie für die polnischen Aufständischen. Palacký soll sich in einem privaten Gespräch folgendermaßen geäußert haben:

> „Sie wissen gar nicht, wie uns die den Polen gegenüber geäußerten Sympathien in St. Petersburg schaden. Ich sehe die Rettung des Slawentums nur im russischen Zaren. Ich glaube nicht, daß die Polen im jetzigen Kampf gewinnen sollten; falls doch, wäre es ein sehr großes Unglück für uns[3]."

In seiner Antwort an den *Boleslavan*, der dieses Zitat gedruckt hatte, bestritt Palacký die Behauptung, daß er die Rettung des Slawentums im Zaren sehe, bezeichnete jedoch den polnischen Aufstand als Unglück. Rieger wurde durch einen offenen Brief, den der russische Slawist Hilferding an ihn gerichtet hatte, in dem dieser die Berichterstattung tschechischer Zeitungen kritisiert hatte, zu einer Stellungnahme veranlaßt, in der er ebenso wie Palacký dem Slawentum den Vorrang einräumte. Die *Národní Listy* druckten Hilferdings Brief ab und polemisierten mit ihm. Die Beziehungen zwischen Grégrs *Národní Listy* und Palacký verschlechterten sich im Laufe des Jahres 1863. Am 15. Dezember 1863 erschien die erste Nummer der Zeitung *Národ [Nation]*, die František Šimáček redigierte. Ihre programmatische Erklärung, die eine Spaltung des nationalen Lagers ablehnte, unterschrieben außer Palacký, Rieger und Brauner nur noch fünf ihrer engsten Parteigänger. Zwei politische Tageszeitungen, die gegeneinander standen, bedeuteten die Trennung der tschechischen politischen Repräsentanz in zwei Richtungen. Die Wurzeln dieses Ereignisses lagen nicht nur in der Einstellung zum polnischen Aufstand und zur zarischen Regierung, sondern hatten sich schon früher im selben Jahr auf einem Gebiet gezeigt, auf dem es unmittelbar um die Interessen tschechischer Bauern ging.

Während der Verhandlungen über das Gemeindegesetz im Frühjahr 1863 entbrannte ein Streit in der Frage der Befreiung des Großgrundbesitzes von der Zuständigkeit der gewählten Gemeindevertretungen in Böhmen. Wenngleich Heinrich Clam-Martinic' extremer Antrag, die großen Güter gänzlich der Zuständigkeit der Gemeinden zu entziehen und ihnen „das Recht auf Bildung eines Gutsbezirks neben der Gemeinde" zuzuerkennen, auf den einhelligen Widerstand der tschechischen Abgeordneten stieß, gewann eine gemäßigtere Formulierung, die die großen Güter als gleichwertig mit anderen Siedlungen im Rahmen der Gemeinden ansah, im böhmischen Landtag die Unterstützung von Palacký, Rieger und 16 weiteren tschechischen Abgeordneten. 43 tschechische Vertreter stimmten jedoch auch gegen diese Form einer Sonderstellung des Großgrundbesitzes. Gerade in dieser Angelegenheit zeigte sich deutlich, daß die Zusammenarbeit mit dem konservativem Großgrundbesitz unter den tschechischen Abgeordneten keine Begeisterung weckte. Rieger entschied sich mit Rücksicht auf die aristokratischen Verbündeten im Kampf um die Föderalisierung der Monarchie, den Vorschlag des Großgrundbesitzes zu unterstützen, während die Mehrheit der Abgeordneten danach strebte, die Privilegien der adligen Latifundienbesitzer abzuschaffen; darin äußerte sich auch der Stolz der Bauern, die in ihrer Mehrheit besser als die Großgrundbesitzer wirtschafteten und verlangten, die

3 Srb: Politické dějiny 64.

Unterschiede zwischen ihnen und der ehemaligen Herrschaft überall, wo es nur ging, einzuebnen. Vor allem aber lag ihnen daran, daß die Großgrundbesitzer und ihre Beamten nicht über die Gemeindeangelegenheiten und -finanzen entscheiden könnten.

Die Atmosphäre bei der schwierigen Geburt der liberalen Partei geben Eduard Grégrs Tagebucheintragungen treffend wieder. Am 8. Januar 1864 war er abends zum Fürsten Rudolf von Thurn und Taxis eingeladen, der trotz seiner Herkunft zu den entschiedensten Vertretern der liberalen Richtung im tschechischen politischen Lager gehörte.

> „Ich ging also zu ihm und traf dort schon Tonner, Vinkler, Šulc und meinen Bruder an. Fürst Taxis erklärte uns, daß er aus der Polemik zwischen den Zeitungen *Hlas*, *Národní Listy* und *Národ* erkenne, daß das Durcheinander im nationalen Lager immer größer werde, daß die Parteien immer weiter auseinanderrückten und sich klarer formierten, der Mann auf der Straße aber ganz verwirrt sei und nicht wisse, was und wie es sich abspiele und wonach er sich richten solle. Daraus folge die Notwendigkeit eines entschiedenen und bestimmten Schrittes, damit unser Volk nicht länger in Zweifeln und Unsicherheit verharre. Die freisinnige Partei sei nun verpflichtet, gegen die offensichtlichen und immer deutlicher ausgesprochenen konservativen, russophilen und adelsfreundlichen Tendenzen der Partei des *Národ* sich gleichfalls zu konsolidieren, zu organisieren und öffentlich aufzutreten[4]."

Die anwesenden Politiker stimmten Taxis zu, hörten sich seinen Programmentwurf an und trafen sich zwei Tage darauf erneut, diesmal schon in größerer Zahl, in der Wohnung Julius Grégrs. Aus dem Tagebuch seines Bruders Eduard erfahren wir, daß sich am 10. Januar 1864 bei Julius Grégr 15 tschechische Abgeordnete einfanden, neben den späteren Jungtschechen kamen auch J.S. Skrejšovský und A.O. Zeithammer. Taxis wiederholte seinen Vorschlag, Eduard Grégr unterstützte ihn, doch Skrejšovský mahnte zur Zurückhaltung. Auch Karel Sladkovský mochte nichts überstürzen und wollte ein Programm, das die Mehrheit der Abgeordneten unterstützen könne. Nach diesen Äußerungen, die zeigten, daß es für den Gedanken einer liberalen Partei wenig Begeisterung gab, machte man sich dennoch an die Behandlung des vorbereiteten Dokuments:

> „Fürst Taxis verliest die Erklärung. Deren Hauptpunkte sind in etwa: Es ist nicht zu bestreiten, daß sich im tschechischen Lager zwei Parteien gebildet haben, eine konservative und eine liberale. Um das Verhältnis zwischen beiden Parteien zu klären und zu festigen, bedarf es eines bestimmten Programmes, das wir hiermit vorlegen. Wir sind für eine liberale Verfassung und eine Wahlordnung auf der Grundlage des allgemeinen Wahlrechts; wir stehen auf dem Boden des Diploms[5] und des historischen Rechts[6], das sich aber entsprechend den Anforderungen der Zeit ändern solle. Wir sympathisieren mit den Polen. Wir sympathisieren nicht mit den Slowaken, solange

4 GREGR, Eduard: Denník [Tagebuch]. Hrsg. v. Zdeněk TOBOLKA.Bd. 1. Praha 1908, 108.

5 Im Oktoberdiplom von 1860 hatte Kaiser Franz Joseph versprochen, seine Rechte nur noch zusammen mit den Landtagen und dem Reichsrat auszuüben, in den die Landtage Vertreter entsenden sollten.

6 Das historische bzw. das „böhmische Staatsrecht" beinhaltet die Unteilbarkeit der 1526 an die Habsburger gefallenen Länder der böhmischen Krone, nämlich Böhmens, Mährens und Schlesiens, und das Recht ihrer Vertreter, nach dem Aussterben der Dynastie einen neuen Herrscher wählen zu können.

> sie sich nicht der liberalen Politik anschließen. Wir kennen keine Stände außer beruflichen. Wir wollen mit den Völkern in Österreich auf föderativer Grundlage brüderlich zusammenleben[7]."

Taxis' Entwurf fand jedoch bei den Anwesenden nicht viel Unterstützung. Sladkovský meinte, daß die einzige Neuerung gegenüber dem bisherigen Programm des gesamten tschechischen Lagers die Forderung nach dem allgemeinen Wahlrecht sei, und das sei zu wenig für die Bildung einer neuen Partei. Vor einem verfrühten Auftreten warnten sowohl Julius Grégr als auch Skrejšovský; danach wurde Taxis' Vorschlag gegen fünf Stimmen abgelehnt; dennoch beschlossen die Anwesenden, sich regelmäßig sonntags zu treffen. Die Entschlossenheit zur Gründung einer eigenen Partei verflüchtigte sich schrittweise. Auch ein weiterer Artikel Palackýs gegen die Polonophilen half den Radikalen nicht, die Unschlüssigen zu einem entschiedenen Auftreten der Opposition zu bewegen[8].

Der Zorn der Freunde Riegers gegen J.S. Skrejšovský und Julius Grégr, die Herausgeber der beiden mehr oder weniger liberal ausgerichteten Zeitungen, legte sich auch deswegen, weil deren neues konservatives Blatt *Národ* sich nicht durchsetzen konnte. Es erzielte nur die kleine Auflage von 1500 Exemplaren gegenüber den damals 4000 der *Národní Listy* und ging im Mai 1866 ein. An seine Stelle trat die Tageszeitung *Národní Pokrok (Nationaler Fortschritt,* später in *Pokrok* umbenannt), die sich in Skrejšovskýs Hand befand und als tschechisches Blatt seine erfolgreiche deutsche Zeitung *Politik* ergänzte[9].

Warum verselbständigten sich die tschechischen Liberalen in den Jahren 1863- 1864 nicht? Eine Antwort geben Hinweise in Eduard Grégrs Tagebuch, der im Unterschied zu Julius die Initiative Taxis' unterstützt hatte. Gerade Julius Grégr fürchtete in den Beratungen den Vorwurf der „überflüssigen unzeitgemäßen Verletzung der bisherigen Eintracht, falls wir jetzt allein als neue Partei mit einem neuen Programm auftreten würden." Skrejšovský wiederum war sich bewußt, daß „unsere Leute in der Provinz immer noch eher auf František Rieger als auf ein Programm schauen[10]."

Die *jungtschechische* Richtung – diesen Namen gab ihr die deutsche Presse – schuf 1863 keine selbständige tschechische liberale Partei. Es ist nicht schwer, die Frage zu beantworten, warum dies nicht geschah. Die Interessen beider Flügel des nationalen Lagers lagen noch nicht so weit auseinander, und die Streitigkeiten über die Taktik waren nicht so gewichtig, um eine Trennung zu inspirieren. Nicht zuletzt gab es zu wenig Abonnenten für zwei tschechische politische Tageszeitungen; so blieb das Steuer der parlamentarischen Politik in den Händen der alten Führer, deren Gesinnung schrittweise immer konservativer wurde. Die *Národní Listy* jedoch wurden von ihrem Besitzer Julius Grégr geleitet; in deren Redaktion gab es nicht wenige überzeugte und entschieden demokratisch gesinnte tschechische Literaten, die kein Geheimnis aus ihren Sympathien für die westeuropäischen und italienischen Liberalen machten. Die Leser lasen in der Zeitung gern starke Worte, die sie

7 Grégr: Denník I, 109-110.
8 Urban, Otto: Česká společnost [Die Tschechische Gesellschaft] 1848-1918. Praha 1982, 181.
9 Roubík, František: Bibliografie časopisectva v Čechách z let 1863-1895 [Bibliographie des Zeitungswesens in Böhmen in den Jahren 1863-1895]. Praha 1936, 129-131.
10 Grégr: Denník I, 110-111.

abends beim Stammtisch wiederholen konnten. Sie interessierte nicht allzusehr, was wirklicher Liberalismus sei, vielmehr freuten sie sich, daß es jemanden gab, der keine Angst hatte und sich gegen die bösen Unterdrücker stellte. Die tschechische Politik traf nicht unmittelbar auf den Liberalismus Gladstones, sondern jener Wiener deutschen Partei, die sich zum Liberalismus bekannte. Diese Tatsache überschattete alles, denn der Grundsatz des nationalen Kampfes, des Kampfes, den die *Národní Listy* propagierten, dominierte die Politik der Jungtschechen vielleicht noch mehr als die Politik der Alttschechen. Kritiker verhehlten nicht, daß die jungtschechische Partei mehr die Partei dieser Zeitung war als die Zeitung das Organ der Partei.

Der Nationalismus der tschechischen Liberalen

Treffender als manches andere illustriert dies die Art, wie Eduard Grégr, einst begeisterter Verteidiger des polnischen Aufstandes vier Jahre danach auf die Nachricht von der Audienz slawischer (auch tschechischer) Gäste der Moskauer Ethnographischen Ausstellung beim Zaren am 26. Mai 1867 reagierte, während derer der Zar sie alle als leibliche Brüder in der slawischen Heimat begrüßte. Eduard notierte in sein Tagebuch:

> „Der extremste Demokrat und Republikaner fühlt die große Bedeutung der Worte des Zaren, und seine Augen funkeln dabei vor Freude. Es ist nicht jenes Gefühl einer lakaienhaften Servilität, das in uns die Freude über die liebenswürdige Begrüßung des Zaren weckt, sondern diese ist wie ein Schimmer einer besseren Zukunft in der Dunkelheit der schrecklichen Gegenwart. ... Ei! Das verlassene, verachtete, in fremden Diensten gepeinigte Waisenkind fand endlich seinen leiblichen Bruder, der im Sonnenlicht menschlichen Ruhmes und menschlicher Macht steht. Und dieser Bruder schämt sich nicht der unglücklichen Waise, er hebt sie hoch aus dem Staub der Knechtschaft, drückt sie an seine Brust und ruft vor der ganzen Welt: ‚Du mein lieber, leiblicher Bruder!' "[11]

Danach aber äußert sich Grégr in seinem Tagebucheintrag etwas skeptischer, denkt über die Unbeständigkeit und die Unzuverlässigkeit der russischen Unterstützung nach und endet mit den Worten: „Was mich jedoch am meisten freut, ist der Ärger und die Wut, den die Aktion des Zaren in Wien erregen wird[12]." Gerade in dieser Tagebuchnotiz finden wir die Werteskala eines der entschiedensten Liberalen unter den Tschechen. Auch in seinen Augen überwiegt das nationale Interesse alles andere. Waren jedoch die Politiker anderer Nationen anders?

Über die Haltung gebildeter Tschechen der damaligen Zeit zum Liberalismus gibt in Riegers *Slovník naučný* einige Auskunft: Ein Stichwort *Liberalismus* selbst finden wir hier nicht, sondern müssen uns mit dem Adjektiv zufriedengeben:

11 Ebenda 161-163.
12 Ebenda 163.

„*Liberal* (aus d. Lat.) gutmütig, freigiebig, vorurteilsfrei; dann besonders *freisinnig*, welche Bedeutung namentlich in der Zeit zwischen der Beendigung der Franzosenkriege und dem Jahr 1848 gebräuchlich wurde, in einer Zeit, als der *Liberalismus* in Opposition zum Konservatismus sowohl im Staat als auch in der Kirche und in der Wissenschaft stand und einen allmählichen Fortschritt durch die Einführung der nötigen Verbesserungen erreichen wollte. 1848 wird der Liberalismus jedoch durch die Umsturzbemühungen überholt; dadurch verschreckt schlossen sich viele liberale Männer selbst der konservativen Partei an; diejenigen jedoch, die dem Grundsatz des ‚gemäßigten Fortschritts' treu blieben, nennt man *Altliberale*[13]."

Die liberalen Männer, hier als Anhänger des „gemäßigten Fortschritts" charakterisiert, wurden, wie es scheint, in dieser Enzyklopädie aus der Sicht der tschechischen und überhaupt mitteleuropäischen Verhältnisse beurteilt, denn anderswo, zum Beispiel in England, dem klassischen Land des Liberalismus, bedeutete das Jahr 1848 wenig.

Die politische Selbständigkeit der *Freisinnigen Nationalpartei* brachten erst die Jahre 1873 und 1874, als nach der Rückkehr der tschechischen Abgeordneten Mährens in den Brünner Landtag eine beträchtliche Gruppe der tschechischen Abgeordneten Böhmens sich gegen die Politik der passiven Resistenz, d.h. gegen den staatsrechtlich begründeten Boykott des Landtags, aussprach und Rieger in Prag zu einem parallelen Vorgehen in Böhmen aufforderte. Anfangs stimmten 35 von 82 Abgeordneten für die Rückkehr in den Landtag. 28 dieser Abgeordneten legten dann ihre Mandate mit der Erklärung nieder, daß durch die Mehrheitsentscheidung eine „wirkliche Arbeit im Landtag zugunsten des Volkes" verhindert worden sei, was die Führung der *Nationalpartei* mit Recht als „demonstrativen Anfang einer neuen Partei der politischen Opportunität" interpretierte. Bei den Wahlen im Juli 1874 erhielten jedoch nur sieben von ihnen ein Mandat der Wähler und traten in den Landtag ein[14]. Wenngleich die Jungtschechen sich in ihrer Antrittserklärung auf das tschechische Staatsrecht beriefen, betonten sie doch zugleich die Bedeutung des parlamentarischen Systems, bekannten sich zu den liberalen Grundsätzen und hofften vermutlich auch auf eine Zusammenarbeit mit den deutschen Liberalen:

„Da wir zugleich Freunde der Freiheit und des neuzeitlichen Fortschritts und von der Überzeugung durchdrungen sind, daß allein auf diesem Wege die Völker eine bessere Zukunft erreichen können, wollen wir in dieser Richtung auch im Landtag des Königreichs Böhmen wirken. Auf dessen Boden hoffen wir mehr Mitarbeiter zu finden, die sich ebenso für die wahre bürgerliche Freiheit begeistern und nach den vielen bitteren Erfahrungen mit uns die Überzeugung teilen, daß nur durch die einträchtigen Bemühungen aller freisinnigen Elemente ohne Unterschied der Nationalität wirklicher Fortschritt erreicht und die dauerhafte Freiheit der Völker gesichert werden kann[15]."

Den sieben jungtschechischen Abgeordneten, von denen sich nur zwei Namen dem Gedächtnis einprägten, nämlich Alois Pravoslav Trojan und Eduard Grégr, stand eine disziplinierte Mehrheit von 71 alttschechischen Abgeordneten gegenüber, die die Taktik

13 Slovník naučný [Enzyklopädie]. Red. F. L. RIEGER. Bd. 4. Praha 1866, 1266.
14 URBAN: Česká společnost 298-299.
15 SRB: Politické dějiny 467-468.

der passiven Resistenz fortsetzte. Der Meinungsstreit zwischen beiden Parteien in den Zeitungen und auf Versammlungen war in den ersten zwei Jahren heftig, besonders bei den Nachwahlen zum Landtag im März 1875, als die Jungtschechen zwei neue Mandate im Bezirk Leitomischl (Litomyšl) gewannen und nun im Landtag mit neun Abgeordneten vertreten waren. Von 1876 an überwog jedoch die Tendenz zur Versöhnung; der Kampf der Mehrheit der alttschechischen Partei gegen J.S. Skrejšovský, die durch dessen offen Rußland-freundliche Einstellung während der Balkanwirren die Unterstützung des böhmischen Adels und der katholischen Kirche zu verlieren fürchtete, überschattete völlig ihre Streitigkeiten mit den Jungtschechen, die schließlich im November 1877 mit einem Ausgleich beendet wurden. Man vereinbarte, nach den Wahlen, wenn sich auch die Alttschechen zum Eintritt in den Landtag entschlössen, einen gemeinsamen staatsrechtlichen Klub zu bilden. Vertreter der beiden Parteien traten nicht gegeneinander an: in der Mehrheit der Wahlkreise kandidierten 1878 Alttschechen, in 14 Kreisen Jungtschechen und gemeinsam nahmen beide Parteien im folgenden Jahr auch ihre Plätze im Reichsrat ein. Kein Wunder, daß die Jungtschechen in dieser Zeit der Zusammenarbeit ihren Liberalismus nicht allzusehr betonten.

Risse in dieser Zusammenarbeit zeigten sich erst nach 1883, und zwar bei den Reichsratswahlen im Jahre 1885, als die Jungtschechen außer in den ihnen zugeteilten Kreisen in drei weiteren Kreisen Kandidaten aufstellten, in einem der zugeteilten Kreise jedoch scheiterten[16]. Im Vordergrund der jungtschechischen Kritik an Riegers Führung stand die Frage der unzureichenden Ergebnisse der alttschechischen Unterstützung für die Regierung Taaffe auf dem Gebiet der nationalen Interessen; Fragen des Liberalismus und der Demokratie wurden nicht betont. Erst der 4. Kongreß der jungtschechischen Partei im April 1887, der schon im Zeichen der kommenden Trennung stand, verabschiedete ein Programm, dessen redseliger Text zwar die alttschechische Führung nicht direkt angriff, aber eine Reihe von Vorwürfen an die Adresse der Regierung und der konservativen Großgrundbesitzer, der Verbündeten der Alttschechen, enthielt. Schon in der Einleitung erklärten die Jungtschechen: „Der Kampf um die bürgerlichen Grundrechte, um eine wirkliche politische Freiheit fängt erst an.“ In einem Absatz des fünfseitigen Textes, der vor allem nationale Töne anschlug, sprach man über die Erweiterung der bürgerlichen Freiheiten und erklärte ausdrücklich: „Allein vom allgemeinen, gleichen Wahlrecht aller unbescholtenen Bürger erwarten wir die Genesung unseres Verfassungslebens[17].“ Kurz darauf kam es zur vollständigen Trennung von den Alttschechen. Die Jungtschechen nutzten die sich verstärkende Kritik an der Regierungspolitik, und nach Erfolgen bei Nachwahlen bescherte ihnen die Unzufriedenheit der Landbevölkerung mit der Wirtschaftspolitik des konservativen Kabinetts Taaffe im Jahre 1889 den Sieg in der Kurie der Landgemeinden des böhmischen Landtags.

16 Urban: Česká společnost 367-372. – Srb: Politické dějiny 655-659.
17 Srb: Politické dějiny 689-694. – Urban: Česká společnost 385-386.

Josef Kaizl als Repräsentant des tschechischen Liberalismus

Am 13. Oktober 1887, zu einem Zeitpunkt, als die Verordnung des österreichischen Unterrichtsministers Gautsch über eine maßvolle Begrenzung der Unterstützung für tschechische Gymnasien das am höchsten geschätzte Ergebnis von Riegers aktivistischer Politik zu schwächen drohte, nämlich die Entwicklung des tschechischen Schulwesens, legte der junge, damals vierunddreißigjährige Professor an der juristischen Fakultät Josef Kaizl sein Mandat im Reichsrat nieder. Zwei Städte, die er im Reichsrat vertrat, nämlich Tschaslau (Čáslav) und Kuttenberg (Kutná Hora), waren durch die Abschaffung der staatlichen Unterstützung für die dortigen Gymnasien betroffen. In den Auseinandersetzungen, die im Mai 1887 um Riegers Ausspruch über die „Brosamen" entbrannt waren, die die Tschechen in Wien auch unter dem Tisch aufsammeln müßten, war Kaizl seinem alten Führer treu geblieben, doch nach Gautschs Verordnungen gab er sein Mandat auf. Der fähige Volkswirtschaftler wollte jedoch nicht von der politischen Bühne abtreten. Im Gegenteil, er gedachte seine Position durch seine Wiederwahl in Chrudim, Tschaslau und Kuttenberg zu stärken. Die Unterstützung der Wähler gewann er allerdings nicht, weil er diesmal nicht mehr von den alttschechischen Führern aus Prag empfohlen worden war. Auch ein neuer alttschechischer Kandidat scheiterte, und die Radikalisierung der Wählerschaft trug den jungtschechischen Kandidaten, den Prager Rechtsanwalt Josef Herold, in den Reichsrat.

Josef Kaizl wollte seine Vorstellung von einer modernen tschechischen Politik keinesfalls aufgeben. Der junge Professor, der im Alter von 29 Jahren die fast vierhundertseitige Schrift *Volkswirtschaft* vorgelegt hatte, wußte von den tschechischen Politikern dieser Zeit wohl am besten in den Theorien des modernen Liberalismus, besonders in seinen Wirtschaftstheorien, Bescheid. Dabei zog er Nutzen aus seiner guten Kenntnis des Italienischen und aus seiner persönlichen Freundschaft mit dem italienischen Professor Maffeo Panteleoni. Unter den 30 Büchern, die er in den Jahren 1879-1885 in der Fach- und politischen Presse rezensierte, befanden sich 11 italienische. Dies war weder der erste noch der letzte Einfluß des italienischen Liberalismus auf das tschechische Denken – vorher waren es die Ideen von Mazzini, in der Zwischenkriegszeit fand die Übersetzung der Bücher von Ruggiero und Croce ein beträchtliches Echo. An Kaizl wandte sich in der kritischen Zeit Eduard Albert, ein Tscheche, der nicht nur Professor der Chirugie in Wien, sondern auch der Hausarzt des Premiers Taaffe war, ein Mann, durch dessen Hände tschechische Bitten um Interventionen von wirtschaftlichen Alltagsfragen bis hin zur Errichtung einer Professur an der tschechischen Fakultät für Jaroslav Vrchlický gingen[18]. Im Juni 1888 schrieb Albert an Kaizl:

> „Es wäre zu wünschen, daß sich bei uns eine Partei der *Neuen* [Unterstreichung E.A.s], aber nicht der *Jungen* organisierte; ich denke an eine Partei der Reformer, die jedoch den Alten sehr

18 JEDLICKA, Jaroslav: Eduard Albert – Jaroslav Goll – 50 listů korespondence [50 Briefe der Korrespondenz]. Acta Universitatis Carolinae – Historia Universitatis Carolinae Pragensis 13 (1973) 215-267.

nahestände, aber deren Fehler zu beseitigen und verbessern suchte, vor allem jenen Optimismus ausgliche, der unseren alten Herren so sehr schadet[19]."

Kaizl antwortete Albert erst nach vier Monaten, brachte seinen entschiedenen und sogar erbitterten Widerstand gegen eine Person in der alttschechischen Partei zum Ausdruck, die jede Reform behindere, besonders jedoch die Heranziehung der Intellektuellen um die Zeitschriften *Athenaeum* und *Čas (Zeit)*, und die auch seinen Versuch zunichte gemacht habe, die Polemik zwischen diesen und der alttschechischen Presse um die Handschriften[20] zu beenden. Er machte Albert auf die Kompliziertheit der politischen Probleme aufmerksam, denen die tschechische Politik ins Gesicht sehen müsse, dem „Liberalismus und der Rückschrittlichkeit sowie dem Konservatismus, Sozialismus, der staatlichen ökonomischen Omnipotenz und dem ökonomischen Liberalismus". Er beklagte, daß das politische Denken „bei uns nur allmählich ... Wurzeln schlägt" und führte als Beispiel einer älteren politischen Kultur den Führer der deutschen Liberalen Ernst von Plener an. Ohne konkret Alberts Anregungen zu beantworten, forderte er ihn zur Unterstützung in einer Angelegenheit auf, die er für schwerwiegend hielt und informierte ihn darüber, daß er die Redaktion des *Athenaeum* nach Masaryk übernommen habe, „der nach fünfjähriger Arbeit Erholung wünschte und dachte, daß es für das *Athenaeum* besser sei, wenn er, verleumdet und angeschwärzt, wie er sei, in den Hintergrund trete". Stolz erklärte er Albert: „Um das *Athenaeum* gruppiert sich eine lange Reihe modern gebildeter, arbeitsamer, unerschrockener und energischer Menschen. Das bewies der Kampf und der Untergang der Handschriften[21]." Offensichtlich suchte Kaizl bei Albert Unterstützung für einen selbständigen politischen Standpunkt der Gruppe, die sich um das *Athenaeum* scharte, dessen Redakteur er geworden war. In diesem Brief betrachtet er an drei Stellen den Liberalismus als politischen Appell. Er unterscheidet zunächst einen politischen und wirtschaftlichen Liberalismus und sieht dann in der konsequenten und gebildeten Gestalt Pleners ein Vorbild für die künftigen tschechischen Politiker, die er unter den „modern gebildeten, arbeitsamen, unerschrockenen und energischen" Menschen sucht. Hier zeichnet sich schon ganz klar der kommende Eintritt der Gruppe um das *Athenaeum* bzw. der *Realisten*[22] in die Politik ab. Bei Kaizl sollte dieser Schritt, wie es scheint, schließlich im Zeichen des Liberalismus erfolgen.

19 KAIZL, Josef: Z mého zivota [Aus meinem Leben]. Hrsg. von Zdeněk V. TOBOLKA. Praha 1911. Bd. 2, 470. – URBAN, Otto: Realista Josef Kaizl. In: Přítomnost 3 (1991), H. 8, 20-21.

20 Der spätere Bibliothekar am böhmischen Landesmuseum Václav Hanka hat 1817/18 zwei Handschriften „gefunden", in Wirklichkeit aber gefälscht oder sich an deren Fälschung beteiligt, die von einer ruhmreichen tschechischen Vergangenheit kündeten.

21 KAIZL: Z mého zivota II, 470-472. – Der Herausgeber Tobolka sieht das Hindernis für die Zusammenarbeit Kaizls und seiner Freunde mit den Alttschechen in Professor Kvíčala, dem Führer der Antimasaryk-Partei im Streit um die Handschriften.

22 Als *Realisten* bezeichneten sich T. G. Masaryk, Josef Kaizl und Karel Kramář bei ihrem damaligen gemeinsamen Eintritt in die tschechische Politik.

Die Kritik am deutschen Liberalismus

Vorläufig bleibt aber das Wort *Liberalismus* beinahe nur dem deutschen politischen Leben vorbehalten, sowohl in Wien als auch im Deutschen Reich. In der umfangreichen Korrespondenz zwischen den Realisten, die mit ihrer Zeitschrift *Čas* in den politischen Kampf eintraten, finden wir kaum einen Hinweis auf den Liberalismus[23]. Eine seltene Ausnahme ist Karel Kramářs Betrachtung in seinem Brief an Josef Kaizl vom 15. Dezember 1888 über die außenpolitische Orientierung des *Čas*:

> „2. Deutschland. Eine sehr schwierige Angelegenheit – dem Volk würde es gefallen, gegen Bismarck aufzutreten – wie kann man jedoch mit dem jüdisch-kapitalistischem ‚Freisinn' sympathisieren? Das heißt allerdings nicht, alles als gottgleich zu akzeptieren, was Bismarck tut – durch die Brille z. B. der *Neuen Freien Presse* zu sehen, wäre wohl ein Fehler[24]."

Die Gleichsetzung des Liberalismus mit dem deutschen Liberalismus war unter den tschechischen Gebildeten jener Zeit üblich. Dem entspricht auch das Stichwort *Liberalismus* im Band 15 des *Ottův slovník naučný*, erschienen im Jahre 1900:

> „*Liberalismus* heißt in der parlamentarischen Sprache eine politische Strömung, die auf die Durchsetzung freisinniger Grundsätze im gesamten öffentlichen Leben zielt. In Österreich identifiziert er sich mit den zentralisierenden und germanisierenden Bestrebungen in politischer und nationaler Hinsicht sowie mit der kapitalistischen Ausbeutung in wirtschaftlichem Sinne. Der deutsche Liberalismus wurde durch die grausame Verfolgung der nichtdeutschen Völker traurig berühmt. Ohne diesen Völkern Gleichberechtigung zuzuerkennen, benachteiligte er sie auf allen Gebieten des öffentlichen Lebens. Der Vater des deutsch-österreichischen Liberalismus ist Ritter Schmerling, der mit der Verfassung vom 26. Februar 1861 versuchte, den Deutschen für immer die Vorherrschaft im Reich und in den einzelnen Ländern zu sichern, wobei er zu diesem Ziel für den Reichsrat und die Landtage Wahlordnungen festlegte, die den wirklichen Verhältnissen nicht entsprachen. [...] – Im tschechischen Volk begann sich bald nach der Einführung des Verfassungsgesetzes eine liberale Partei zu bilden, die allerdings mit der deutschliberalen Partei keine gemeinsamen politischen und wirtschaftlichen Grundsätze verbanden. Diese Partei, freisinnige oder jungtschechische Partei genannt, strebte nach einem energischeren Auftreten zum Schutz der politischen und nationalen Interessen des tschechischen Volkes und nach der Umsetzung freisinniger Prinzipien. Nach jahrelangen harten Kämpfen mit der alttschechischen Partei errang sie bei den Landtagswahlen von 1889 einen glanzvollen Sieg und verdrängte bei den Reichsratswahlen von 1891 die alttschechische Partei völlig. Seit dieser Zeit vertritt sie selbst das tschechische Volk im Landtag und im Reichsrat[25]."

Jeden, der den ruhigen, sachlichen Ton der Einträge im *Ottův slovník* gewohnt ist, überraschen der simplifizierende, agitatorisch zugespitzte Inhalt und die journalistische Sprache dieses Beitrags. Sein Autor, Redakteur Adolf Srb, sprach in seinen Büchern über die politische Geschichte des tschechischen Volkes sachlicher und ruhiger. Wir erkennen

23 Kaizl: Z mého zivota II 418-634. – Opat, Jaroslav: Filozof a politik T. G. Masaryk. Praha 1990, 247-333.
24 Kaizl: Z mého zivota II, 485.
25 –rb [= Srb, Adolf]: Liberalismus. In: Ottův slovník naučný. Bd. 15. Praha 1900, 1016-1017.

vielleicht gerade an dem Ton dieses Beitrags, wie geächtet das Wort *Liberalismus* in der tschechischen Öffentlichkeit im 19. Jahrhundert war. Umgekehrt stimmt dies damit überein, was die Liberalen oder genauer die deutschen Liberalen über die Tschechen dachten. „Die Tschechen erschienen im 19. Jahrhundert nicht nur den Klassikern des Marxismus, sondern auch den Liberalen als tief ‚reaktionär', ja ‚konterrevolutionär'[26], wie ein selbstkritisches Buch mit Überlegungen zur tschechischen Vergangenheit feststellt, das in der bedrückenden Atmosphäre der achtziger Jahre des 20. Jahrhundert entstand.

T.G. Masaryk empfand keinerlei Begeisterung für den Liberalismus als politischer Theorie. In seinem Werk „Die tschechische Frage" finden wir den Begriff *liberal* selten und *freisinnig* dort, wo es um die offizielle Bezeichnung der jungtschechischen Partei geht. Im übrigen nennt er das Gegenteil des *Konservatismus* in der Regel *Volkstümlichkeit*, seltener *Demokratie*[27]. Den Begriff *freisinnig* verwendet Masaryk gerne dort, wo er sich kritisch über die nationalistische Russophilie des alten Sladkovský äußert, die sich in dessen Übertritt zur Orthodoxie ausdrückte, oder darüber, daß in Julius Grégrs Partei der kyrillmethodische Gedanke propagiert werde[28].

Kaizl's Verteidigung des Liberalismus

In seiner Antwort auf Masaryks Schriften „Die tschechische Frage" und „Unsere gegenwärtige Krise", die er 1895 unter dem Titel „Tschechische Gedanken" herausgab, meidet Josef Kaizl, dessen Weg sich 1893 gänzlich von dem Masaryks getrennt hatte, den Begriff *Liberalismus* nicht und sieht in ihm nicht nur das, was zu Recht oder Unrecht mit der Wiener Presse, vertreten durch die Zeitung *Neue Freie Presse* und den Kreis ihrer Mitstreiter und Anhänger, in Beziehung gebracht wurde. Im Gegenteil: Kaizl verteidigt die Idee des Liberalismus mit Wärme gegen Masaryk, der in der humanistischen Idee der Kirche der Böhmischen Brüder den tragenden Gedanken der nationalen Wiedergeburt der Tschechen gegen Ende des 18. und in der ersten Hälfte des 19. Jahrhunderts sah:

> „Über den Liberalismus und über die liberalistische Humanität wird sowohl in *Naše doba [Unserer Zeit]* als auch in der *Tschechischen Frage* etwas gründlicher gesprochen. Aber stets mit beträchtlicher Gehässigkeit, ohne gerechte, die schlechte wie die gute Seite wahrnehmende Unvoreingenommenheit, die jene großartige und nicht wegzudenkende Entwicklung des menschlichen Denkens verdient und die ihm gegenüber auch recht entschiedene Gegner zeigen. ‚Der Liberalismus unterstützte das Werk der gewaltsamen Gegenreformation', die in ‚Halbheit und Charakterlosigkeit' bestand, dadurch hervorgerufen, daß das Volk ‚sich dem Druck der Gegenreformation ziemlich unaufrichtig unterwarf'; so versuchte der Liberalismus angeblich die Bemühungen der Volksaufklärer zu vereiteln, die ‚das Volk mit den Idealen der Reformation erweckten,

26 PODIVEN [= OTÁHAL, Milan, Petr PITHART und Petr PŘÍHODA): Češi v dějinách nové doby [Die Tschechen in der Geschichte der Neuzeit]. Praha 1991, 50.

27 MASARYK, Tomáš G.: Česká otázka [Die tschechische Frage]. Praha 1895, 113-115.

28 Ebenda 182. – Die Tradition der im 9. Jahrhundert aus Byzanz nach Mähren gekommenen „Slawenapostel" Konstantin (Kyrill) und Method, sollte die Verbundenheit der Tschechen und Slowaken des 19. Jahrhunderts mit den Süd- und Ostslawen hervorheben.

die trotz aller Anstrengungen nicht völlig vergessen waren'. Wie mir scheint, verbreiteten sich in Wirklichkeit liberalistische Ideen im Volk, die ,jenen Ideen (der Reformation) vielfach entgegengesetzt waren', sehr wenig jedoch die Ideale der Reformation. Ich habe für diese Tatsache eine einzige einfache und triftige Erklärung: Die Volksaufklärer erweckten das Volk – soweit es um die Humanität geht – nicht durch die Ideen der Reformation, sondern durch die liberalistischen Ideen, deren Quelle in der Philosophie der Aufklärung des XVIII. Jahrhunderts lag[29]."

Seine Konzeption, daß die Erwecker des tschechischen Volkes mehr von den Idealen des Liberalismus als der Reformation beeinflußt waren, illustriert Kaizl vor allem an der Gestalt Jungmanns, wenngleich er auch Kollár anders einschätzt als Masaryk. Dabei bleibt Kaizl nicht blind gegenüber den Schattenseiten des Jungtschechentums:

„Im kulturellen Bereich (Neruda, Hálek) übertreffen die fortschrittlichen Erfolge bei weitem das, was im politischen und sozialen Bereich erreicht wurde, durch den Widerstand gegen das Übergewicht des Adels, das Bekenntnis zum liberalen Credo, durch den Hang, in breitere Schichten des Volkes zu dringen. Die ganze Entwicklung wird durch die einseitige Ausrichtung der Außenpolitik verdeckt und kräftig durch die Übermacht der alten Autorität gedämpft[30]."

Am Schluß seines Buches bemühte sich Kaizl in der Polemik mit Masaryk um einen Blick auf die Gegenwart:

„Herr Masaryk formuliert ,gegen den älteren Liberalismus' seine richtigere moderne Definition in dem Ausspruch, daß ,wir die Politik und den Staat sozialisieren müssen' und daß wir dadurch ,bewußt der liberalistischen Auffassung entgegentreten: der Auffassung von der Allmacht des Staates, die der Liberalismus vom Absolutismus und der Reaktion usw. übernommen hat'. Ich habe belegt, daß jene Sozialisierung des Staates unvermeidlich zu einer beträchtlichen Erweiterung staatlicher Tätigkeit führt, ganz zu schweigen von den Folgen einer Sozialisierung im echten Sinne von Marx. Wenn der Liberalismus staatliche Allmacht anstreben würde, dann stände jene Sozialisierung nicht im Widerspruch zu ihm, sondern bedeutete einfach ein Weiterschreiten in der eingeschlagenen Richtung, allerdings in einem breiteren Volksmaßstab und nicht fremd gegenüber dem Ursprung der liberalen politischen Idee. Der Liberalismus zielte jedoch nicht auf einen allmächtigen Staat und war frei von jenem ,Glauben an die Polizei', die Herr Masaryk schon in der *Tschechischen Frage* (S. 169) ,dem extremen Liberalismus' zuschreibt[31]."

Kaizl denkt auch über die Perspektiven des Liberalismus nach, der damals, wie er meint, seine Mission noch nicht erfüllt hatte:

„Diese Gelegenheit eignet sich, ein Wort über den politischen Liberalismus zu sagen, der nach der heute ziemlich verbreiteten Einschätzung, vielleicht entsprechend einer vorübergehenden Mode, genauso herabgesetzt und den Hunden vorgeworfen wird, wie er selbst seinerzeit mit mutwilliger Übertreibung seines gerechtfertigten Angriffes seine Gegner herabgesetzt hat. Ich habe die Angelegenheit ausführlicher in einer Rede im Abgeordnetenhaus behandelt, die ich deshalb zum Schluß anfüge. Ich bin überzeugt, daß auch der Liberalismus eine gerechtere Beurteilung erfahren wird und daß das gute Werk geschätzt werden wird, das er als unvermeid-

29 Kaizl, Josef: České myšlenky [Tschechische Gedanken]. Praha 1895, 17.
30 Kaizl: České myšlenky 71.
31 Ebenda 137-138.

liche Übergangsformation in der historischen Entwicklung geleistet hat. Die politische, soziale und wirtschaftliche Emanzipation des dritten Standes ist ebenso wie die politische Gleichberechtigung des ganzen Volkes zum größten Teil sein Werk; auch wenn wegen der Unvollkommenheit der Gliederung der menschlichen Gesellschaft in Stände und Klassen es nicht auf einmal geht, sondern nur schrittweise: es war der Liberalismus, der die unzerstörbaren Grundlagen weiteren Fortschritts legte. Das vergißt der Sozialismus[32]."

In der Polemik mit Masaryk betrachtet Kaizl nicht nur Havlíček, sondern auch den Palacký des Jahres 1848 als Liberale im politischen Sinn. Dennoch ist auch er nicht davon frei, den Liberalismus durch das Prisma des Wiener Liberalismus zu betrachten wie in seiner Parlamentsrede vom 28. Oktober 1895, in der er sich eher als sein Verteidiger denn als sein energischer Propagandist erweist, doch tritt er stets als überzeugter Vertreter der Idee auf, die im 19. Jahrhundert so stark gewirkt hat:

„Es ist die Wahrheit: Über den Liberalismus und vielleicht auch über die Demokratie unter heutigen Verhältnissen zu reden, scheint vielfach der Sache nicht angemessen. Ich möchte nicht über den Liberalismus im Sinne konkreter politischer Parteien sprechen, vielmehr denke ich an die freisinnige, fortschrittliche und, wenn ich so sagen darf, rein menschliche politische Gesinnung, jene treibende kulturelle Macht, die in ihrem Kampf mit dem Grundsatz der Autorität die politische Gestalt des Daseins der menschlichen Gesellschaft bestimmt.

Der Liberalismus in diesem Sinne als fortschrittliche, freisinnige und treibende kulturelle Kraft befindet sich leider besonders bei uns in einem tiefem Niedergang, in einem Niedergang – erlauben Sie mir, dies ohne Vorwurf und Bitterkeit festzustellen –, der besonders bei der deutschen Bevölkerung in Österreich zu beobachten ist.

Es versteht sich von selbst, daß ich hier die Ursachen dieses Verfalls der liberalen Gedanken nicht ausführlich erläutern werde, sondern nur kurz und flüchtig sage, daß die Anregungen zur festen und entschiedenen Verteidigung dieser Freiheitsideen, soweit sie von außen kommen, beträchtlich schwächer geworden sind, weil die Träger der liberalen Ideen in anderen fortschrittlichen Ländern der europäischen Zivilisation ihre Aufgabe einfach schon gelöst haben, und daß die betreffenden Parteien in Frankreich, England und anderswo einfach ihre Arbeit beendet haben, da ihre wichtigsten Forderungen schon erfüllt sind.

Das darf jedoch kein Grund sein, daß der Gedanke der Freiheit auch in Österreich untergeht, wo dieser im Gegenteil noch eine sehr dankbare, aber auch sehr schwere Aufgabe lösen soll, denn wir liegen sehr weit hinter der Entwicklung in anderen europäischen Ländern zurück[33]."

Kaizl untersucht die Beziehung des Liberalismus zum Sozialismus, dessen Anhänger nicht genügend erkennten, daß die Liberalen mit ihnen eine gemeinsame Aufgabe im Kampf für die politische Freiheit des Volkes und der Bürgerschaft hätten und „einfach als Reaktionäre und Vorgestrige alle zurückstoßen, die nicht auf ihr Programm schwören". Er führt aus, daß sich auch die Einstellung der Kirche zum Liberalismus ändere: „Gerade die katholische Kirche regte in der letzten Zeit Kundgebungen an, die es den Gläubigen möglich machten, für Fortschritt, Freiheit und Menschenrechte zu stimmen und zu handeln."

Kaizl tritt im Jahre 1895 als ein ausgesprochener Anhänger liberaler Gedanken auf, der das Wort *liberal* schon nicht mehr fürchtet, der dessen Bedeutung zu Ende denkt, – und

32 Ebenda 139.
33 Kaizl: Z mého života III, 444-446.

trotzdem, oder gerade deshalb Verständnis unter seinen Wählern in den entwickelten tschechischen Städten findet. Er versteckt sich nicht mehr, wie es beim ersten Antritt der Realisten geschah, hinter dem Begriff *Volks- (lidový)*. Dieser Begriff wurde in der tschechischen Geschichte ähnlich wie der Begriff *national (národní)* von verschiedenen Richtungen gebraucht – von den Realisten bei ihren ersten Schritten in die Politik ebenso wie von Masaryk, als er im Jahre 1900 seine selbständige Partei gründete, auch von den mährischen Liberalen um Adolf Stránský – von hier leitet sich bis heute der Name *Lidové Noviny (Volkszeitung)* ab – und schließlich von der katholischen Volkspartei in Mähren zu Beginn des 20. Jahrhunderts. Kaizls volles Bekenntnis zum Liberalismus fällt in eine Zeit, als seine politische Karriere sich dem Höhepunkt nähert, dem Posten des Finanzministers in der Regierung Thun, aber auch seinem vorzeitigen Tod im Jahre 1901.

Der Liberalismus in der entwickelten tschechischen Industriegesellschaft

Karel Kramář, der unter den Realisten den Jungtschechen am nächsten stand, war ebenfalls ein Vertreter des Liberalismus, suchte jedoch auch die Hilfe der Institutionen der Macht dort, wo es um den Gewinn neuer Möglichkeiten für die stärker werdende tschechische Nationalgesellschaft ging. Noch deutlicher als er bekannten sich die mährischen Jungtschechen zum Liberalismus, besonders Stránskýs Brünner Gruppe, wie sich im Jahre 1907, dem Jahre großer Veränderungen, erwies. In den *Lidové Noviny* erschien am 30. Januar 1907 ein Artikel mit dem Titel „Liberalismus“[34]. Der Verfasser begann mit einer kritischen Bestandsaufnahme des Zustands, in dem sich der Liberalismus damals befand, wie er Positionen geräumt habe, die von einer Seite der Sozialismus und von der anderen der Konservatismus eingenommen hätten. Dann schlug er einen optimistischeren Ton an, als er davon sprach, daß in Europa „die politische Reorganisation der Bourgeoisie die Wiedergeburt des Liberalismus bedeutet“. Er glaubte, daß der Liberalismus zum tragenden Programm der tschechischen nicht-sozialistischen Gesellschaft werden könne, wenn er aufhöre, die Sozialpolitik zu vernachlässigen. Im Mittelpunkt seines Interesses müsse jedoch „die Freiheit des Individuums und die größtmögliche Einschränkung des Einflusses des Staates auf das Leben des Bürgers, solange er nicht die Freiheit und berechtigte Interessen anderer bedroht“, stehen. Auf einem Punkt beharrten jedoch auch die *Lidové Noviny*: „Der tschechische Liberalismus wird allerdings national sein. Nicht chauvinistisch und engherzig patriotisch, sondern national im kulturellen und tschechischen Sinn des Wortes. Er wird nicht nur ein Abbild fremden Liberalismus sein. Die tschechische Geschichte und die modernen Bestrebungen um die kulturelle, wirtschaftliche und politische tschechische Eigenständigkeit setzen dem tschechischen Liberalismus klare und bestimmte Ziele.“

34 Malíř, Jiří: Vývoj liberálního proudu české politiky na Moravě [Die Entwicklung der liberalen Strömung der tschechischen Politik in Mähren]. Brno 1985, 210-211.

Der kurze Zeitraum zwischen den Jahren 1907 und 1914, als sich in den Wahlen zum Reichsrat der Grundsatz des allgemeinen Wahlrechts durchsetzte, stand im Zeichen eines wiederbelebten Interesses für den Liberalismus als politisches Prinzip der Bourgeoisie und der städtischen Mittelschichten angesichts der Kraft der Interessenparteien der Arbeiter und Bauern. So erscheint in der *Česká Revue* im Jahre 1914 Tobolkas zweiteiliger Artikel „Was ist der Liberalismus“[35]. Tobolka, damals ein sehr aktiver jungtschechischer Politiker, geht in der einleitenden Bemerkung seines Artikels, den er als erweiterten Handbuchbeitrag versteht, auf die Diskussion zwischen Masaryk und Kaizl ein, wobei er sich eindeutig auf Kaizls Seite stellt und über Masaryk bemerkt, daß dieser den Liberalismus „ausdrücklich als eine Störung des gesunden tschechischen Lebens angriff, obwohl er selbst von liberalen Ansichten ausgegangen war und sich die Ansichten des frühen Liberalismus zu eigen gemacht hatte“. Recht großzügig findet er den Einfluß des Liberalismus im tschechischen Leben des 19. Jahrhunderts überall zwischen Konservatismus und Sozialismus und schließt mit einem optimistischen Blick in die Zukunft des Liberalismus im politischen Leben. In jenem Jahr 1914 erscheint in tschechischer Sprache auch das Standardwerk jener Zeit, „Liberalism“ von L.T. Hobhouse[36]. Für den Verlag Laichter übersetzten Antonín Žáček und Jan Masaryk das Buch.

Doch das Interesse für den Liberalismus fiel in eine Zeit, in der das politische Leben im Schatten des Krieges verkümmerte. Als es nach vier Jahren wieder erwachte, stand der Liberalismus weder in der Theorie noch in der Praxis im Zentrum der Aufmerksamkeit. Eher neigte die sozialistische Kritik am Liberalismus zum alten nationalen Mißtrauen gegenüber dem Wiener Liberalismus. Keine politische Partei wählte den Liberalismus zu ihrem Aushängeschild.

So könnte es scheinen, als ob der Liberalismus als politische Richtung am tschechischen nationalen Leben vorbeiging, und nur vereinzelt zum Programm seiner Politiker wurde; und dies, ähnlich wie im deutschen oder ungarischen liberalen Lager im Habsburgerreich, als ein jüngerer, untergeordneter Partner des Nationalismus. Das war jedoch nur eine Seite der Angelegenheit. Unter den tschechischen Politikern gab es nicht wenige überzeugte Liberale, die die Grundprinzipien der freien bürgerlichen Gesellschaft über alle anderen Werte stellten. Die ganze liberale Atmosphäre der zweiten Hälfte des 19. Jahrhunderts ging an den tschechischen Politikern und überhaupt an allen Gebildeten nicht ohne Wirkung vorbei, sie machten sich den Glauben an die Freiheit zu eigen, denn die gesamte nationalemanzipatorische Bewegung berief sich auf sie, umso mehr jedoch jene, deren Träger Plebejer waren. Das äußerte sich dort, wo die tschechische bürgerliche Vertretung für die Entwicklung der Gemeindeselbstverwaltung sorgte, wo sie sich um die Abschwächung der Macht des immer noch ungeheuren Gewichtes der staatlichen Bürokratie bei der Erledigung der öffentlichen Angelegenheiten bemühte. In bezug auf die Durchsetzung des Einflusses der Selbstverwaltung, der Stärkung der Stellung der Vereine, Verbände und Genossenschaften, die nicht der Kontrolle der Staatsbürokratie unterlagen, fiel der Kampf

35 Tobolka, Zdeněk: Co je liberalism. In: Česká revue 1914/15, 14-26, 80-89.
36 Hobhouse, L.T.: Liberalism. Prague 1914. 197 S.

um liberale Veränderungen mit dem Kampf um nationale Rechte der Tschechen zusammen. Die Wiener liberale Presse identifizierte seit den sechziger bis in die achtziger Jahre die Interessen der Industrie und Banken mit dem Liberalismus in der Wirtschaftspolitik und sah in den Tschechen, bei denen die Interessen der landwirtschaftlichen Erzeuger im Vordergrund standen, ausnahmslos Verbündete des aristokratischen Großgrundbesitzes und deshalb Antiliberale, Konservative. Seit den neunziger Jahren änderte sich vieles in der mitteleuropäischen Gesellschaft; sie verwandelte sich ziemlich schnell in eine Industrie-Agrargesellschaft. Die Theorie und Praxis des wirtschaftlichen und in vielem auch des politischen Liberalismus – nehmen wir nur seine ablehnende Einstellung zur Kirche – fand zu dieser Zeit viele Bewunderer unter den tschechischen Politikern, Journalisten und Literaten. In der Einstellung zu den Bürgerrechten gab es keinen Unterschied zwischen tschechischen und deutschen liberalen Politikern. Die Differenzen zwischen ihnen lagen auf wirtschaftlichem Gebiet, aber auch dort war der Unterschied in den letzten Vorkriegsjahren nicht mehr sehr groß. Die tschechischen Nationalisten waren liberal und die deutschen Liberalen nationalistisch ...

Dušan Kováč

Liberalismus, Demokratie und die slowakische Nationalbewegung am Anfang des 20. Jahrhunderts

Der Charakter des ungarischen Liberalismus

Die Ankunft des 20. Jahrhunderts begrüßten die wichtigsten slowakischen Führer im Gefängnis. Denn Ende des 19. Jahrhunderts hatten die ungarischen Behörden einen Monsterprozeß gegen 23 slowakische Patrioten inszeniert. Diese waren vor Gericht gestellt und verurteilt worden, weil sie sich am festlichen Empfang Ambro Pietors, eines weiteren Patrioten, beteiligt hatten, der vom Gericht in das mittelslowakische Städtchen Martin zurückgekehrt war. Ambro Pietor wurde wegen zweier Zeitungsartikel angeklagt, in denen er sich erlaubt hatte, das terroristische Regime Dezső Bánffys anzugreifen. Für diese beiden Artikel erhielt er acht Monate Gefängnis. Damals war in Ungarn die liberale Partei an der Macht. Die Liberalen regierten in Ungarn von 1875 mit einer kurzen Unterbrechung in den Jahren 1905-1910 bis zum Ende des Ersten Weltkrieges. Ihr ursprünglicher Name *Szabadelvü párt* betonte mehr noch als der internationale Begriff *liberal* die *Freiheit (szabad)*. Seit 1910 trug die reformierte Partei István Tiszas den Namen *Partei der nationalen Arbeit (Nemzeti Munkapárt)*[1], mit dem die Partei offen mit sozialer Demagogie kokettierte und zweifelsfrei anerkannte, daß das ursprüngliche liberale Programm nicht aktuell war.

Die Tatsache, daß unter einer liberalen ungarischen Regierung slowakische Patrioten dafür verurteilt wurden, daß sie im Namen der nationalen Freiheit ihre Ansichten und Einstellungen in der Presse frei formulierten, sowie dafür, daß sie ihre Sympathien für den ungerecht und im Widerspruch zum liberalen Prinzip der Pressefreiheit verhafteten Kollegen frei und demonstrativ ausdrückten, spricht deutlich genug von den Möglichkeiten und Grenzen, die der Liberalismus der slowakischen Nationalbewegung bot. Diese Tatsache illustriert den Charakter des ungarischen Liberalismus und dokumentiert auch, warum dieser bloß eine Karikatur von Liberalismus war. Indem sie die Idee der Bildung einer einheitlichen ungarischen Nation durchsetzte, deformierte die liberale Partei das Wesen des Liberalismus. Die Bildung einer einheitlichen ungarischen Nation in einem Staat, in dem die Magyaren weniger als 50 % der Bevölkerung ausmachten und der schon seit seiner Entstehung ein multiethnischer, multinationaler Staat war, stand in prinzipiellem Widerspruch zu liberalen Grundsätzen. Indem die ungarische, dem Namen nach liberale Partei beschloß, dieses Ideal durchzusetzen, entschied sie sich für den Nationalismus und gab den Liberalismus preis. Zugleich schlug sie damit den Grundton für die politischen und kulturellen Zustände in Ungarn an. Der Nationalismus begann zu dominieren; die

1 PÖLÖSKEI, Ferenc: A koalíció felbomlása és a Nemzeti Munkapárt megalakulása [Der Sturz der Koalition und die Entstehung der Nationalen Arbeitspartei] 1909-1910. Budapest 1963.

Nationalitätenfrage drängte alle anderen Fragen in den Hintergrund, bzw. jedes Problem konnte sich in Ungarn zu einem Nationalitätenproblem entwickeln. Für die politische Lage in Ungarn war dies von grundsätzlicher Bedeutung. Diese Tatsache determinierte auch die nationalen Bewegungen einschließlich der slowakischen[2]. Die Spielregeln bestimmte eine intolerante, nationalistische Regierungspolitik. Sie war die Hauptquelle des Nationalismus in Ungarn; ihre Wirkungen schränkten die Möglichkeiten des Liberalismus nicht nur in der regierenden Partei selbst ein, sondern auch in den Nationalbewegungen. Dabei lag die Besonderheit des damaligen ungarischen Nationsbegriffs darin, daß er etatistisch war und die Schaffung einer übernationalen ungarischen politischen Nation anstrebte. In der Praxis sollte diese Ziel jedoch durch eine gewaltsame sprachliche und kulturelle Magyarisierung, also mit Hilfe ethnischer Assimilation erreicht werden.

Wenn die regierende liberale Partei die Idee einer einheitlichen ungarischen Staatsnation durchsetzen wollte, mußte sie zwangsläufig auf die Hauptprinzipien des Liberalismus verzichten. Die Gleichheit der Menschen vor dem Gesetz konnte es nicht geben, da die politische Praxis verlangte, die Gegner der Idee einer einheitlichen ungarischen Staatsnation gesetzlich zu verfolgen, d.h. das Gesetz bestrafte die Kämpfer für nationale Freiheit und schützte ihre Gegner. Nicht einmal das Prinzip der Freiheit der Privatsphäre und des individuellen Glücks konnte voll verwirklicht werden, ganz zu schweigen von den öffentlichen Freiheiten wie der Freiheit der Rede, der Versammlung und der Presse. Auch auf wirtschaftlichem Gebiet konnten sich die liberalen Grundsätze nicht durchsetzen, da auch dort das Recht auf freien Handel und freies Unternehmertum durch die vorherrschende nationalistische Doktrin deformiert wurde.

Die Konfrontation von Liberalismus und Demokratie in Ungarn zu Beginn des Jahrhunderts

Um die Jahrhundertwende geriet die Ideologie des Liberalismus in ganz Europa in eine Krise. Deren Erscheinungsformen ähnelten der Lage des Liberalismus in Ungarn, doch bestanden in Wirklichkeit tiefgreifende und wesentliche Unterschiede.

Der westeuropäische Liberalismus erschöpfte sich in gewissem Sinn selbst. Die liberale Politik brachte den Eintritt breiter Volksschichten in die Politik. Diese führten ein neues Element in das politische Leben ein – die Demokratie. Zugleich entstanden gegen Ende des Jahrhunderts neokonservative Kräfte, die die liberalen Prinzipien negierten, nämlich einerseits der katholische Neokonservatismus, der ein neues Verständnis für die soziale Frage fand, und andererseits der kämpferische nationalistische Konservatismus. Auch die traditionellen liberalen Parteien, wie sie sich in Großbritannien und Frankreich gebildet hatten, mußten sich mit diesen neuen Kräften auseinandersetzen. Die dortigen liberalen

2 Grundlegend für die Politik in Ungarn um die Jahrhundertwende: Dejiny Slovenska [Geschichte der Slowakei]. Bd. 3. Bratislava 1992 und Magyarország története [Geschichte Ungarns] 1890-1918. Bd. 7/1-2. Budapest 1978.

Regierungen hielten sich zwar an der Macht, doch erfuhren ihre politischen Programme eine beträchtliche Veränderung und begann sich eine neue, eine liberale Demokratie zu bilden.

Der klassische Liberalismus hat sich in den mittel- und osteuropäischen Ländern nie voll durchgesetzt und konnte sich daher auch nicht erschöpfen. Am meisten kamen liberale Elemente vielleicht noch in Zisleithanien zum Tragen, weshalb Wien von Bismarck und seinen konservativen Anhängern in Deutschland als „das verfaulte liberale Wien" bezeichnet wurde. Aber auch hier wurden die liberalen Grundsätze in beträchtlichem Maße mißachtet. In die politischen Strukturen der anderen Länder drangen sie dagegen kaum ein.

In Ungarn geriet der Liberalismus in eine Krise, obwohl er sich dort als System nie entfaltet hatte. Die magyarische Politik in Ungarn blieb nationalistisch, was mit den Prinzipien des Liberalismus einfach nicht zu vereinbaren war. 1903 schrieb ein führenden Vertreter und Ideologe der liberalen Partei, der wegen seines Terrors gegen die nichtmagyarischen Nationen und die Opposition traurig berühmte frühere Ministerpräsident Dezső Bánffy:

> „Nur ein im chauvinistischsten Wortsinn in magyarischer Richtung sich entwickelnder ungarischer[3] Staat ist ein Staat, auf dem sich seine Zukunft aufbauen läßt ... Der ungarische Staat muß einheitlich und magyarisch sein. ... Das ist nicht nur das größte Problem der ungarischen Politik der ersten Hälfte des 20. Jahrhunderts, sondern auch ein Problem, das so schnell wie möglich gelöst werden muß[4]."

So sah die Theorie, vor allem aber die Praxis des ungarischen Liberalismus aus. Die liberalen Züge des ungarischen Liberalismus kann man im großen ganzen unter drei Aspekten sehen: a) in einem gewissen Anspruch auf Vormundschaft und einer undemokratischen Einstellung, wie sie den klassischen Liberalismus kennzeichnet. Sie zeigte sich darin, daß er mittels der Wahlgesetze sowie anderer Methoden den nicht gebildeten und nicht vermögenden Schichten die Teilhabe am politischen Leben verweigerte. Hier stimmte das liberale Prinzip mit dem undemokratischen Nationalismus überein; b) in einigen mehr oder weniger formalen Erscheinungen wie bestimmten Maßnahmen gegen die Hegemonie der Kirche, der Einführung von Zivilmatrikeln, Ziviltrauungen u. dgl.[5]; c) und schließlich darin, daß die Gegner der ungarischen Liberalen – die *Partei von 1848* und die *Unabhängigkeitspartei* – noch viel größere und intolerantere Chauvinisten waren, wie die kurzlebige Koalitionsregierung der Jahre 1906-1909 bewies. Diese Fakten ändern aber nichts daran, daß die

3 Das Wort *ungarisch* ist in der deutschen Übersetzung wie auch im slowakischen Original immer nur in der Verbindung zum Staat Ungarn gebraucht. Das Wort *magyarisch* ist dagegen die Bezeichnung der Zugehörigkeit zur ethnisch-nationalen Gruppe. In diesem Sinne waren Slowaken ungarische Staatsbürger, also Ungarn, aber keine Magyaren. Die ungarische Sprache unterscheidet zwischen beiden Begriffen nicht. Für beide hat sie nur eine Bezeichnung *magyar*.

4 BÁNFFY, Dezső: Magyar nemzetiségi politika [Die ungarische Nationalitätenpolitik]. Budapest 1903. – Siehe auch: Slovensko [Slowakei]. Bd. 1: Dejiny [Geschichte]. Bratislava 1978, 603. Verfasser des betreffenden Kapitels ist Július Mésároš.

5 Magyarország története 7/1, 53f. (Verf. Péter HANÁK).

liberale Partei, die bei der Entstehung des Dualismus der mutigste Kritiker dieses Systems gewesen war, sich schrittweise zu dessen Hauptstütze und als Regierungspartei zum Hauptpromotor des Ideals der einheitlichen ungarischen Staatsnation entwickelte. Es ist interessant, daß es den ungarischen Liberalen trotz dieser Tatsachen gelungen ist, die europäische Öffentlichkeit, die den ungarischen Liberalismus ernst nahm, irrezuführen. Der junge britische Historiker Seton-Watson kam nach Mitteleuropa, um den ungarischen Liberalismus zu studieren, von dem er eine durchweg ideale Vorstellung hatte. Nachdem Seton-Watson den ungarischen Liberalismus nicht nur in Büchern und Zeitungsartikeln, sondern auch in der Praxis kennengelernt und die Möglichkeit gehabt hatte, sein Wirken aus unmittelbarer Nähe zu beobachten, wurde er zu einem seiner schärfsten Kritiker[6]. Schließlich gab es ja im damaligen Europa nicht viele, die den ungarischen Liberalismus aus eigener Erfahrung kannten.

Hatte die magyarische nationalistische Politik schon die Durchsetzung und Entfaltung des Liberalismus verhindert, so stand die Idee einer einheitlichen politischen Staatsnation um so mehr im Widerspruch zur wachsenden demokratischen Bewegung. Da sich die Magyaren gegenüber den anderen nicht-gleichberechtigen Völkern in der Minderheit befanden, konnten sie ihre Vorherrschaft nicht anders als durch ein undemokratisches politisches System aufrechterhalten. Zwangsläufig kritisierten auch die magyarischen Repräsentanten der Demokratiebewegung vor dem Ersten Weltkrieg die ungarische Nationalitätenpolitik[7].

Die Grenzen des slowakischen Liberalismus

Die ungarische Variante des Liberalismus schuf die grundlegenden Voraussetzungen für die Aufnahme und das Verständnis des Liberalismus in der ganzen Gesellschaft und somit auch in der slowakischen Nationalbewegung.

Infolge der Entnationalisierungspolitik der liberalen Regierungen erhielt schon der Begriff *Liberalismus* bei den slowakischen Patrioten eine pejorative, negative Bedeutung. 1906 schrieb Andrej Hlinka in den *Ľudové noviny (Volkszeitung)*: „Das Leben ist ein Kampf und wir müssen den Kampf heldenhaft führen. Den Kampf gegen das Unrecht, den Kampf gegen die *liberalen Banden*, einen Kampf bis aufs Blut und bis zur Erschöpfung[8]." Allerdings war Hlinka ein katholischer Priester und konnte schon von daher keine positive Einstellung zum Liberalismus haben. Man muß aber sagen, daß andere slowakische Politiker aus verschiedenen Lagern den Liberalismus genauso einschätzten wie Hlinka. Dies war ihr Urteil über den ungarischen Liberalismus, dessen Politik sie kannten.

6 Seton-Watson, R.W. (Scotus Viator): Národnostní otázka v Uhrách [Die Nationalitätenfrage in Ungarn]. Brno 1913.

7 Jászi, Oszkár: A nemzeti államok kialakulása és a nemzetiségi kérdés [Die Entstehung der Nationalstaaten und die nationale Frage]. Budapest 1912.

8 Slovensko I. Dejiny 613.

Die Ideen des Liberalismus, wenn auch nicht als einheitliches politisches System, hatten sich in der slowakischen Gesellschaft schon seit dem Ende des 18. Jahrhunderts verbreitet. Großen Einfluß besonders unter den slowakischen Gebildeten beider konfessioneller Lager hatte die Aufklärung, die viele liberale Grundsätze in sich barg, welche die Französische Revolution in die Praxis umsetzte. Der Anteil der Slowaken an der Bewegung der ungarischen Jakobiner ist bedeutend. Der Hauptideologe der Bewegung, J. Hajnóczy, aber auch andere Mitglieder der Geheimbünde, waren slowakischer Abstammung. Bei den ungarischen Jakobinern tauchen nicht nur die liberalen Ideen der Aufklärung auf, sondern entsteht auch der Plan einer Föderalisierung Ungarns auf der Grundlage der Nationalitäten[9]. Die Ideen des Liberalismus, die von Westeuropa bis zur Habsburgermonarchie vordrangen, wurden auch von der slowakischen Nationalbewegung aufgenommen und ihrem nationalen Kampf angepaßt. Die Idee der Freiheit des Individuums und der Freiheit und Rechte der Völker dominierten in der slowakischen Nationalbewegung. Sie entwickelte sich bis in die Mitte des 19. Jahrhunderts parallel zu den übrigen nationalen Bewegungen in Europa und übernahm in vergleichbarem Maße auch die liberalen Prinzipien[10]. Nach dem Rückschlag in der Zeit des Neoabsolutismus (1849-1860) entwickelte die slowakische Nationalbewegung kein nationales und zugleich liberales Programm mehr. Das *Memorandum der slowakischen Nation* aus dem Jahre 1861[11] enthielt zwar auch eine Deklaration der liberalen Prinzipien der Freiheit und Gleichheit, den Kern des Memorandums bildeten jedoch die nationalen Forderungen und das nationale Programm. Die Verhältnisse in Ungarn machten die natürliche Weiterentwicklung der liberalen Ideologie unmöglich. Besonders nach dem Ausgleich (1867) und danach während der Regierungszeit der liberalen Partei stand die nationale Frage im Vordergrund. Auf den kämpferischen Nationalismus der ungarischen liberalen Partei reagierte die slowakische Nationalbewegung vor allem mit der Betonung der nationalen Eigenständigkeit und der nationalen Rechte.

Das ungarische Wahlrecht mit seinem Vermögens- und Bildungszensus, das nur 5 % der Bevölkerung das Wahlrecht einräumte, stand im Prinzip nicht im Widerspruch zu liberalen Grundsätzen. Die politische Wahlpraxis mit Betrug und Korruption, Wahlfeldzüge, in denen Alkohol ausgeschenkt wurde, offene akklamative Abstimmungen – all das diskreditierte die liberalen Grundsätze. Gemäß den ungarischen Gesetzen konnten Wahlen für ungültig erklärt werden, falls der Kandidat Klassen-, nationalen oder religiösen Haß geschürt hatte. Die Formulierung des Gesetzes entsprach den Prinzipien des Liberalismus,

9 Simoncic, Jozef: Ohlasy francúzskej revolúcie na Slovensku [Der Widerhall der Französischen Revolution in der Slowakei]. Košice 1982.

10 Entsprechend der Periodisierung Hrochs verliefen die Phasen A und B der Nationalbewegung bei den Slowaken bis zur Revolution von 1848 in gleichem Tempo wie bei anderen europäischen Nationen. Die Zeichen der Verspätung, z.B. im Vergleich mit der tschechischen nationalen Bewegung lassen sich teilweise schon in der Zeit des Neoabsolutismus, vor allem aber nach dem Ausgleich von 1867 beobachten. – Siehe Hroch, Miroslav: Evropská národní hnutí v 19. století. [Die europäische Nationalbewegung im 19. Jahrhundert]. Praha 1986.

11 Bokes, František: Dokumenty k slovenskému národnému hnutiu v rokoch 1848-1914 [Dokumente zur slowakischen nationalen Bewegung in den Jahren 1848-1914]. Bd. 1. Bratislava 1962, 313.

der Pluralismus und Toleranz voraussetzt und die Entfesselung von Haß und Intoleranz ablehnt. In der Praxis wurde dieses Gesetz jedoch stets gegen Personen angewandt, die nationale Souveränitätsrechte verteidigten und niemals gegen solche, die offen die Existenz des slowakischen und der übrigen nicht-magyarischen Völker Ungarns leugneten.

Neben der Ablehnung des ungarischen Liberalismus stand der Entfaltung liberaler Ideen in der slowakischen Bewegung die Tatsache im Wege, daß ein Großteil der slowakischen Führer aus den Reihen der katholischen und protestantischen Priester kam. Zu Beginn des 19. Jahrhunderts bildete der Klerus die überwiegende Mehrheit, in der zweiten Hälfte des Jahrhunderts immer noch die Hälfte der aktiven Patrioten, und erst Anfang des 20. Jahrhunderts gewannen Vertreter bürgerlicher Berufe (Rechtsanwälte, Ärzte, Kleinunternehmer, in geringerem Maße Lehrer) das Übergewicht. Diese Struktur schuf kaum günstige Bedingungen für die Verbreitung des Liberalismus unter den Slowaken.

Die Demokratie in der slowakischen Nationalbewegung

Gegen Ende des 19. Jahrhunderts standen auch in Ungarn demokratische Forderungen auf der Tagesordnung – die Einbeziehung breiter Volksschichten in das politische Leben. Eine organisierte Arbeiterbewegung entstand, eine Bauernbewegung begann sich ebenfalls zu bilden. Die slowakische Nationalbewegung akzeptierte diese Demokratisierung ganz eindeutig im Gegensatz zu einigen liberalen Prinzipien. Den neuen Sachverhalt verstanden fast alle Vertreter des nationalen Lebens einschließlich jener, die die traditionelle Historiographie konservativ nennt. Die junge Generation der nationalen Intelligenz machte die Demokratisierung zu ihrem Programm. Der junge slowakische Journalist Milan Hodša schrieb: „Unsere Bedürfnisse treiben uns zur Demokratie und wir können sicher sein, daß in ihr die sicherste Garantie sowohl unserer nationalen als auch unserer wirtschaftlich-sozialen Entwicklung liegt[12].“ Interessant ist seine Formulierung, daß die slowakischen Bedürfnisse „die slowakische Bewegung zur Demokratie treiben“, die eine beinahe fatale Verbundenheit der Demokratie mit der slowakischen Nationalbewegung ausdrückt. In einem weiteren Artikel schrieb Hodža: „Wir wissen, daß die Macht des Volkes, d.h. die Demokratie, mit einer Bewegung alle Mauern, die bisher sowohl der Versklavung und wirtschaftlichen Ausbeutung als auch dem Chauvinismus dienten, niederreißt ... Wir beschreiten den Weg der Demokratie ... Unsere Verbündeten können nur ehrliche Demokraten sein[13].“ So verknüpfte die junge Generation völlig eindeutig und bewußt das Schicksal des Volkes mit dem der Demokratie.

Auf diesen mächtigen Anstoß der Demokratie reagierte auch der europäische Liberalismus. Die Liberalen akzeptierten schrittweise alle demokratischen Forderungen. Der alte klassische Liberalismus hatte seine historische Rolle ausgespielt, eine neue Bewegung trat

12 K aktivite Slovenskej národnej strany [Zur Aktivität der Slowakischen Nationalpartei]. Hlas 4 (1901), v. 1.9.1901.

13 Demokraciou k národnej rovnoprávnosti [Durch die Demokratie zur nationalen Gleichberechtigung]. Slovenský týždenník 4 (1906), v. 9.3.1906.

auf – die liberale Demokratie. Vom ungarischen Liberalismus wurden die demokratischen Forderungen jedoch nicht aufgenommen. Denn dieser war von Anfang an mit der überlebten Klasse der adligen Gutsbesitzer und der magyarischen Gentry verbunden. Hauptursache für die Ablehnung der Demokratisierung war jedoch erneut die nationale Frage. Die Annahme demokratischer Prinzipien hätte den Verzicht auf die unrealistische und in der Demokratie nicht zu verwirklichende Idee der einheitlichen ungarischen Staatsnation bedeutet. Die ungarischen Liberalen, aber auch die Oppositionsparteien gaben dem Nationalismus den Vorzug vor der Demokratie. Deshalb lehnten sie das allgemeine Wahlrecht einmütig ab. Aber nicht nur dieses, sondern jede Wahlrechtsreform, die die magyarische Vorherrschaft hätte gefährden können. Charakteristisch sind die Äußerungen ungarischer Politiker zur Wahlreform zur Zeit der Regierung Bánffy Ende des vorigen Jahrhunderts. Der Abgeordnete Hermann, ein magyarisierter Deutscher, sagte: „Ich werde der Vorlage zustimmen, wenn mir der Antragsteller erklärt, wie wir beim allgemeinen Wahlrecht die Vorherrschaft des magyarischen Stammes erhalten können."

Graf Apponyi brachte dies ebenfalls eindeutig zum Ausdruck: „Ich würde mich vor dem allgemeinen Wahlrecht nicht fürchten, solange in der Politik nur magyarische Parteien gegeneinander kämpften. Können wir jedoch garantieren, daß sich in diesem Lande nie jemand gegen den magyarischen Stamm stellen wird?" Der Ministerpräsident, der Liberale Bánffy, setzte der Diskussion jedoch die Krone auf: „Mit Rücksicht auf den national-magyarischen Staat lehne ich den Antrag ab[14]."

Es ist klar, daß die Idee der einheitlichen ungarischen Staatsnation mit den Grundsätzen des Liberalismus nicht zu vereinbaren war. In noch schärferem Gegensatz stand diese Idee aber zur Demokratie. Deshalb wurde die liberale Partei in Ungarn immer reaktionärer und zwar trotz ihrer Reformierung durch István Tisza und die Umbenennung in *Nationale Partei der Arbeit.* Für die Bildung der liberalen Demokratie bestanden in den ungarischen politischen Parteien keine günstigen Voraussetzungen.

Die slowakische Nationalbewegung betonte das demokratisches Prinzip. Nur in diesem Zusammenhang sahen die slowakischen Vertreter auch die Freiheit und die Unabhängigkeit. „Unabhängig" – schrieb Hodža in einer ungarischen Tageszeitung – „kann nur der Staat sein, in dem unabhängige Bürger leben. Frei, wenn jedes Mitglied der Nation frei ist[15]." Deshalb wurden zu Beginn des Jahrhunderts viele liberale Grundsätze in der slowakischen Bewegung mit Hilfe der Demokratie durchgesetzt, und zwar obwohl auch Hodža selbst Liberalismus und Demokratie einander gegenüberstellte. Man kann sagen, daß die Demokratie die Nationalbewegung in ihrer ganzen Breite erfaßte. Vorläufig mehr ideologisch als politisch begann sich der slowakische Agrarismus M. Hodžas zu bilden sowie die slowakische sozialdemokratische Bewegung zu organisieren, und schließlich die christlich-soziale Bewegung, in der Slowakei unter dem Namen *Volksbewegung* mit im ganzen klar formulierten demokratischen Prinzipien. Die Demokratisierung, besonders auf dem

14 Hungaricus: Das magyarische Ungarn und der Dreibund. München 1899. – Hodžas Referat über diese Broschüre in: Slovenské listy 2 (1899), Nr. 19 und 22-24 v. März und April 1899.

15 Slovensko I. Dejiny 610. – Der Artikel wurde in *Egyetértés (Eintracht),* der Tageszeitung der Unabhängigkeitspartei, veröffentlicht.

Gebiet des Wahlrechts, betraf auch jene Kreise, die gewöhnlich als konservativ bezeichnet werden (die Führung der *Slowakischen Nationalpartei* in Martin), ebenso wie die geistliche Intelligenz beider Hauptkonfessionen. Demokratische tauchten neben nationalen und sozialen Forderungen schon im Wahlprogramm der *Slowakischen Nationalpartei* des Jahres 1901 auf, als diese ihren bisherigen Wahlboykott, mit dem sie seit 1884 gegen die Manipulierung der Wahlen protestiert hatte, unterbrach.

Neben der demokratischen Plattform einigte die slowakische Nationalbewegung auch der Kampf zur Verteidigung der nationalen Rechte. Forderungen nach nationaler Gerechtigkeit erhoben nicht nur die Vertreter aus Martin und die sich formierende *Volksbewegung*, sondern auch die slowakischen Sozialdemokraten. Der nationale Chauvinismus und die Intoleranz im ungarischen politischen Lager stellten die slowakische Bewegung ständig vor die Frage der Einheit im Interesse des gemeinsamen Kampfes für die nationalen Rechte. Wenn wir unter Nationalismus eine agressive, intolerante Ideologie verstehen, die das eigene Ethnikum zum absoluten Wert erklärt, dann finden wir keine Spuren eines solchen Nationalismus in der slowakischen Bewegung zu Beginn des 20. Jahrhunderts. Sie fordert Gleichberechtigung, Anerkennung der eigenen nationalen Rechte, erkannte aber immer tolerant auch die Rechte anderer Völker an. Es gibt hier keine Spur von Behauptungen einer Ausschließlichkeit oder Vergöttlichung der eigenen Nation. Ein solcher Nationalismus fehlt in der slowakischen Nationalbewegung, seine Elemente tauchen erst in den dreißiger Jahren des 20. Jahrhunderts auf.

Natürliche Differenzierung und Einheitsstreben in der slowakischen Bewegung

Mit dem Durchbruch der Demokratie im politischen Leben war auch eine politische Differenzierung verbunden. Diese allgemeine Erscheinung zeigte sich in der Politik der Slowaken. Ihre schwierige Lage als nicht gleichberechtigtes Volk bremste zugleich diesen Differenzierungsprozeß. Das Oszillieren zwischen Differenzierung und nationalpolitischer Einheit ist eine für die slowakische Bewegung typische Erscheinung seit dem Beginn der „nationalen Wiedergeburt". Schon damals – Ende des 18. Jahrhunderts – gab es eine genaue Trennungslinie: die katholische und die lutherische Orientierung. Das war zugleich auch eine Differenzierung in Hinsicht auf die Sprache wie die Selbständigkeit des slowakischen Volkes. Die slowakischen Katholiken waren Anhänger der slowakischen Selbständigkeit, die Protestanten unterstützten dagegen bis zur Mitte des 19. Jahrhunderts die Idee der tschecho-slowakischen nationalen und sprachlichen Einheit. Trotz solcher prinzipieller Gegensätze suchten beide Lager, durch die schwierige Situation gezwungen, bewußt einen Weg zueinander und fanden sich manchmal zu einem Bündnis zusammen. Der Differenzierungsprozeß setzte sich in der zweiten Hälfte des 19. Jahrhunderts fort und verstärkte sich um die Jahrhundertwende. Vor dem Ersten Weltkrieg entstand schließlich die selbstständige *Slowakische Volkspartei.* Zugleich aber wirkten Kräfte in Richtung einer Vereinigung und führten noch kurz vor Kriegsausbruch zur Bildung eines Bündnisses der slowakischen politischen Kräfte. Im August 1914 sollte dieses nationale Bündnis durch die Schaffung eines *Slowakischen Nationalrats* bekräftigt werden, was der Kriegsausbruch jedoch verhinderte. Der *Slowakische Nationalrat* entstand erst kurz vor Ende des Weltkrieges.

Der Differenzierungsprozeß ist für die Kenntnis der slowakischen Politik sehr wichtig. Denn die Vereinigung auf der Grundlage der Nation und eines demokratischen Programms vermochte nicht zu verbergen, daß es trotz dieser Einheit auch in der slowakischen Bewegung Tendenzen zur Bildung einer Gruppe der liberal-demokratisch orientierten Intelligenz gab.

Gegen Ende des vorigen Jahrhunderts waren das vor allem die *Hlasisten* (benannt nach Zeitschrift *Hlas [Stimme])*, die von Masaryks Ideen ausgingen. Dabei handelte es sich schon um ein modernes Verständnis der liberalen Demokratie, das den Vorstellungen einer bürgerlichen Gesellschaft sehr nahe kam und sich damit vom klassischen Liberalismus recht weit entfernt hatte, wenngleich der Gedanke einer wirtschaftlichen und aufklärerischen „kleinen Arbeit" im Volk zum Teil von liberalen Vorstellungen angeregt worden war. An die *Hlasisten* knüpften Anfang des 20. Jahrhunderts die etwas jüngeren *Prudisten* an, die sich um die Zeitschrift *Prúdy (Strömungen)* sammelten[16]. Diese Demokraten, die mit Vorstellungen von einer demokratischen Gesellschaft in das 20. Jahrhundert eintraten, verfochten ähnliche Ansichten wie die magyarischen Intellektuellen, die sich um die Zeitschriften *Huszadik Század (Das Zwanzigste Jahrhundert)* und *Nyugat (Der Westen)* gruppierten, doch trennte sie der Hauptpunkt ihres Programmes. Die magyarischen Demokraten standen auf der Plattform der Integrität des ungarischen Staates, während die slowakischen Demokraten für die tschechisch-slowakische Zusammenarbeit plädierten und gerade aus ihren Reihen die wichtigsten Anhänger der Idee eines gemeinsamen tschechisch-slowakischen Staate kamen. Auch hier erwies sich, daß in Ungarn die Nationalitätenfrage dominierte und die meisten politischen Fragen sich schrittweise in nationale verwandelten.

*

Der klassische Liberalismus setzte sich in der slowakischen Bewegung nicht als integrales politisches System durch. Seine Schaffung hätte die Bildung eigener staatlicher Strukturen vorausgesetzt. Auch der westeuropäische Liberalismus wurde im Rahmen bestimmter staatlicher Einheiten verwirklicht. Mit seiner falschen und undurchführbaren Idee einer einheitlichen ungarischen Staatsnation weckte der ungarische Staat den intoleranten magyarischen Nationalismus und gewährte dem liberalen Staat keinen Spielraum. Unter solchen Bedingungen konnte nur eine ungarische Variante des Liberalismus entstehen, der eigentlich nur dem Namen nach ein Liberalismus war. In dieser Lage konnten sich die liberalen Ideen auch in der slowakischen Bewegung nicht durchsetzen. In größerem Maßstab gelangten liberale Ideen zu einem Teil der slowakischen nationalen Bewegung erst

16 Die Zeitschrift *Hlas* erschien von 1898 bis 1904, die Zeitschrift *Prúdy* von 1909 bis 1914.

nach ihrer Transformation in liberal-demokratische Ideen. Im Kampf gegen Ungarn für den gemeinsamen tschecho-slowakischen Staat kamen sie zum Tragen. Nach der Entstehung der Tschecho-Slowakei vertiefte sich die Krise des Liberalismus im neuen Staat wie auch in anderen europäischen Demokratien und mußte dieser den starken demokratischen, sozialistischen und neokonservativen Strömungen weichen.

Hans Mommsen

Die mitteleuropäische Sozialdemokratie im Konflikt zwischen Internationalismus und nationaler Loyalität

Die in diesen Tagen in Ostmittel- und Osteuropa aufbrechenden nationalen Konflikte widerlegen endgültig die Illusion, daß es den stalinistischen Regimen gelungen sei, eine tragfähige Lösung der Nationalitätenfrage zu erreichen. Stattdessen hat der Autoritätszerfall in den ehemaligen sozialistischen Staaten zu einer extremen Verstärkung nationalistischer Strömungen geführt, die den inneren Zusammenhalt der Nachfolgestaaten der Sowjetunion nachhaltig bedrohen[1]. Auf Grund dieser Erfahrung stellt sich die Frage, ob die Positionen, die die mitteleuropäische Sozialdemokratie in der nationalen Frage eingenommen hat, sich als historisch überholt erwiesen haben, und inwieweit die unzureichende Berücksichtigung nationaler Faktoren durch die stalinistische Diktatur der Wiederdurchsetzung älterer nationalistischer Einstellungen Vorschub geleistet hat[2].

Die sozialistische Arbeiterbewegung entfaltete sich im deutschsprachigen Raum nach ersten Anfängen im Revolutionsjahr 1848/49 in einer Periode, in der der bürgerliche Liberalismus seine politische Schubkraft einzubüßen begann und sie das Erbe von dessen linkem demokratischen Flügel antrat. Die frühen Arbeiterorganisationen in Deutschland und Österreich teilten mit dem bürgerlichen Liberalismus eine ambivalente Einstellung zum nationalen Gedanken. Einerseits fand er dort, wo er sich gegen fremde Unterdrückung richtete, wie im Fall der unterdrückten und zerstückelten polnischen Republik, leidenschaftliche Unterstützung. Die noch im Revolutionsjahr 1848 abklingende liberale Polenbegeisterung ist von der entstehenden Arbeiterbewegung bis in die zweite Hälfte des 19. Jahrhunderts weitergetragen worden.

Andererseits wurde der Nationalismus von der radikalen Linken als Bestandteil bürgerlich-feudalistischer Unterdrückung und als Mittel verstanden, Bewegungen, die auf soziale Gleichheit gerichtet waren, abzuwehren. Die Vorstellung Johann Gottfried Herders, daß, wenn einmal das demokratische Prinzip gesiegt habe, der Krieg in der Erscheinungsform des „Blutkampfs ganzer Völker" überwunden sein würde[3], ging in einen wenig reflektierten Antinationalismus ein, den der österreichische Arbeiterführer Otto Bauer 1907 als „naiven Kosmopolitismus" bezeichnete[4] und in dem die Ideengänge der europäischen kosmopoli-

1 Zum Nationalismus in den Nachfolgestaaten der Sowjetunion vgl. Kappeler, Andreas: Rußland als Vielvölkerreich. Entstehung, Geschichte, Zerfall. München 1992. – Mommsen, Margareta (Hrsg.): Nationalismus in Osteuropa. Gefahrvolle Wege in die Demokratie. München 1992.

2 Vgl. Simon, Gerhard: Nationalismus und Nationalitätenpolitik in der Sowjetunion. Von der totalitären Diktatur bis zur nachstalinschen Gesellschaft. Baden-Baden 1986, 153 ff.

3 Vgl. Kohn, Hans: Die Idee des Nationalismus. Frankfurt 1962, 416 ff.

4 Vgl. Bauer, Otto: Die Nationalitätenfrage und die Sozialdemokratie. Wien 1907, 263 f., 270 ff.

tischen Linken des Vormärz, damit der konspirativen Verbindungen des „Jungen Europa", des „Jungen Italien" und des „Jungen Deutschland" fortlebten[5]. Bis in die achtziger Jahre hielt sich in der Führungsschicht der Arbeiterbewegung die Vorstellung, daß der Nationalismus ausschließlich die Interessen der Bourgeoisie berühre und von dieser bewußt hochgespielt werde, um die sich artikulierende internationale Solidarität der Arbeiterschaft zu unterminieren.

Diese Ambivalenz zwischen Akzeptanz des nationalen Gedankens als Träger demokratischer Emanzipation und der Perhorreszierung desselben als bürgerliches Scheinmanöver zur Düpierung der Arbeiterklasse findet sich in reflektierterer Form auch bei den frühen sozialistischen Theoretikern. Das gilt insbesondere für Karl Marx und Friedrich Engels, deren Haltung in der nationalen Frage in hohem Maße von der idealistischen Philosophie, insbesondere den Ideen Herders und Hegels, beeinflußt gewesen ist und die in dieser Beziehung die konsequente Lösung von der junghegelianischen Schule niemals vollzogen haben. Ihr Bekenntnis zum Internationalismus hinderte sie jedoch nicht daran, die nationalen Einheitsbewegungen in Italien und Deutschland nachdrücklich zu begrüßen[6].

Marx teilte das Wunschdenken Herders, daß, wenn einmal die Freiheit der Völker im Innern erreicht sei, eine Verständigung nach außen eintreten werde. „Der Sieg des Proletariats über die Bourgeoisie", schrieb Marx 1847, „ist zugleich der Sieg über die nationalen und industriellen Konflikte, die heutzutage die Völker feindlich gegenüberstellen"[7]. Die Rolle, die bei Herder der absolutistische Monarch einnahm, wurde bei Marx von der Wirtschaftsbourgeoisie ausgefüllt. „Mit dem Gegensatz der Klassen im Innern der Nation", hieß es im Kommunistischen Manifest, „fällt auch die feindliche Stellung der Nationen gegeneinander"[8].

Für Marx und Engels war es keine Frage, daß die Gliederung der Weltgesellschaft in Nationalstaaten und Nationalitäten nur eine Durchgangsstufe sei, die im Zuge der Ausbreitung des Kapitalismus zurückgedrängt und nach dem Sieg des Proletariats endgültig beseitigt sein würde. Sie teilten die frühliberale Illusion, daß der nationale Gedanke nur eine Übergangserscheinung auf dem Weg zu einer einheitlichen Weltzivilisation sei. Aus ihrer Sicht erfüllte der bürgerliche Nationalstaat die Funktion, durch die Schaffung nationaler Binnenmärkte die Überreste der „feudalistischen Produktionsweise" zu beseitigen und dadurch die Bedingungen für die volle Durchsetzung des kapitalistischen Systems zu schaffen.

Marx schloß an das Denken der Spätaufklärung und der englischen Freihandelslehre an, wenn er von der Annahme ausging, daß im Zuge der geschichtlichen Entwicklung nationale Kategorien zurücktreten würden. Mit der zunehmenden Angleichung der äußeren Lebensbedingungen werde das kapitalistische System auch eine Einebnung der natio-

5 Vgl. Mommsen, Hans: Nationalitätenfrage und Arbeiterbewegung in Mittel- und Osteuropa. In: Ders.: Arbeiterbewegung und nationale Frage. Ausgewählte Aufsätze. Göttingen 1979, 87 f.
6 S. Mommsen, Hans: Sozialismus und Nation. Zur Beurteilung des Nationalismus in der marxistischen Theorie. Ebenda 65 f.
7 MEW IV, 416.
8 Ebenda 479.

nalen Unterschiede herbeiführen. Schon jetzt, konstatierte Marx, sei das Beharren auf der Nationalität nur bei den Bourgeois und ihren Schriftstellern zu finden[9]. Auf mittlere Sicht – wie auch sonst überschätzte Marx die Geschwindigkeit des revolutionären Umwälzungsprozesses – würden Produktion und Konsumtion kosmopolitischen Charakter annehmen und die lokalen und nationalen Literaturen durch eine Weltliteratur ersetzt werden[10].

Träger dieser Überwindung des Nationalismus war in den Augen von Marx und Engels die „welthistorische Klasse" des Proletariats. Noch ganz im Horizont der idealistischen Philosophie argumentierten die einschlägigen Passagen des Kommunistischen Manifests, die noch an die Frageartikel des zugrundeliegenden Engelsschen Arbeiterkatechismus erinnern[11], daß die klassenbewußte Arbeiterschaft gegenüber den Verlockungen des Nationalismus immun sei. Mit der Diktatur des Proletariats fungiere sie auch im Hinblick auf die nationale Frage als „Negation der Negation" und werde die Aufhebung der Nationalität als solcher herbeiführen. „Die Arbeiter haben kein Vaterland", heißt es im Manifest, „man kann ihnen nicht nehmen, was sie nicht haben". Die Proletarier seien „der großen Masse nach schon von Natur ohne Nationalvorurteile, und ihre ganze Bildung ist wesentlich humanitarisch, antinational. Die Proletarier allein können die Nationalität vernichten, das erwachende Proletariat allein kann die verschiedenen Nationen fraternisieren lassen"[12].

Auf Grund dieser Entwicklungsprognose waren die beiden Klassiker des Sozialismus davon überzeugt, daß die Herrschaft des Proletariats die nationalen Absonderungen und Gegensätze der Völker „noch mehr verschwinden machen" werde, als dies durch die objektive kapitalistische Entwicklung ohnehin der Fall sei[13]. Die Erwartung einer Überwindung des Nationalismus wurde von Karl Marx der *Internationalen Arbeiter-Assoziation* (IAA) aufgeprägt, die zuvor stark vom bürgerlichen Kosmopolitismus beeinflußt war und in der bakuninistische, proudhonistische und radikaldemokratische Strömungen zusammenflossen. Der Gedanke der Völkerverbrüderung diente hier als Gegenkraft gegen den in der nachrevolutionären Periode verstärkt einwirkenden bürgerlichen Nationalismus, der mit der deutschen und italienischen Einigungsbewegung dem Nationalstaatsprinzip auch in der Mitte Europas zur Anerkennung verhalf.

Mit der Abfassung der Inauguraladresse und den Statuten der IAA versuchte Marx, die Internationale von dem verschwommenen Bakuninschen demokratischen Panslawismus, dessen antizaristische Stoßrichtung ihm die Zustimmung der nichtslawischen Mitglieder eintrug, abzubringen und dazu zu bewegen, der sozialen Frage einen eindeutigen Primat gegenüber der nationalen Frage zu geben. Er setzte als offizielle Linie der IAA die Auffassung durch, daß die nationale Frage die Arbeiterschaft nichts anginge und daß die Zukunft beim Prinzip des Internationalismus liegen werde. Durch die Vermittlung der IAA fand das Programm des proletarischen Internationalismus Eingang in das Denken der sich nach

9 MEW III, 458.
10 MEW IV, 466, 479.
11 Vgl. Engels, Friedrich: Grundsätze des Kommunismus. Ebenda 377 sowie Mommsen: Sozialismus und Nation 70.
12 MEW IV, 479 und III, 45 f. – Vgl. Mommsen: Sozialismus und Nation 67 f.
13 MEW IV, 479.

1870 ausbreitenden Arbeiterorganisationen und trug maßgeblich zu der notorischen Unterschätzung der Sprengkraft nationaler Ideen durch die Parteien der Zweiten Internationale bei[14].

Zwar optierte Marx für die sich in den europäischen Nationalstaaten herausbildende Arbeiterbewegung und sorgte durch die Verlegung der IAA nach New York dafür, daß sie rasch die frühere Bedeutung als Zentrale der Bewegung verlor. Diese realistische Abwendung von der älteren kosmopolitischen Honoratiorendemokratie zu den nationalen Parteien als der „wirklichen Bewegung" des Proletariats implizierte jedoch keine grundsätzliche Anerkennung des nationalen Prinzips als konstanten historischen Faktor. Vielmehr hielt Marx an der unbedingten Priorität der sozialen gegenüber der nationalen Befreiung unerbittlich fest und hob hervor, daß die letzte sich mit der Ausbreitung des Kapitalismus und der proletarischen Revolution selbsttätig lösen werde.

Folgerichtig lehnten Marx und Engels das Selbstbestimmungsrecht der Völker, zumal nach dessen erfolgreicher manipulativer Ausnutzung durch Napoleon III., kompromißlos ab. Das Selbstbestimmungsrecht der Völker stand nach ihrer Ansicht einzig und allein auf der Tagesordnung der Reaktionäre, und sie verwarfen kategorisch jede Rechtfertigung des Selbstbestimmungsrechts unter Berufung auf das demokratische Prinzip[15]. Im Interesse einer zügigen Ausbreitung des Kapitalismus bejahte Marx die gewaltsame Entnationalisierung der Kolonialvölker und begrüßte die britische Herrschaft in Indien, durch die die dort herrschende „asiatische Produktionsweise" gebrochen werde. Ebenso rechtfertigte er die Annexion Mexikos durch die USA. Nur im Falle Irlands und Polens unterstützte er nationale Unabhängigkeitsbewegungen[16].

Das von Marx skizzierte Verlaufsmodell war von der Annahme bestimmt, daß die volle Durchsetzung der kapitalistischen Produktionsweise, die zugleich den Umschlagspunkt zu seiner Selbstaufhebung in der Diktatur des Proletariats bezeichnete, zugleich die bisherigen Nationalstaaten überflüssig machen würde. Notwendige Bedingung hingegen war, daß sich dieser Prozeß überall und gleichzeitig vollzog, was aber jeder historischen Erfahrung widersprach. Um dieses Problem zu umgehen, griff Marx auf das Hegelsche Begriffsinstrumentarium zurück und postulierte, daß der Kommunismus „empirisch nur als die Tat der herrschenden Völker 'auf einmal' und gleichzeitig möglich sei"[17]. Hinter dieser Formulierung verbarg sich die Befürchtung, daß die sozialistische Revolution, die sich notwendigerweise nur auf der Grundlage der fortgeschrittenen kapitalistischen Länder vollziehen konnte, von der Rückständigkeit der übrigen umgebenden erstickt würde. So äußerte er 1858 zu Engels, die Revolution sei auf dem Kontinent imminent und werde auch sofort sozialistischen Charakter annehmen, doch bestünde die Gefahr, daß sie auf dem sehr viel

14 Vgl. meinen Beitrag: Der Nationalismus als weltgeschichtlicher Faktor. Probleme einer Theorie des Nationalismus. In: Arbeiterbewegung und Nationale Frage 49 f.

15 Ebenda 44 f.

16 Vgl. Davis, H. B.: Nationalism and Socialism. Marxist and Labor Theories of Nationalism before 1917. New 1967, 67.

17 MEW III, 35.

größeren Terrain, auf dem die bürgerliche Gesellschaft erst im Begriff stehe sich durchzusetzen, „gecrusht" werde[18]

Auf die nationale Frage übertragen bedeutete dies, daß den rückständigen Nationen das Recht auf die Teilnahme am revolutionären Prozeß und implizit an der Nationalstaatsbildung vorenthalten blieb. Angesichts der generellen Präzision der Marxschen theoretischen Beiträge überrascht die Unschärfe der von ihm in diesem Kontext benützten Begriffe. Der Hegelsche Terminus der „herrschenden Völker", der Engels' bekannter Unterscheidung zwischen „historischen" und „unhistorischen Völkern" zugrundelag, fand sich nun in der Spielart der Fähigkeit der Nationen zur Entfaltung der kapitalistischen Produktionsweise wieder[19]. Damit war die übergroße Mehrheit der kleineren europäischen Nationen, im Grunde auch Polen, dazu prädestiniert, von den Führungsnationen mehr oder minder kolonisiert zu werden.

Mit der vorzeitigen Revolutionierung der herrschenden Völker, auf die Marx Geschichtstheorie letzten Endes hinauslief, war der Prozeß des nationalen Erwachens, damit der Beginn der nationalen Emanzipationsbewegungen bei den west- und südslawischen Nationen schlechthin unvereinbar. Er stellte vielmehr einen schwerwiegenden Störfaktor für den Kampf um soziale Emanzipation bei den führenden Völkern dar. Marx und Engels bekämpften daher die tschechische und kroatische Nationalbewegung, die in der Revolution von 1848 hervortraten, mit äußerster Schärfe. Da war von den „Völkerabfällen" die Rede, die „auf den Schindanger der Weltgeschichte" gehörten, und von reaktionären Helfershelfern der zarischen Autokratie. Die Forderung, daß ganze konterrevolutionäre Völker, die durch ihre Existenz allein schon reaktionär seien, im Sturm der europäischen Revolution vernichtet werden müßten, entsprang Engels' ungezügeltem Haß gegen das zaristische System, das hinter den panslawistischen Tendenzen zu stehen schien[20].

Die Zuspitzung von Engels' Polemik gegen die west- und südslawischen Völker erklärt sich wohl in erster Linie daraus, daß deren Emanzipationsstreben den wunden Punkt der Marxschen Revolutionstheorie bloßlegte. Mit welchem geschichtlichen Recht konnte ihnen die nationale Unabhängigkeit abgesprochen werden, die bei den „Kulturvölkern" geradezu als Basis ihrer Revolutionierbarkeit erschien? Die Begründungen, die Engels dafür nachschob, waren alles andere als überzeugend. In krampfhafter Einhüllung tradierter Vorurteile in die materialistische Geschichtsauffassung behauptete Engels, daß allein die „Kulturvölker" die Fähigkeit besäßen, sich fremde Nationalitäten zu assimilieren, womit er einem national gefärbten Kulturbegriff huldigte, der dem deutschen Idealismus entlehnt war. In die Nichtachtung des Lebensrechts der kleinen Völker durch Marx und Engels flossen zugleich großdeutsch geprägte Vorurteile ein. Ausschlaggebend war jedoch die nicht offen eingestandene Befürchtung, daß ein Sieg des Nationalismus in und außerhalb Europas den planetarischen Urbanisierungsprozeß, der zum Kommunismus führte, um mehrere Lebensalter hinausschieben würde.

18 Brief von Marx an Engels vom 8.10.1858. MEW XXIX, 360.
19 Vgl. Rosdolsky, Roman: Friedrich Engels und das Problem der geschichtslosen Völker. Archiv für Sozialgeschichte 4 (1964), 92 f. – Mommsen: Sozialismus und Nation 65 f.
20 MEW VI, 172. – Vgl. auch Mommsen: Nationalismus als weltgeschichtlicher Faktor 45.

Die prinzipielle Zurückdrängung der nationalen gegenüber der sozialen Emanzipation, die die Marxsche Theorie postulierte, teilte sich auf dem Weg über die IAA der deutschen Arbeiterbewegung mit. Die Durchsetzung des marxistischen Internationalismus war indessen keineswegs ein unilinearer Prozeß und kam erst in den achtziger Jahren zum Abschluß. Die Anfänge der Arbeiterbewegung in der Revolution von 1848/49 unter Stefan Born standen mit der liberalen Einheitsbewegung auf einer Linie[21], und Marx und Engels nahmen mit der Auffassung, daß es notwendig sei, zunächst den linken Flügel des bürgerlichen Liberalismus zu stärken, anstatt sofort mit dem revolutionären Programm des Bundes der Kommunisten hervorzutreten, darauf Rücksicht[22].

Der nichtmarxistische Flügel der IAA, der von Bakunin beeinflußt der Idee des Selbstbestimmungsrechts der Völker anhing und für Mitteleuropa die Sektion deutscher Zunge ins Leben rief, setzte sich für großdeutsche Zielsetzungen ein und bekannte sich zur deutschen Republik. Auch die Eisenacher Partei, die 1869 hervortrat, unterstützte den großdeutschen Gedanken und zog wesentliche Antriebe aus ihrer betont antipreußischen Einstellung[23]. Die 1866 erfolgende Trennung von Österreich und Böhmen wurde nicht als definitiv betrachtet, so daß auch Arbeiterorganisationen aus Wien und Nordböhmen auf dem Eisenacher Parteitag vertreten waren[24]. Trotz der persönlichen, sachlichen und programmatischen Divergenzen, die Eisenacher und Lassalleaner trennten, stimmten diese in der Forderung nach einer einigen deutschen Republik überein, die vom Belt bis zur Adria reichte.

Erst die Ablehnung des deutsch-französischen Krieges und die Solidarisierung mit der Pariser Kommune führte die beiden Fraktionen der deutschen Arbeiterbewegung in die innenpolitische Isolation und zur formellen Anerkennung des proletarischen Internationalismus[25]. Damals warnte Wilhelm Bracke, der Führer des Braunschweiger Ausschusses, August Bebel und Wilhelm Liebknecht, deren antipreußische Haltung sie zum Bündnis mit der IAA bewog, vor einem Übermaß an Kosmopolitismus, und er stand damit in der Partei keineswegs allein. Sein Wort „Die reine Negation ist in so wichtigen Dingen der Tod“[26] sollte den sozialdemokratischen Führern noch in den Ohren klingen. Denn mit der formellen Zurückweisung des nationalen Gedankens als bürgerliche Ablenkungsstrategie begab sich die Sozialdemokratie auf den Weg zu einer Vogel-Strauß-Politik. Denn es zeigte sich immer mehr, daß auch die proletarischen Massen gegenüber nationalen Appellen nicht immun waren.

21 Vgl. BALSER, Frolinde: Sozial-Demokratie 1848/49-1863. Die erste deutsche Arbeiterorganisation „Allgemeine deutsche Arbeiterverbrüderung“ nach der Revolution. Stuttgart 1962.

22 Vgl. CONZE, Werner und Dieter GROH: Die Arbeiterbewegung in der nationalen Bewegung. Die deutsche Sozialdemokratie vor, während und nach der Reichsgründung. Stuttgart 1966, 39 f.

23 S. MORGAN, R. P.: The German Social Democrats and the First International 1864-1872. Cambridge 1965, 128 ff.

24 S. MOMMSEN, Hans: Die Sozialdemokratie und die Nationalitätenfrage im Habsburgischen Vielvölkerstaat. Wien 1963, 47.

25 Vgl. CONZE/GROH: Arbeiterbewegung 97 f.

26 Zit. nach ebenda 91.

Die Politik des Sozialistengesetzes bestärkte die Sozialdemokratie darin, mit der Herausstellung des proletarischen Internationalismus den Graben zum bürgerlichen Lager zu vertiefen, wie das generell für die Marxismus-Rezeption galt, die kompensatorisch für ihren virtuellen Ausschluß aus der Nation vollzogen wurde. In der Folge wurde die grundsätzliche Ablehnung des nationalen Prinzips zum generellen ideologischen Habitus, ohne ernstlichen politischen Belastungen ausgesetzt zu sein. Das völlige Unverständnis der Sozialdemokratie gegenüber den innerparteilichen Autonomiebestrebungen der nichtdeutschen Minderheiten zeigt jedoch, daß der nachdrücklich proklamierte proletarische Internationalismus in der Praxis auf schwachen Füßen stand[27].

Als führender Parteitheoretiker, der die Marxismus-Rezeption maßgeblich vorangetrieben hatte, nahm Karl Kautsky, der aus Böhmen stammte, zum Verhältnis von Nationalismus und Internationalismus autoritativ Stellung. Zwar konnte er nun die Bedeutung des nationalen Faktors nicht mehr a limine leugnen und mußte einräumen, daß „eine der Nation feindliche Politik der reinste Selbstmord seitens des Proletariats“ sei. Trotzdem hielt er an der fragwürdigen Auffassung fest, daß die Nation unter dem Einfluß der internationalisierenden Wirkungen des Kapitalismus ihre Bedeutung einbüßen werde und erwartete im Zusammenhang mit der Zurückbildung der gegenwärtigen Nationalsprachen zu Dialekten und der Durchsetzung einer Universalsprache „ein schmerzloses Ineinanderaufgehen der Nationen“[28].

Es ist leicht erkennbar, daß Kautsky die ursprüngliche Marxsche Theorie durch die schon beim späten Engels angelegte Eliminierung des dialektischen Prinzips ihrer ursprünglichen Schärfe, aber auch faszinierenden Stringenz beraubte, wenn er auch im Kern an deren irrtümlichen Prämissen festhielt. Noch stärker als Marx und Engels verschrieb sich Kautsky einer starren Gleichsetzung von Nationalismus und bürgerlichem Kapitalismus und der Illusion, die Lösung der nationalen Frage – übrigens ebenso der Agrarfrage – bis zum Sieg des Sozialismus und damit ad calendas greacas zu vertagen. Der für die Durchsetzung der kapitalistischen Warenproduktion unentbehrliche Nationalstaat bilde, führte Kautsky in gewohnter Umständlichkeit aus, zwar einstweilen den Kampfboden des Proletariats. Aber die Nation, die er in erster Linie als Sprachgemeinschaft definierte, werde ihre Bedeutung einbüßen, und es werde zum völligen Verschwinden erst der kleineren Nationen und dann „zur schließlichen Zusammenfassung der gesamten Kulturmenschheit in einer Sprache und Nationalität“ kommen[29]. Der verräterische Begriff der „Kulturmenschheit“ deutete an, daß sich dies nicht ganz ohne Preisgabe von autochthonen Minderheiten vollziehen würde.

Diese von Kautsky bis ins Vorfeld des Ersten Weltkriegs zäh verfochtene Position war ein Nährboden für eine politisch sterile Abwartepolitik, die konkreten Problemstellungen

27 Vgl. dazu Wehler, Hans-Ulrich: Sozialdemokratie und Nationalstaat. Die deutsche Sozialdemokratie und die Nationalitätenfragen in Deutschland von Karl Marx bis zum Ausbruch des Ersten Weltkrieges. Göttingen 1971², 140, 143 f.

28 Kautsky, Karl: Die moderne Nationalität. Die Neue Zeit 5 (1887) 541. [Im folgenden zitiert NZ].

29 Kautsky, Karl: Nationalität und Internationalität. NZ 26 (1908), Erg.-H. 1, 1-36.

gegenüber blind war, wie beispielsweise die hilflose Haltung der Marx-Epigonen zur orientalischen Frage klar erkennen läßt[30]. Gegen den formalen Internationalismus des Parteizentrums regte sich auf dem reformistischen Parteiflügel wachsende Kritik, zu deren Sprechern sich vor allem Eduard Bernstein und Georg von Vollmar machten. Während der letztere für die praktischen Reformisten gegen „die Utopisterei eines Aufhörens der Nationen und ihres Untergangs in einem formlosen Völkerbrei“ zu Felde zog[31], legte Bernstein den Finger auf die offene Wunde der zentristischen Beschwichtigungspolitik, indem er feststellte, daß „kein Volk, keine Nationalität sich auf den Tag einer allgemeinen Befreiung vertrösten lassen“ werde[32]. 1896, als die Polenfrage auf dem Programm des Internationalen Kongresses anstand, wies er ironisch darauf hin, daß man „mit einem utopischen Hinweis auf das jüngste Gericht“ leider nicht auskommen werde[33].

Bernstein wurde sich zunehmend darüber klar, daß die marxistische Revolutionstheorie infolge der Vernachlässigung des nationalen Faktors von falschen Voraussetzungen ausgegangen sei. Er sei, äußerte er 1898[34], „mehr wie je der Ansicht, daß die nationalen Unterschiede, das geschichtliche, im Temperament der Überlieferungen wurzelnde Element, von weit größerer Bedeutung sind, als wir und unsere wissenschaftlichen Lehrer ursprünglich angenommen haben“. Anders als das Parteizentrum war sich Bernstein der Gefährdung der Arbeiterbewegung durch die Hochspielung extremer nationalistischer Ressentiments wohl bewußt und erinnerte an Engels' Prognose von 1882, daß im Fall eines europäischen Krieges die Massen „in das patriotische Geheul einstimmen“ würden[35]. Gerade weil er sich vom Kosmopoliten zu einem maßvollen Befürworter nationaler Loyalität entwickelt hatte, konnte er während des Ersten Weltkriegs mit großer Entschiedenheit gegen die nationalistischen Stimmungen erlegene Fraktionsmehrheit protestieren, während es nicht an marxistischen Orthodoxen mangelte, die sich unter dem Eindruck der Ideen von 1914 zu Nationalisten gemausert hatten[36].

Die Geringschätzung des nationalen Faktors schlug sich ebenfalls in der Zurückweisung des innerorganisatorischen Gleichberechtigungsstrebens nationaler Minderheiten durch die reichsdeutsche Partei nieder. Zwar erkannte die II. Internationale 1896 den polnischen Anspruch auf Erringung der nationalen Unabhängigkeit und auf die Bildung einer die drei Gebietsteile übergreifenden Parteiorganisation an. Das hinderte die reichsdeutschen Ge-

30 Vgl. meinen Artikel: Nationalismus und nationale Frage im Denken Eduard Bernsteins. In: Arbeiterbewegung und Nationale Frage 111 ff.
31 Zit. nach Heidegger, Hermann: Die deutsche Sozialdemokratie und der nationale Staat 1870-1920. Göttingen 1956, 55.
32 Bernstein, Eduard: Die deutsche Sozialdemokratie und die türkischen Wirren. NZ 15 (1896/97), Bd. 1, 115.
33 Ebenda 110 f.
34 Nachlaß Kautsky, IISG Amsterdam, D IV II SG. – Vgl. meine Analyse: Nationalismus und nationale Frage im Denken Eduard Bernsteins 109-124.
35 Friedrich Engels an Bernstein vom 22.2.1882. In: Hirsch, H. (Hrsg).: Eduard Bernsteins Briefwechsel mit Friedrich Engels. Assen 1970, 84 f.
36 Ein Beispiel dafür ist Heinrich Cunow, der Burgfriedens- und Annexionspolitik im Ersten Weltkrieg unter Rekurs auf Marx und Engels zu rechtfertigen suchte. – Vgl. Nationalismus als weltgeschichtlicher Faktor 53.

nossen jedoch nicht daran, eine gesonderte Organisation der polnischen Genossen in Deutschland und die Pflege einer polnischen Parteipresse für überflüssig zu halten. Als die Internationale 1910 mit dem analogen Anspruch der tschechoslawischen Sozialdemokratie auf selbständige Vertretung befaßt wurde, lehnte die Mehrheit dies als Verstoß gegen das Prinzip des Internationalismus ab[37].

Wenn sich selbst in den Köpfen der sozialistischen Theoretiker und Publizisten die marxistische Fehleinschätzung in der nationalen Frage festsetzte, verwundert es nicht, daß die organisierte Arbeiterschaft selbst eine unklare Haltung einnahm. Einerseits blieb der vulgäre Internationalismus der Frühzeit lebendig und äußerte sich anschaulich in einem von Victor Adler nur mühsam zu Fall gebrachten Antrag auf dem Parteitag der deutschösterreichischen Sozialdemokraten von 1897, einen Gesetzentwurf im Reichsrat einzubringen, wonach in den Volksschulen eine geeignete Weltsprache zum obligatorischen Unterrichtsgegenstand gemacht werden solle[38]. Die Betonung des proletarischen Internationalismus stützte sich auf die bei Teilen der Arbeiterschaft zunächst vorherrschende nationale Indifferenz, die nicht zuletzt dem Bewußtsein entsprang, aus der Nation ausgeschlossen zu sein. Dahinter verbarg sich jedoch ein verbreitetes Bedürfnis nach nationalen Bindungen, das auch in dem Selbstgefühl der organisierten Arbeiterschaft durchbrach, „nicht der schlechteste Teil des deutschen Volkes" zu sein. Hans-Ulrich Wehler hat in dieser Beziehung von „einem meist unbewußten Nationalisierungsprozeß in den Reihen der SPD" gesprochen, Dieter Groh von einem „bipolaren Vaterlandsgefühl"[39].

In der Konstellation des Juli 1914 brach die zuvor überwiegend antimilitaristische und antiimperialistische Einstellung nahezu unvermittelt in eine spontane Bejahung des Kriegs als „nationale Selbstbehauptung" um. Das tief angelegte Bedürfnis, aus der nationalen Paria-Rolle herauszutreten, wirkte dabei ein und wurde durch die vom Parteizentrum errichtete Propagandabrücke des Abwehrkampfes gegen den Zarismus noch verstärkt. Es dauerte geraume Zeit, bis die Parteiintelligenz sich dazu bereit fand, sich über die Haltung der Massen und die eigene Fehleinschätzung klar zu werden. Eindrucksvoll tat dies die Linkssozialistin Henriette Roland-Holst, die 1915 schrieb:

> „Der jetzige Weltkrieg hat nicht nur bewiesen, daß der internationale Gedanke unendlich weniger tief im Proletariat verankert ist, als wir vor etwa zehn oder zwölf Jahren glaubten, sondern auch, und dies zumeist, daß dieser Gedanke wie jeder andere ohnmächtig bleibt gegenüber Gefühlen, Stimmungen und Neigungen, Affekten, die mit unwiderstehlicher Gewalt aus dem Unterbewußtsein hervorbrechen"[40].

37 Mommsen: Sozialdemokratie und Nationalitätenfrage 441 ff.

38 Protokoll über die Verhandlungen des Parteitags der sozialdemokratischen Partei in Österreich. Wien 1897, 83.

39 Wehler, Hans-Ulrich: Sozialdemokratie und Nationalstaat. Die deutsche Sozialdemokratie und die Nationalitätenfragen in Deutschland. Würzburg 1962, 196 f. – Groh, Dieter: Negative Integration und revolutionärer Attentismus. Die deutsche Sozialdemokratie am Vorabend des Ersten Weltkrieges. Frankfurt 1973, 723 f.

40 Zit. nach Haupt, Georg: Der Kongreß fand nicht statt. Die Sozialistische Internationale 1914. Wien 1967, 172.

Für die reichsdeutsche Sozialdemokratie trat der Testfall für die Tragfähigkeit des offiziell vertretenen Internationalismus mit dem Ausbruch des Ersten Weltkriegs ein, und Ähnliches galt für die meisten westeuropäischen Arbeiterparteien. Hingegen war die österreichische Sozialdemokratie frühzeitig mit der Notwendigkeit konfrontiert, eine realistische Linie in der Nationalitätenfrage zu steuern und zwischen divergierenden nationalen Interessen innerhalb der Partei einen Ausgleich zu finden. Die Frühphase der sozialistischen Bewegung in der Habsburgischen Monarchie war durch die Dominanz kosmopolitischer Strömungen geprägt, was nicht zuletzt darauf zurückzuführen ist, daß diejenigen nichtdeutschen Arbeiter, die sich den überwiegend aus deutschen Arbeitern bestehenden Arbeitervereinen anschlossen, in der Regel das Deutsche beherrschten und häufig assimilationsbereit waren[41].

Parallel zu den überwiegend deutschen Arbeitervereinen in Nordböhmen und Mähren bildeten sich tschechische Arbeiterorganisationen mit dem Hauptzentrum in Prag heraus, die an die Tradition der tschechischen demokratischen Nationalbewegung anknüpften und den Nukleus für die spätere tschechoslawische Parteibildung abgaben. In dem Maße, in dem die Parteiorganisation aus den deutschen in die slawischen Siedlungsgebiete ausstrahlte und die weniger mobile bodensässige Arbeiterschaft einbezog, drängte sich das Prinzip der Mehrsprachigkeit der Organisation, besonders im Hinblick auf die Parteipresse, selbsttätig auf. Als man nicht mehr nur die in den Anfängen vorherrschende Arbeiteraristokratie ansprach, ließ sich das zuvor praktizierte Prinzip der Zweisprachigkeit nicht länger aufrechterhalten und ergaben sich an der Basis national getrennte Organisationen. Die massive Unterdrückungspolitik in den siebziger und frühen achtziger Jahren rückte die internationale Solidarität der sozialdemokratischen Arbeiter in den Vordergrund, aber es gab faktisch national getrennte Organisationen vor allem in Böhmen.

Die von dem Außenseiter und früheren Deutschnationalen Victor Adler in Hainfeld 1888/89 geeinigte Partei klammerte nationale Fragen bewußt aus und war formell als internationale Partei konzipiert. Tatsächlich besaßen die tschechoslawische Partei und die später gebildeten nationalen Gliedparteien eine relative Autonomie und waren nur durch die gemeinsame Parteivertretung an der Spitze zusammengebunden, die ganz überwiegend in den Händen deutscher Genossen lag. 1897 sah sich Victor Adler, der diese Entscheidung immer wieder hinauszuzögern versucht hatte, dazu veranlaßt, in eine nationale Föderalisierung der Bewegung einzuwilligen. Sie trug fortan den Namen *Sozialdemokratische Gesamtpartei Österreichs*, und es kam zu einem jährlichen Wechsel von nationalen und Gesamtparteitagen[42].

Die Kritik Josef Strassers, eines Vertreters der Parteilinken, daß die Föderalisierung der Partei ein unverzeihlicher Verstoß gegen das Prinzip des Internationalismus gewesen sei[43], wurde von Josef Stalin, der 1913 in Wien mit Strasser persönliche Beziehungen unterhielt, aufgegriffen. Die angebliche Preisgabe der Parteieinheit wurde von ihm als reformistischer

41 Vgl. MOMMSEN: Sozialdemokratie und Nationalitätenfrage 76 ff.
42 Vgl. im einzelnen meine Darstellung ebenda 181 ff.
43 STRASSER, Josef: Der Arbeiter und die Nation. Reichenberg 1912, 47 f.

Klassenverrat hingestellt und gehörte seitdem zu den Kernpunkten der leninistischen Polemik gegen den Austromarxismus[44].

Sowohl Strasser wie Stalin verkannten, daß ein Festhalten an der Parteieinheit nach den schweren Erschütterungen der Badenikrise von 1897 die Spaltung der österreichischen Sozialdemokratie unmittelbar nach sich gezogen hätte, wogegen Adlers flexible Politik in der nationalen Frage den Zusammenhalt der Gesamtpartei und ihrer parlamentarische Vertretung noch einmal bis 1911 sicherzustellen vermochte. Im Unterschied dazu zerbrach die Einheit der gesamtösterreichischen Gewerkschaftsorganisation infolge des doktrinären Internationalismus der Wiener deutschen Gewerkschaftsführer schon 1896. Der anhaltende Gewerkschaftskonflikt, den Adler nicht auf die Dauer zu isolieren vermochte, bildete dann den äußeren Anlaß zur formellen Parteispaltung von 1913. Adler hatte sie mit allen Mitteln zu verhindern gesucht[45].

Die Bemühungen des auf nationalen Ausgleich bedachten zisleithanischen Parteiführers, die sozialdemokratische Gesamtpartei aus den sich immer mehr zuspitzenden Nationalitätenkonflikten vor allem in der böhmischen Frage heraushalten zu können, erfüllten sich nicht. Das 1899 verabschiedete Brünner Nationalitätenprogramm stellte den Versuch dar, die nationalen Gliedparteien auf eine gemeinsame Plattform in der nationalen Frage zu verpflichten, aber dies geschah um den Preis der Ausklammerung wesentlicher Konfliktpunkte, darunter des Problems der Staats- und Vermittlungssprache. Das Programm wurde von Deutschen und Tschechen von Anfang an unterschiedlich interpretiert, war aber zunächst ein wirksames Mittel der Integration der multinationalen Partei[46].

Eine Revision des Programms, die die Gesamtparteivertretung noch 1907 erwog, mußte jedoch preisgegeben werden, da zu diesem Zeitpunkt an eine Einigung mit der tschechoslawischen Partei in den umstrittenen Minderheitsschulfragen und den Auseinandersetzungen über eine tschechische sozialdemokratische Reichsratskandidatur in Wien nicht mehr zu denken war. Zwar gelang es Bohumír Šmeral, auf dem Pilsener Parteitag der Tschechoslawischen Sozialdemokratie von 1907 die Befassung mit dem Nationalitätenprogramm durchzusetzen. Aber sein Grundsatzreferat, das die Ideengänge Bauers und Renners weitgehend aufnahm und gegen die staatsrechtliche Position anging, fand auf dem Parteitag in Prag 1909 keine Mehrheit, und es setzte sich der Standpunkt der Revisionisten unter Meissner und Modráčekdurch. Selbst wenn in der theoretischen Beurteilung der Nationalitätenfrage noch gewisse Anknüpfungspunkte vorhanden waren, war in der konkreten Behandlung der aktuellen Sprachenkonflikte keine Übereinstimmung mehr zu erreichen[47].

Die überlegene staatsmännische Kunst Victor Adlers, die auch von seinen Gegenspielern im österreichischen Kabinett anerkannt wurde, führte die nationalen Gliedparteien im

44 Stalin, Josef: Die nationale Frage in Rußland. In: Ders., Gesammelte Werke I. Berlin 1951, 332 sowie Mommsen: Sozialdemokratie und Nationalitätenfrage 209, Anm. 1.

45 Vgl. auch die Darstellung von Löw, Raimund: Der Zerfall der „Kleinen Internationale". Nationalitätenkonflikte in der Arbeiterbewegung des alten Österreich (1889-1914). Wien 1984, 24 ff., 67 ff.

46 S. im einzelnen Mommsen: Sozialdemokratie und Nationalitätenfrage 314 ff.

47 Vgl. Löw: Zerfall der „Kleinen Internationale" 115 ff. Dort 238 ff. die Übersetzung der Rede Šmerals und der Debattenbeiträge.

Kampf um die Erringung des schließlich 1907 verabschiedeten allgemeinen und gleichen Wahlrechts zusammen, doch war es gerade dieser Erfolg, der die nationalen Konflikte stärker als zuvor hervortreten ließ, zumal sich die Hoffnung, daß die sozioökonomischen Interessen gegenüber den nationalen Prestigefaktoren Priorität erlangen würden, nur ansatzweise erfüllte. Der vermittelnden Funktion des auch bei den nichtdeutschen Gliedparteien hoch angesehenen Parteiführers war es zuzuschreiben, daß die Auflösung der „Kleinen Internationale", wie sich die österreichischen Sozialdemokraten stolz bezeichneten, bis 1913 hinausgeschoben und auch im Kriege eine gewisse Gemeinsamkeit der früheren Partner bewahrt werden konnte. Otto Bauer, der langjährige Mitarbeiter und designierte Nachfolger Victor Adlers, hat die Tragik dessen Politik mit der Formulierung umschrieben, Adler sei überzeugt gewesen, das allgemeine Wahlrecht könne Österreich retten, während es in Wahrheit das altehrwürdige Gefüge des Kaiserstaats endgültig zerstören mußte[48].

Die österreichische Staats- und Reichskrise, die seit dem Sturz Badenis 1897 normale parlamentarische Prozeduren unmöglich machte, hatte unvermeidlich zur Folge, daß sich auch die internationale Sozialdemokratie gerade in dem Maß in den Fängen des um sich greifenden integralen Nationalismus verstrickte, in dem sie als „k.k. Sozialdemokratie" auf die Seite der schwarz-gelben Monarchie und der systemerhaltenden Kräfte rückte. Die Verschärfung des deutsch-tschechischen Konflikts, der die tschechischen Sozialdemokraten an die Seite der bürgerlichen Parteien gedrängt hatte, machte pragmatische Lösungen der böhmischen Frage immer unwahrscheinlicher. Die detaillierten Lösungsvorschläge, die Karl Renner und Otto Bauer unter Rückgriff auf die Kreisverfassungspläne von Kremsier im letzten Vorkriegsjahrzehnt zur Diskussion stellten, scheiterten an der Intransigenz der tschechischen Genossen, die an der Einheit der böhmischen Länder als Nukleus einer tschechischen Staatlichkeit starr festhielten.

Bei aller Konzessionsbereitschaft in der nationalen Frage konnte die deutsche Parteiführung, die ihrerseits unter dem Druck der bürgerlichen Parteien stand, nicht in die Forderung der tschechischen Schwesterpartei einwilligen, ein Minderheitsmandat in Wien durchzusetzen. Den politischen Hintergrund dazu bildeten die Erwartungen der tschechischen Nationalbewegung, auf mittlere Sicht sowohl in Wien wie in Niederösterreich Siedlungsgewinne zu erzielen. In Übereinstimmung mit den bürgerlichen Parteien zielte auch die tschechoslawische Sozialdemokratie darauf ab, die Verfassungsfrage offen zu lassen, und sie war nicht bereit, auf die gleichzeitigen deutschen Vorschläge einer Teilung Böhmens in nationale getrennte Verwaltungsbezirke ernsthaft einzugehen. Das nach den Badeniunruhen extrem angespannte innenpolitische Klima ließ im Grunde rationale Erörterungen des Nationalitätenproblems nicht zu. Die tschechischen Sozialisten vermochten sich, nachdem sie ursprünglich das böhmische Staatsrecht eindeutig abgelehnt hatten, dem Druck der bürgerlichen Nationalbewegung immer weniger zu entziehen. Das galt

48 BAUER, Otto: Einleitung zu Victor Adler: Aufsätze, Reden, Briefe. Bd. VI. Wien 1920, S. XXXI. – Vgl. meinen Beitrag: Victor Adler und die Politik der österreichischen Sozialdemokratie im Ersten Weltkrieg. In: Politik und Gesellschaft im alten und neuen Österreich. Festschrift für Rudolf Neck. Hrsg. von Isabella ACKERL u.a. Bd. I. München 1981, 388 f.

auch für die übrigen Gliedparteien der Sozialdemokratie, doch ließen sich diese Konflikte noch gegenüber den gemeinsamen sozialen und verfassungspolitischen Zielen isolieren, was in der böhmischen Frage nicht mehr möglich erschien[49].

Die taktische Ausweglosigkeit, in der sich die Partei 1913 befand, veranlaßte Otto Bauer zu der Erwägung, ob es nicht angeraten sei, den gordischen Knoten zu durchschlagen und für den Anschluß der deutschen Gebiete der Monarchie an das Deutsche Reich zu votieren. Bauer nahm jedoch, wie er Karl Kautsky schrieb, davon Abstand, weil der Bruch mit der bisherigen Parteilinie zu abrupt erfolgt wäre und unter den bestehenden Umständen zum Kampf der deutschen gegen die tschechischen Arbeiter „bis aufs Messer" geführt hätte, ohne die Bewegung taktisch zu entlasten[50]. Das von ihm inspirierte Nationalitätenprogramm der Linken vom Frühjahr 1918 vollzog dann die Wende zur Anerkennung des uneingeschränkten Selbstbestimmungsrechts der habsburgischen Völker, sparte aber den Anschlußgedanken aus Rücksicht auf die militärische Zensur noch aus[51].

Die Bemühungen der austromarxistischen Schule, theoretische Klarheit über die nationale Frage zu gewinnen, überdauerten den Todeskampf des Habsburgischen Vielvölkerstaates. Dies gilt sowohl für das auf Renner zurückgehende Programm der nationalkulturellen Autonomie auf der Grundlage des Personalitätsprinzips, das in der Zwischenkriegszeit in den baltischen Ländern zur Anwendung gekommen ist. Dem Austromarxismus kommt vor allem deshalb entscheidende Bedeutung zu, weil er eine eindeutige Abkehr von der bisherigen Unterschätzung des nationalen Gedankens in der sozialistischen Theorie vollzog und eigene Erklärungsmodelle vorlegte.

Ausgangspunkt für die theoretische Revision der Marxschen Position bildete eine Broschüre, die Otto Bauer 1907 zur Entlastung der Politik der Parteiführung in der Nationalitätenfrage abzufassen gedachte[52]. Die Beschäftigung mit dem Gegenstand führte zu einer umfangreichen Untersuchung, die im Rahmen der Marx-Studien unter dem Titel „Die Nationalitätenfrage und die Sozialdemokratie" 1907 in Wien herauskam. Sie brach mit der rein mechanistischen Auffassung des Nationalismus, wie sie Kautsky vertrat, und erkannte, daß das nationale Bewußtsein nicht eine ephemäre, an bestimmte historische Entwicklungsstufen gebundene Größe war, wie dies Kautsky mit der Zuordnung des Nationalismus zum Bürgertum suggerierte[53].

49 S. MOMMSEN: Sozialdemokratie und Nationalitätenfrage 367 ff. und 393 ff. – LÖW: Zerfall der „Kleinen Internationale" 46 f., 56 ff. – ZESSNER, Klaus: Josef Seliger und die nationale Frage in Böhmen. Stuttgart 1976, 66 f., 76 ff.

50 Otto Bauer an Karl Kautsky vom 25.9.1913. IISG Nachlaß Kautsky D II, 498.

51 Ein Nationalitätenprogramm der Linken. Der Kampf XI (1918), 271 ff. – Vgl. meinen Beitrag: Otto Bauer, Karl Renner und die sozialdemokratische Nationalitätenpolitik in Österreich 1905-1914. In: Arbeiterbewegung und Nationale Frage, 215 f.

52 Brief Bauers an Kautsky vom 26.1.1906. IISG Nachlaß Kautsky D II, 472. Vgl. MOMMSEN: Otto Bauer, Karl Renner und die österreichische Nationalitätenpolitik 201 f.

53 Im Gegensatz zu Kautskys Anschauung vom bloß peremptorischen Charakter der Nation habe er die Realität der nationalen Gemeinschaft grundsätzlich zugestanden, um daraus die Notwendigkeit der internationalen Politik der Sozialdemokratie abzuleiten. Dies sei „die einzige Methode, um den bürgerlichen Nationalismus wirksam bekämpfen zu können" (Brief Bauers an Kautsky vom 15.6.1907. IISG Nachlaß Kautsky D II, 476).

Bauer löste sich von der tradierten Negierung des nationalen Prinzips und betonte, daß das Proletariat durchaus nationale Interessen habe, die er, hier unter dem Einfluß der überwiegend kulturellen Ausprägung des nationalen Gedankens in Österreich, im wesentlichen in der Teilnahme an den national differenzierten Kulturgütern erblickte. Er gelangte in einer etwas atemberaubenden Dialektik zu der Schlußfolgerung, daß das Proletariat unter bürgerlich-kapitalistischen Bedingungen nicht in den Vollbesitz der nationalen Kultur gelange und „Hintersasse der Nation" bleibe und daß erst der Sozialismus mit der Demokratisierung der Kulturgüter die volle Verwirklichung der Nation ermögliche. Erst dann sei eine allseitige Ausbildung der nationalen Kultur zu erreichen[54].

In Abwandlung der Ideen von Marx vertrat Bauer die Auffassung, daß der reife Kapitalismus nicht die Realisierung des Nationalstaats, sondern die Schaffung übernationaler imperialistischer Herrschaftsgebilde anstrebe. Demgegenüber werde der Gedanke der Nation zum „sicheren Besitz der Arbeiterklasse". Diese auf Kautskys Kasuistik antwortende Theorie der nationalen Entwicklung ordnete die Begriffe *Nation* und *Demokratie* einander zu und versuchte objektive und subjektive Kriterien der Nation miteinander zu verbinden. Bedeutsamer war Bauers Ansatz, die Nation nicht einfach aus gegebenen sozioökonomischen Interessenlagen zu begründen, sondern sie als „Resultat der Geschichte", damit primär als historische Größe abzuleiten. Unter dem Einfluß der vor der Jahrhundertwende aufsteigenden neokantianischen Schule und mit deutlichen Entlehnungen bei Ferdinand Tönnies, insbesondere der Übernahme von dessen Unterscheidung von Gemeinschaft und Gesellschaft, beschrieb Otto Bauer die Nation als Resultat der Vergemeinschaftung, die durch gemeinsame historische Erfahrung gestiftet wurde, und definierte sie als „geronnene Geschichte"[55]. Damit machte er deutlich, daß diese sich den gewohnten ökonomischen Herleitungen entzog, wie sie die zentristische marxistische Schule pflegte.

Bauers Versuch, eine historische Typologie der Nationsbildung zu entwerfen, stellt im Licht der vorangegangenen sozialistischen Theorie, aber auch im Hinblick auf die bürgerliche Soziologie einen grundlegenden Fortschritt dar. Allerdings hat Bauers konstruierende Sprache und seine Neigung zur Überdeterminierung und zu einer mitunter gewaltsam erscheinenden dialektischen Argumentationsweise seine Rezeption, die zunächst nur durch Bohumír Šmeral erfolgte, erschwert[56]. Die Einführung des Begriffs der „Schicksalsgemeinschaft" zur Beschreibung der Nation gehört zu den schwächsten Punkten, während die Konzeption der Verkehrsgemeinschaft als Ausgangspunkt der Nationsbildung von der modernen kommunikationstheoretisch geprägten Nationalismustheorie aufgegriffen worden ist[57].

Es wäre irreführend, den beiden austromarxistischen Theoretikern zu unterstellen, durch ihre Theorie nur die Vorherrschaft der Deutschen im Donauraum befestigen zu wollen, wie dies in der Zuspitzung des deutsch-tschechischen Konfliktes wiederholt

54 Vgl. auch BAUER, Otto: Bemerkungen zur Nationalitätenfrage. NZ 26 (1908), Bd. I, 794 f.
55 Ebenda 798 f. sowie BAUER: Die Nationalitätenfrage und die Sozialdemokratie 121 ff.
56 Vgl. insbes. HELLER, Hermann: Sozialismus und Nation. Berlin 1931, 51.
57 Vgl. MOMMSEN: Nationalismus als weltgeschichtlicher Faktor 36 f. sowie DEUTSCH, Karl W.: Nationalism and Social Communication. Cambridge (Mass.) 1966.

geäußert wurde[58]. Unzweifelhaft spielten nationale Erwägungen bei beiden Autoren eine wichtige Rolle, wobei sich Renners kulturell geprägter Nationalismus von der stärker großdeutschen Ausrichtung Bauers abhebt. Gleichwohl muß hervorgehoben werden, daß ihr Denken auf den nationalen Ausgleich gerichtet war und daß die von ihnen unterbreiteten praktischen Vorschläge bis heute ihre Bedeutung keineswegs eingebüßt haben[59].

Das Scheitern der Sozialistischen Internationale erfolgte unter Bedingungen, unter denen Politik als rationale Interessenwahrnehmung immer mehr hinter emotionalen und affektiven Faktoren zurücktrat. Die sozialdemokratischen Parteien erwiesen sich gegenüber den anbrandenden Kräften des integralen Nationalismus als machtlos. In dem Maße, in dem die organisierte Arbeiterbewegung in die national verfaßte Gesellschaft hineinwuchs, war sie gezwungen, auch zu nationalen Problemen Stellung zu nehmen. Im Gegensatz zur imperialistischen Desperadopolitik hat sie versucht, sich für Verständigung und friedlichen Konfliktaustrag einzusetzen. Auch wenn ihr spektakuläre Erfolge versagt blieben, gelang es ihr, zumindest große Teile der Industriearbeiterschaft gegenüber nationalistischen Emotionen zu immunisieren. In den österreichischen Nachfolgestaaten stellte sie ein Widerlager gegenüber einer nationalistischen Politik dar, die direkt und indirekt die faschistischen Aggressoren begünstigt hat. Das Erbe der sozialdemokratischen Bemühungen, sich extremem Nationalismus zu widersetzen, aber sich gleichzeitig zum Sprecher berechtigter nationaler Forderungen zu machen, ist in den Händen der kommunistischen Machthaber in Ostmittel- und Südosteuropa verspielt worden.

Die nationalistischen Konflikte, die nach der Auflösung des Sowjetsystems in diesem Raum an der Tagesordnung sind und die die Nationalitätenkämpfe des 19. und des 20. Jahrhunderts an Härte, Grausamkeit und Sinnlosigkeit in vieler Hinsicht übertreffen, lassen den Gedanken an die Bemühungen gerade der österreichischen Sozialdemokratie, die Vorzüge des multinationalen Staates mit nationalkultureller Eigenständigkeit zu verbinden, wieder hervortreten. Das Prinzip der kombinierten territorialen und personellen Autonomie, wie es von Karl Renner und Otto Bauer entwickelt wurde, stellt gerade heute die einzige tragfähige Alternative zur menschenmörderischen, inhumanen und völkerrechtswidrigen Schaffung von national homogenen Territorien auf dem Wege gewaltsamer Austreibung oder schrittweisen Genozids dar.

Marx' Prognose der fortschreitenden Angleichung der Weltzivilisation ist im Begriffe, Wirklichkeit zu werden. Aber seine Hoffnung, daß dies gleichzeitig das Ende der Nationalismen bedeute, hat sich nicht erfüllt. Vielmehr scheint die Aktivierung von Nationalismen gerade eine psychische Kompensation für fortschreitende Modernisierung und soziokulturelle und ökonomisch-technologische Nivellierung zu sein. Bauers Erkenntnis, daß Nationalismus stets an tatsächliche oder eingebildete historische Gemeinsamkeit anknüpft, bestätigt sich in der in Ostmitteleuropa allenthalben vor sich gehenden Reaktivierung längst überwunden geglaubter geschichtlicher Formationen, denen nationaler Charakter beigelegt wird. Nationalismus ist insofern eine Denkhaltung, die das Ungleichzeitige

58 Vgl. Löw: Der Zerfall der „Kleinen Internationale" 127 f.
59 Mommsen: Otto Bauer, Karl Renner 213 f.

aktiviert und bewahrt, um dadurch eine Abgrenzung gegenüber Fremdgruppen zu ermöglichen.

Gleichwohl bleiben Nation und Nationalstaat geschichtliche, damit wandelbare und keineswegs notwendige Bildungen, und sie rücken in der Skala der politischen Werte auf die unteren Ränge. Mit Recht bekämpfte die mitteleuropäische Arbeiterbewegung die Auffassung, daß nationale Ideen in ihrer Relation zu sozialem Fortschritt und sozialer Gerechtigkeit beurteilt werden müssen. Der Nationalismus in den Händen populistischer Demagogen erweist sich heute ebenso wie im 19. Jahrhundert als gefährliche Waffe gegen Demokratie und sozialer Emanzipation. Ihm gilt es mit allen Kräften entgegenzutreten.

Jan Galandauer

Tschechische Sozialdemokraten zwischen Internationalismus und Nationalismus (1889-1914)

Die „kleine österreichische Internationale“

In der habsburgischen Vielvölkermonarchie gab es auch eine multinationale Arbeiterbewegung. Der Hainfelder Parteitag an der Jahreswende von 1888/89, auf dem der Grundstein zur *Sozialdemokratischen Partei Österreichs* als Massenpartei gelegt wurde, war theoretisch ein Kongreß der Arbeiter aller Nationalitäten Zisleithaniens. Er wurde allerdings von den deutschösterreichischen und tschechischen Sozialisten organisiert und von den Organisationen der deutschösterreichischen und tschechischen Arbeiterschaft unterstützt. Die böhmischen Länder und Niederösterreich, besonders das Wiener Gebiet, repräsentierten die industriell meistentwickelten Teile der Monarchie, die Deutschen und Tschechen hatten von allen Nationalitäten Österreichs den größten Anteil an Industriearbeitern und das höchste Bildungsniveau. Daß die ausschlaggebende Basis der Sozialdemokratie in Österreich deutsche und tschechische Sozialdemokraten bildeten, zeigen die Ergebnisse der ersten aufgrund des allgemeinen und gleichen Wahlrechts im Jahre 1907 durchgeführten Reichsratswahlen. Von der Gesamtzahl der für die Sozialdemokratie abgegebenen Stimmen erhielten:

deutsche Sozialdemokraten	49,2 %
tschechische Sozialdemokraten	38,1 %
polnische Sozialdemokraten	7,0 %
ukrainische Sozialdemokraten	2,8 %
italienische Sozialdemokraten	2,4 %
slowenische Sozialdemokraten	0,4 %[1]

Die Wähler der deutschen und der tschechischen Sozialdemokratie bildeten also 87,3 % aller sozialdemokratischen Wähler in Österreich. Wenn auch die Existenz der polnischen, ukrainischen, italienischen und slowenischen sozialdemokratischen Organisationen geistesgeschichtlich und politisch nicht unbedeutend war, stellten die deutschen und die tschechischen Sozialisten doch die entscheidenden Kräfte dar, die die „kleine österreichische Internationale“ bildeten und ihr Schicksal bestimmten.

Zum Zeitpunkt des Hainfelder Parteitags hatten die tschechischen Arbeiter bereits traditionell eine gewisse organisatorische Sonderstellung im Rahmen der österreichischen Sozialdemokratie. Auf dem Parteitag in Břevnov bei Prag im April 1878 wurde die

1 BRÜGEL, Ludwig: Geschichte der österreichischen Sozialdemokratie. Bd. 5. Wien 1925, 40-41.

Tschechoslawische[2] *Sozialdemokratische Arbeiterpartei* gegründet, die sich zum Ziel setzte, im Rahmen der gesamtösterreichischen Sozialdemokratie die tschechischen Arbeiter zu organisieren. Der Hainfelder Parteitag befaßte sich nicht mit der Frage, ob die tschechoslawische Sozialdemokratie eine territoriale Organisation der gesamtösterreichischen Partei für den tschechischen Teil der böhmischen Länder oder eine Organisation sein solle, die alle tschechischen Sozialdemokraten in Österreich vereinen würde. Die rasche zahlenmäßige und organisatorische Entfaltung der Arbeiterbewegung in den folgenden Jahren machte jedoch eine weitere Nichtbeachtung der Frage unmöglich, ob die Organisation der *Sozialdemokratischen Partei Österreichs* einheitlich bleiben könne oder nach Nationalitäten zu differenzieren sei.

Als Vorbild für alle Sozialdemokraten Österreichs, einschließlich der tschechischen, diente die Organisation der *Sozialdemokratischen Partei Deutschlands.* Sie galt in der gesamten *Zweiten Internationale* als Vorbild. Es wurde ursprünglich nur mit „unwichtigen Veränderungen" gerechnet, „die sich die politischen und ethnographischen Verhältnisse im Lande erzwingen"[3], und den tschechischen Arbeitern wurde das Erlernen der deutschen Sprache empfohlen[4]. Die Frage war allerdings nicht, ob die tschechischen Sozialdemokraten Deutsch lernen sollten, sondern ob in einem Nationalitätenstaat mit einer multinationalen Arbeiterklasse die Sozialdemokratie als eine im wesentlichen deutsche Partei aufgebaut werden konnte. Die meisten Arbeiterbildungs- und Fachvereine, die nach Hainfeld die sozialdemokratische Partei bildeten, waren entweder deutsch oder tschechisch, die gemischtsprachigen stellten eine Ausnahme dar, und dieselbe Trennung nach sprachlich-nationalen Kriterien galt auch für die Arbeiterzeitschriften. Vor allem aber konnte die nationale Frage nicht nur als eine Sprachenfrage aufgefaßt werden. Es bestand die Tradition einer eigenen tschechischen sozialdemokratischen Organisation, die ihren Platz im tschechischen parteipolitischen Spektrum suchte.

Die nationale Föderalisierung der österreichischen Sozialdemokratie

Die Konturen einer autonomen tschechischen Organisation im Rahmen der Sozialdemokratischen Partei zeigten sich bald. Am 28. September 1890 fand eine Konferenz der Prager Sozialdemokraten statt. Sie nahm ein Aktionsprogramm zum Aufbau einer sozialdemokratischen Partei in Böhmen für die Arbeiter tschechischer Nationalität an, also die Konzeption einer nach Nationalitäten getrennten Organisation. Der Prozeß der organisatorischen Abtrennung der tschechischen Sozialdemokratie von der in Theorie einheitlichen *Sozialdemokratischen Partei Österreichs* ging Hand in Hand mit dem Anwachsen der Zahl der

2 Der tschechische Begriff *československý (tschechoslawisch)* ist dadurch bedingt, daß in der tschechischen Sprache *český* sowohl *böhmisch* als auch *tschechisch* bedeutet; er war ursprünglich ein Gegenpol zum Begriff *českoněmecký (deutschböhmisch),* wurde dann aber vor allem als Sammelbegriff für die Slawen aus Böhmen, Mähren, Schlesien und Niederösterreich verwendet.
3 ADLER, Victor: Aufsätze, Reden, Briefe. Bd. 1-11. Wien 1922-1929; hier II, 52.
4 Ebenda V, 185.

Mitglieder und Organisationen. Die erste Etappe in diesem Prozeß beendete der Parteitag der *Tschechoslawischen Sozialdemokratischen Arbeiterpartei* in Budweis (České Budějovice), der vom 24. bis 26. Dezember 1893 stattfand. Der Parteitag beschloß, daß die tschechoslawische Sozialdemokratie ihre eigene Organisationsstruktur haben solle.

Seit Ende 1893 bestand also eine besondere Situation in der *Sozialdemokratischen Partei Österreichs.* Theoretisch existierte – im Einklang mit den Hainfelder Beschlüssen – eine einheitliche gesamtösterreichische Partei, deren Führung ihren Sitz in Wien hatte. Diese Führung war in den Händen deutschösterreichischer Sozialdemokraten, die den Standpunkt einer einheitlichen Partei vertraten und daher zunächst keine deutsche Sozialdemokratie in Österreich gründeten. Die tschechische Sozialdemokratie verstand sich als eine eigene Organisation innerhalb der gesamtösterreichischen Partei, aber tatsächlich baute sie eine selbständige Organisation auf, die die tschechischen Arbeiter in Böhmen, Mähren, Schlesien und Niederösterreich umfaßte. Die tschechischen Sozialdemokraten forderten, daß dieser Status anerkannt werde, damit sich die Sozialdemokratie in Österreich in eine Föderation einzelner sozialdemokratischer Parteien umwandeln könne. Zum Konflikt zwischen der zentralistischen und der föderalistischen Auffassung kam es immer wieder auf den gesamtösterreichischen Parteitagen.

Es war in erster Linie ein Verdienst der führenden Persönlichkeit der österreichischen Sozialdemokratie Victor Adler, die Tatsache erkannt zu haben, daß die Alternative zur Föderalisierung nicht die straffe zentralistische Parteiorganisation, sondern die Parteispaltung war[5]. Auf dem VI. gesamtösterreichischen Parteitag in Wien, der vom 6. bis 12. Juni 1897 stattfand, wurde die Partei organisatorisch auf eine neue Grundlage gestellt. Die Sozialdemokratie in Österreich wandelte sich in eine Föderation von selbständigen nationalen Parteien – der deutschen, tschechischen, polnischen, südslawischen und später auch italienischen Partei. Jede von ihnen hatte ihre eigenen Organisationen, ihre Leitungen und auch ihre Parteitage. Diese Parteien bildeten zusammen die österreichische Sozialdemokratie, deren Parteitag alle zwei Jahre stattfinden sollte. Zwischen den Parteitagen sollte die gesamtösterreichische Partei von einer gemeinsamen Vertretung geleitet werden, die sich aus den jeweiligen Exekutivausschüssen der nationalen Parteien zusammensetzte. Die in Wien wohnenden Mitglieder der einzelnen nationalen Parteien bildeten einen ständigen gemeinsamen Exekutivausschuß. Aufgabe der gesamtösterreichischen Parteiorgane war es nicht mehr, die einzelnen nationalen Parteien zu leiten, sondern zu koordinieren. Das Hainfelder Programm galt für alle Parteien – in diesem Punkt blieb die Einheit erhalten.

Die Struktur der Sozialdemokratie in Österreich veränderte sich grundsätzlich. Von einer einheitlichen Partei, die sich ohne Rücksicht auf die Nationalität ihrer Mitglieder organisieren sollte, wandelte sie sich in eine lose Föderation nationaler sozialdemokratischer Parteien mit einem gemeinsamen Programm und einer Koordinationskommission. Dieser Wandel vollzog sich im Zeichen der Konflikte der Führung der tschechoslawischen

5 MOMMSEN, Hans: Die Sozialdemokratie und die Nationalitätenfrage im habsburgischen Vielvölkerstaat. Bd. 1: Das Ringen um die supranationale Integration der zisleithanischen Arbeiterbewegung 1867-1907. Wien 1963, (Veröffentlichungen der Arbeitsgemeinschaft für Geschichte der Arbeiterbewegung in Österreich 1), 209.

Sozialdemokratie mit der Wiener Parteileitung und endete mit der Durchsetzung des tschechischen Standpunktes. Es wäre jedoch unberechtigt, die zeitgemäße Terminologie zu übernehmen und diese Entwicklung nur als Konflikt zwischen den tschechischen Nationalisten und den deutschösterreichischen Internationalisten zu schildern. Die tschechischen Sozialdemokraten verlangten die Föderalisierung der gesamtösterreichischen Partei, um innerhalb der internationalen Arbeiterbewegung tschechische nationale Interessen wahren und gegenüber anderen tschechischen politischen Parteien als eine tschechische (nicht deutsche) Partei auftreten zu können. Der von den deutschen Sozialdemokraten in Österreich proklamierte Internationalismus bedeutete eine Ignorierung der tatsächlichen Nichtgleichbehandlung der nichtdeutschen Nationalitäten und entsprach den Empfindungen einer saturierten Nation. Die traditionelle Abneigung der Tschechen gegen den Wiener Zentralismus wurde nicht genug beachtet. Dabei waren weder der zentralistische Standpunkt der Wiener noch die föderative Haltung der Tschechen subjektiv nationalistisch.

Die Arbeiterbewegung Österreichs wurde jedoch vom tschechisch-deutschen Konflikt nicht vollständig bestimmt. Oftmals standen deutschösterreichische und tschechische Sozialdemokraten Seite an Seite in gemeinsamen Demonstrationen bei den Feiern am 1. Mai, bei vielen Streiks, im Kampf für das allgemeine Wahlrecht im Jah- re 1893, in der gemeinsamen antinationalistischen Demonstration im Jahre 1897 und in vielen weiteren Aktionen. Ohne Rücksicht auf persönliche Wünsche und Vorstellungen gewann aber der Streit um die Form der Organisation der Sozialdemokratie in Österreich den Charakter einer deutsch-tschechischen Konfrontation und führte letzten Endes zur politischen Spaltung der gesamtösterreichischen Sozialdemokratie.

Die nationale Desintegration der Sozialdemokratie in Österreich

Die Nationalitätenkonflikte in der gesamtösterreichischen sozialdemokratischen Partei wurden durch die Föderalisierung nicht aufgehalten. Der sozialdemokratische Abgeordnetenverband im Reichsrat nach 1897 und besonders nach 1907 sollte die Rolle des gemeinsamen politischen Repräsentanten der Sozialdemokratie in Österreich spielen. Er wurde durch den deutschen, tschechischen, polnischen, italienischen und ukrainischen Klub gebildet. (Der rumänische Abgeordnete war Mitglied des deutschen Klubs.) Aber dieser Verband trat als ein einheitlicher Parlamentskörper mit immer größeren Schwierigkeiten auf. Der Nationalismus, der sich in den einzelnen sozialdemokratischen Nationalitätenparteien durchgesetzt hat, spiegelte sich auch in der Entwicklung des ganzen Abgeordnetenverbandes wieder.

Am schwersten wog dabei der Konflikt zwischen den Abgeordneten der zwei stärksten Nationalitätengruppen – der deutschen und der tschechischen. Sowohl bei den deutschen als auch bei den tschechischen sozialdemokratischen Abgeordneten setzte sich immer stärker die Tendenz durch, in aktuellen politischen Fragen, die zu nationalen Streitigkeiten im Reichsrat Anlaß gaben, den Standpunkt der bürgerlichen Abgeordneten ihrer Nationalität einzunehmen. In Fragen, die die Sprache, die Schulen oder die nationalen Minderheiten im allgemeinen betrafen, schlossen sich oft sowohl die deutschen als auch die tschechischen Sozialdemokraten den „nationalen Blöcken" der Abgeordnetenkammer an. Bei anderen Gelegenheiten gelang es nur unter Schwierigkeiten, in Couloirverhandlungen Lösungen zu finden, die die Uneinigkeit der Sozialdemokraten nicht an die Öffentlichkeit dringen ließen. Sowohl die deutschösterreichischen als auch die tschechischen Sozialdemokraten betonten dabei stets ihren Internationalismus und warfen einander gegenseitig Nationalismus vor, zum Beispiel in der Frage der Minderheitenschulen der Wiener Tschechen[6].

Den Anlaß für das endgültige Zerwürfnis bildete die Entwicklung in den Gewerkschaften[7]. Die tschechoslawische Sozialdemokratie konnte die organisatorische und wirtschaftliche Unabhängigkeit von der Wiener Leitung nicht erreichen, ohne sich in der Gewerkschaftsorganisation durchzusetzen, da die Gewerkschaften die organisatorische und finanzielle Stütze der politischen Partei darstellten. Deshalb erklärte die Prager Parteileitung im September 1906, daß sie die Gewerkschaften in den tschechischen Gebieten als Bestandteil der *Tschechoslawischen Sozialdemokratischen Arbeiterpartei* ansehe. Besonders in den Jahren 1908-1909 kam es zu Austritten tschechischer Mitglieder aus den zentralen österreichischen Gewerkschaftsverbänden. Die Wiener Gewerkschaftskommission bestand darauf, die allein berechtigte zentrale Führung aller Gewerkschafter in Österreich zu sein, und klagte das Vorgehen der tschechoslawischen Sozialdemokratie bei der *Internationale* an. Der Kopenhagener Kongreß der *Internationale* im Jahre 1910 verurteilte die Politik der tschechischen Partei als Separatismus, aber Prag wollte sich dem Wiener Zentralismus nicht unterordnen. Nachdem sich ein Teil der tschechischen Organisationen in Mähren, die aus der tschechoslawischen Partei ausgeschlossen wurden, im Mai 1911 als eine selbständige politische Organisation der sogenannten *Zentralisten* (unter dem Namen *Tschechische Sozialdemokratische Partei in Österreich)* konstituiert hatte und als „Schwesterpartei" anerkannt worden war[8], schien der Bruch zwischen den deutschösterreichischen und den tschechischen Sozialdemokraten endgültig zu sein.

Politische und geistige Grundströmungen im allgemeinen waren jedoch in der Arbeiterbewegung in Österreich meist einheitlich. Die Sozialdemokraten lebten im gleichen Staat und begegneten ohne Unterschied der Nationalität denselben oder ähnlichen Problemen. Der um sich greifende Nationalismus zersetzte die „kleine österreichische Internationale", aber ihre einzelnen Bestandteile gingen aus derselben Tradition hervor, sie unterlagen denselben Einflüssen und mußten auf dieselben politischen Ereignisse reagieren. Die soziale Struktur der tschechischen und der deutschen Nation unterschieden sich nur geringfügig,

6 Vgl. Löw, Raimund: Der Zerfall der „Kleinen Internationale". Nationalitätenkonflikte in der Arbeiterbewegung des alten Österreich 1889-1914. Wien 1984 (Materialien zur Arbeiterbewegung 34), 115-131.

7 Vgl. [Hájek, Bedřich]: Die Entwicklung des österreichischen Gewerkschaftskonflikts bis zum Internationalen Sozialistenkongreß 1910 in Kopenhagen. In: Konrad, Helmut: Nationalismus und Internationalismus. Die österreichische Arbeiterbewegung vor dem Ersten Weltkrieg. Wien 1976 (Materialien zur Arbeiterbewegung 4), 105-203.

8 Arbeiter-Zeitung (Wien) vom 24.6.1912, Beschluß des Exekutivkommitees der gesamtösterreichischen Partei.

auch der Lebensstil der deutschen und der tschechischen Arbeiter, die politische Kultur und Ideologie der tschechischen und der deutschen Arbeiterbewegung ähnelten einander.

Die Sozialdemokratie und ihr Verhältnis zum österreichischen Staat

In der Tschechoslowakischen Republik hatten die tschechischen sozialdemokratischen Politiker, Publizisten und Schriftsteller die Tendenz, die Sozialdemokratie vor 1918 als Kämpferin gegen Österreich und für einen selbständigen tschechoslowakischen Staat hinzustellen. Die Konflikte zwischen tschechischen und deutschen Sozialdemokraten vor dem Krieg und schließlich der Zerfall der „kleinen österreichischen Internationale" wurden als Kampf zwischen den Anhängern Österreichs und seinen Gegnern interpretiert. Eine solche Auffassung entspricht jedoch nicht den geschichtlichen Tatsachen. Es war eine Projektion bestimmter ideologischer und politischer Vorstellungen in die Vergangenheit.

Das Brünner Programm der Sozialdemokratie in Österreich vom Jahre 1899 sowie die Vorschläge von Karl Renner und Otto Bauer zur Lösung der Nationalitätenfrage gingen von der Existenz der habsburgischen Monarchie aus. Der österreichische Staat sollte derart reformiert werden, um den Nationalitätenkampf verstummen zu lassen. Auf dem Boden eines national beruhigten und modernisierten Österreichs könnte die Sozialdemokratie ihren Klassenkampf entfalten.

Diese Konzeption zeigte die Sozialdemokratie als eine konstruktive, staatsbildende Partei. Im Unterschied zu den nationalistischen bürgerlichen Parteien, die mit ihrem nationalen Egoismus und ihrem nationalen Kampf den Staat vernichteten, wollte die Sozialdemokratie diesen Staat dadurch retten, daß sie ihn zu Reformen und zur Modernisierung zwingen würde. Diese Identifizierung mit dem Rahmen der habsburgischen Monarchie brachte der politische Führer und die dominante Autorität der Sozialdemokratie in Österreich, Victor Adler, mehrmals zum Ausdruck. In seiner Parlamentsrede im Jahre 1908 rief er aus: „... Wir Sozialdemokraten, die in allen Sprachen der Monarchie als Vaterlands- und Volksverräter beschimpft werden, wir Sozialdemokraten sagen Ihnen: wir sind trotz allem einig und wissen: solange Österreich lebensfähig ist, lebt es nur in uns! Solange Österreich leben kann, steht es in unserem Lager[9]!" Die vom christlich-sozialen Politiker Karl Lueger erfundene Schmähbezeichnung „k.u.k. Sozialdemokratie[10]" brachte die positive und konstruktive Einstellung der Sozialdemokratie zum österreichischen Staat zum Ausdruck.

Die österreichischen Sozialdemokraten waren zwar mit dem existierenden österreichischen Staat nicht zufrieden und kritisierten sehr häufig und scharf die damaligen Verhältnisse. Die Lösung der Nationalitätenfrage, die sie vorschlugen, bewegte sich jedoch im Rahmen der habsburgischen Monarchie. Sie setzten sich nicht ihre Vernichtung, sondern

9 Adler: Aufsätze, Reden, Briefe VIII, 164.
10 Dazu Šmeral, Bohumír: Jak byla budována sociální demokracie v Rakousku [Wie die Sozialdemokratie in Österreich gebildet wurde]. In: Ders.: Historické práce 1908-1940 [Historische Arbeiten 1908-1940]. Praha 1961, 227.

ihre Reformierung zum Ziel. Den Rahmen des österreichischen Staates betrachteten sie als etwas Gegebenes und entwickelten keine Konzeption, die auf den Zerfall der Vielvölkermonarchie in nationale Staaten gesetzt hätte.

In Österreich existierten innerhalb der deutschen Sozialdemokratie Traditionen, die mit einer großdeutschen Lösung rechneten, d.h. mit dem Zusammenschluß Deutschlands und Österreichs. Nach dem Sieg der Revolution in Deutschland sollte es zur Vereinigung der sozialistischen Bewegung in Deutschland und Österreich und der beiden Staaten kommen. Nach Hainfeld wurde diese Tradition umso leichter verdeckt, als die Führer und Ideologen der Sozialdemokratie in absehbarer Zeit keine Revolution erwarteten. In der Denkweise und in den Erwägungen einiger Sozialdemokraten blieb sie jedoch erhalten. Die Arbeiten Otto Bauers rechneten zwar mit der Lösung der Nationalitätenfragen in der habsburgischen Monarchie, schlossen jedoch nicht aus, daß es sich um eine vorübergehende Lösung handeln und die endgültige Lösung der Anschluß Österreichs an Deutschland sein werde. Diese Ansicht vertrat Bauer nicht allein. Auch in den Reihen der deutschen Sozialdemokratie Österreichs setzte sich eine ähnliche Tendenz wie in den meisten deutschösterreichischen bürgerlichen Parteien durch, die hofften, daß der Nationalitätenkampf in Österreich zu ihren Gunsten durch ein Bündnis oder die Verschmelzung mit Deutschland entschieden würde. Für diese Situation ist charakteristisch, daß Karl Renner, der eindeutig für die Erhaltung der Selbständigkeit des habsburgischen Reiches war, das Bedürfnis hatte, zu beweisen, daß dies vom deutschnationalen Standpunkt erforderlich sei:

> „Besser sieben Völker regieren als den Hinterhof der Hohenzollern zu bilden. Darüber hinaus weiß jeder umsichtige Deutsch-Österreicher und noch mehr jeder Reichsdeutsche, daß der Sache des Deutschtums in Europa mehr dadurch gedient ist, wenn die österreichischen Deutschen auf der Wacht ausharren, um dem Westen die Tore der Süd- und Ostslawen offen zu halten, koste es was es wolle, damit diese Völker nicht zu Rußland getrieben werden, das alles verschluckt. Jeder österreichisch-deutsche Irredentismus ist Wacheflucht, ist nationale und Fahnenflucht[11]."

Die tschechoslawische Sozialdemokratie und das böhmische historische Staatsrecht

Das schrittweise Selbständigwerden der *Tschechoslawischen Sozialdemokratischen Arbeiterpartei* bedeutete nicht, daß sie sich dem ideologischen Klima der gesamtösterreichischen Sozialdemokratie entzogen hätte. Bei der Herausbildung ihrer Standpunkte zur Nationalitätenfrage übernahmen die tschechischen Sozialdemokraten die Anschauungsweise, den analytischen Zugang sowie das gesamte ideologische und theoretische Instrumentarium von den deutschösterreichischen, eventuell von den reichsdeutschen Sozialdemokraten. Die Tschechen benutzten diese Mittel jedoch in einer Situation, die sich von der Lage der deutschen Sozialdemokraten unterschied. Sie standen nicht vor der Frage Österreich oder

11 Springer, Rudolf [= Karl Renner]: Der Kampf der österreichischen Nationen um den Staat. Bd. 1: Das nationale Problem als Verfassungs- und Verwaltungsfrage. Wien 1902, 170.

Deutschland, wie die deutschen Sozialdemokraten, sondern vor der Frage Österreich oder ein tschechischer Staat.

Seit den 1890er Jahren bis zum Ausbruch des Weltkrieges und eigentlich bis 1917 lehnten die tschechischen Sozialdemokraten die Schaffung eines tschechischen Staates entschieden ab, ob dieser nun im Rahmen oder außerhalb Österreichs entstehen sollte. Am 30. März 1897 trugen die ersten sozialdemokratischen Abgeordneten, die im Wiener Reichsrat auftraten, die sogenannte antistaatsrechtliche Erklärung vor. Darin lehnten sie die Doktrin der tschechischen bürgerlich-nationalistischen Politik, das historische böhmische Staatsrecht ab, das die Schaffung eines tschechischen Staates im Rahmen der habsburgischen Monarchie voraussetzte. Die antistaatsrechtliche Erklärung betonte:

> „Die unterzeichneten sozialdemokratischen Abgeordneten tschechischer Nationalität erklären folgendes: Wir, als pflichtbewußte Repräsentanten des tschechischen Volkes und als Sozialdemokraten, stehen (gemeinsam mit den Sozialdemokraten anderer Nationalitäten in Österreich) auf dem Boden der Gleichberechtigung aller Nationen. Wir als Tschechen und Sozialdemokraten protestieren gegen das Ausgraben veralteter Privilegien und Dokumente. Wir sind Söhne der heutigen Zeit und fordern für uns und für alle Nationalitäten in Österreich moderne Institutionen. Wir fordern deshalb auch für unsere Nation die Abschaffung aller Geschlechts- und Eigentumsprivilegien. Wir protestieren dagegen, daß unsere Nation durch Vortäuschung von Nationalitäten- und Wirtschaftsvorteilen verblendet wird. Wir protestieren dagegen, daß die Aufmerksamkeit des größten Teils der Nation, die politisch, wirtschaftlich und kulturell unterdrückt wird, von seiner geistigen und materiellen Armut auf den phantastischen, staatsrechtlichen Irrweg abgelenkt wird. Wir sind überzeugt, daß das tschechische sowie deutsche Arbeitervolk Opfer der geldgierigen Kapitalisten und des herrschsüchtigen feudalen Adels ist, wir wissen weiter, daß beide diese Elemente das größte Hindernis für die politische, wirtschaftliche und kulturelle Entfaltung unserer tschechischen Nation darstellen. Schließlich erklären wir, daß die Befreiung auch unserer Nation von den sowohl unwürdigen politischen Ketten, als auch aus der sozialen und nationalen Unterdrückung nur der Sieg des Sozialismus bringen kann, dem wir als Söhne unserer Zeit und unserer Nation dienen[12]."

Durch ihre eindeutige, kompromißlose und feierliche Absage an die Doktrin des tschechischen Nationalismus war die Erklärung eine einzigartige Tat in der Geschichte der „kleinen österreichischen Internationale". Keine andere der nationalen Vertretungen in der österreichischen Sozialdemokratie lehnte derart entschieden, eindeutig und offen den Nationalismus der politischen Repräsentation ihres Volkes ab.

Die tschechischen Sozialdemokraten und ihr Verhältnis zum Habsburgerreich

Der Grundsatz, daß die tschechische Frage nicht in einem tschechischen Staat zu lösen sei, sondern auf dem Boden des reorganisierten österreichischen Staates, kam zum Ausdruck

12 Zit. nach Soukup, František: Revoluce práce [Die Revolution der Arbeit]. Bd. 1. Praha 1938, 613-614.

auf dem der Nationalitätenfrage gewidmeten IX. Parteitag der *Tschechoslawischen Sozialdemokratischen Arbeiterpartei* im September 1909. Der Hauptreferent Bohumír Šmeral ging davon aus, daß die Entwicklung des Kapitalismus die Entstehung von großen Staaten mit sich bringe, denn nur große Staaten böten einen reichlich großen Markt für die kapitalistische Produktion und den Handel. Andererseits störe der Kapitalismus den feudalen lokalen Partikularismus, wecke das Nationalbewußtsein und die damit verbundene Nationalbewegung. Dort, wo sich die Tendenz zur Entstehung großer Staatseinheiten mit der Konstituierung neuzeitlicher Nationen decke, entstünden große, einheitliche Nationalstaaten – wie England, Frankreich, Deutschland oder Italien. Dort, wo das nicht der Fall sei, komme die Tendenz zur Bildung großer Staaten mit der Tendenz zur Bildung neuzeitlicher Nationen in Konflikt. Die Folge dieses Konfliktes sei, daß in den Vielvölkerstaaten die Nationen um die Macht rängen und dadurch die Nationalitätenfrage virulent werde. Diese sei in einem Vielvölkerstaat nur so zu lösen, daß hier eine „vollkommen neue Verfassungs- und Staatsform" gebildet werde, die sowohl den „kulturellen und nationalen Bedürfnissen jeder Nation nach Selbständigkeit, als auch dem gleichzeitigen wirtschaftlichen Bedürfnis entspreche, das gleichfalls jede Nation von einem großen Staatsumfang verlange"[13].

Šmeral verstand – ähnlich wie Renner und Bauer – die Nationalitätenfrage als eine Kultur- und Sprachenfrage, wobei er die Wirtschaft für die Angelegenheit des Staates hielt. Von diesem theoretischen Ausgangspunkt zielte sein Vorschlag auf den radikalen Umbau der gegenwärtigen Struktur des Habsburgerreiches im Sinne der Föderalisierung, nationalen Gleichheit und kulturellen Autonomie bei gleichzeitiger Erhaltung der Staatseinheit ab, dessen Administrative demokratisiert werden sollte. Den Inhalt dieses Umbaus brachte Šmeral in knapper Zusammenfassung folgendermaßen zum Ausdruck:

> „Durchführung einer vollkommenen Nationalitätenautonomie für jede Nationalität in Österreich auf der Basis der Personalität im nationalkulturellen Sinne. Die Durchführung der Demokratisierung, Autonomisierung und Dezentralisierung der Staatsverwaltung und der Staatsorgane in aller anderer Hinsicht[14]."

Der Standpunkt der tschechischen Sozialdemokraten, daß die tschechische Frage nur im Rahmen Österreichs gelöst werden könne, wurde neuerlich vom XI. Parteitag bestätigt, der im Dezember 1913 auf der Prager Sophieninsel zusammentrat. Der letzte Parteitag der tschechoslawischen Sozialdemokratie vor dem Krieg und eigentlich der letzte Parteitag dieser Partei überhaupt verabschiedete eine Resolution, für die sich der Name „Sophieninsel-Resolution" einbürgerte. Diese Resolution bekannte sich ostentativ und proklamativ zu Österreich-Ungarn. Ihr Kernpunkt lautete:

> „Die Tschechoslawische Sozialdemokratische Arbeiterpartei erklärt offen als ihr Ziel die revolutionäre Umwälzung der wirtschaftlichen Organisation der Gesellschaft, die Überführung des Privateigentums an Produktionsmitteln und die Leitung der Produktion in das gesellschaftliche

13 Protokol IX. sjezdu Československé sociálně demokratické strany dělnické [Protokoll des IX. Parteitages der Tschechoslawischen Sozialdemokratischen Arbeiterpartei]. Praha 1909, 125.

14 Ebenda 137.

Eigentum. Da sie jedoch die Erlangung der politischen Macht für das Proletariat als den notwendigen Weg zu diesem Ziel anerkennt, steht sie nicht im Widerspruch zum Begriff staatliche Organisation, sondern anerkennt im Gegenteil den Staat als unmittelbare Bedingung ihres Kampfes und ihrer Tätigkeit. Unter den gegebenen Verhältnissen in Europa erachtet sie vom Gesichtspunkt des internationalen Gleichgewichts, vom Gesichtspunkt des Friedens, gleichzeitig aber auch vom Gesichtspunkt der zweckmäßigsten Entwicklungsbedingungen für die Völker Mitteleuropas und ihr Proletariat, nicht zuletzt vom Gesichtspunkt des tschechischen Volkes und Proletariates als notwendig, alles zu festigen, was tatsächlich und sinnvoll zur Erhaltung und Entfaltung des großen, staatlich organisierten Wirtschaftsbereiches in Mitteleuropa beiträgt, dessen historischer Ausdruck heute Österreich-Ungarn ist. Einerseits um das Verhältnis der Partei zu den historischen Idealen einiger Schichten der tschechischen nationalen Bourgeoisie klarzustellen, anderseits um einen klaren Standpunkt zu einer eventuellen Zusammenarbeit mit Parteien anderer Nationalitäten festzulegen, erklärt der Parteitag ausdrücklich, daß die Tschechoslawische Sozialdemokratische Partei diesen Staat als historisch gegebene Basis ihrer Tätigkeit betrachtet und daß alle anderen Ideen, insbesondere jedwede Hoffnung im Sinne von Tendenzen, die üblicherweise mit Begriffen des Pangermanismus und des politischen Panslawismus bezeichnet werden, von ihr als unerträglich für die Interessen der tschechischen Arbeiterschaft und somit als unvereinbar mit ihrer proletarischen Klassenpolitik angesehen werden ...[15]"

Inhaltlich bedeutete die Resolution des XI. Parteitages nichts Neues. Sie markierte nur den Höhepunkt der Linie der *Tschechoslawischen Sozialdemokratischen Arbeiterpartei* in der Nationalitätenfrage, die von der Ablehnung des Gedankes der Errichtung eines tschechischen Staates (ob nun in Rahmen der habsburgischen Monarchie oder außerhalb desselben) gekennzeichnet war und diese Frage durch eine kulturelle Autonomie auf dem Boden des österreichischen Staates lösen wollte. Auffällig war die ostentative Offenheit, fast Feierlichkeit, mit der sie sich zu Österreich-Ungarn bekannte. Nach der Gründung der Tschechoslowakischen Republik wurde die Sophieninsel-Resolution als Ausdruck der „altösterreichischen Gesinnung" angegriffen. Es wurde jedoch übersehen, daß diese Resolution, was die Lösung der tschechischen Frage betraf, nur logisch an die gesamte Linie der tschechoslawischen Sozialdemokratie anknüpfte, wie sie in der antistaatsrechtlichen Erklärung und in den Beschlüssen des IX. Parteitages zum Ausdruck kam.

Das betonte Bekenntnis zur österreichisch-ungarischen Monarchie in den Beratungen und Resolutionen des Sophieninsel-Parteitages hatte auch ein wichtiges politisches Motiv. In den letzten Vorkriegsjahren verstärkten sich in der deutschen Sozialdemokratie Österreichs großdeutsche Tendenzen. Es verbreitete sich eine Teilnahmslosigkeit gegenüber dem Schicksal des österreichischen Staates. Als es schien, daß Österreich-Ungarn zu einer Reform nicht fähig sei und der Nationalitätenkampf bis ins Unendliche fortgesetzt werde, lag den deutsch-österreichischen Sozialdemokraten der Gedanke nahe, daß der Anschluß Österreichs an Deutschland einen Ausweg aus dieser Situation bieten könne.

Vom Standpunkt der tschechischen Sozialdemokraten als auch vom Gesichtspunkt des Schicksals der tschechischen Nation war diese Tendenz bedrohlich. Und die „altösterrei-

15 Protokol XI. řádného sjezdu Československé sociálně demokratické strany dělnické [Protokoll des XI. ordentlichen Parteitages der Tschechoslawischen Sozialdemokratischen Arbeiterpartei]. Praha 1914, 139-141.

chische Gesinnung" der Sophieninsel-Resolution war vor allem eine defensive Reaktion auf diese Tendenzen. Im Jahre 1933 schrieb der führende tschechische Sozialdemokrat Lev Winter:

> „Zwischen den tschechischen und den Wiener Sozialdemokraten nahmen in den letzten Vorkriegsjahren die Widersprüche zu. Wir alle rechneten damit, daß es mit Hilfe des allgemeinen Wahlrechts in das Abgeordnetenhaus möglich sein werde, das Abgeordnetenhaus funktionsfähig zu machen, und daß die Arbeiterschaft darin ein sehr wichtiger Faktor sein werde. Als jedoch das Abgeordnetenhaus zu keiner Leistung fähig war, als sogar auch die Sozialdemokratie zu einem aktiven Faktor der Nationalitätenkämpfe wurde, so daß bereits 1911 der einheitliche sozialdemokratische Verband nicht erneuert werden konnte, begann ein einflußreicher Teil der Wiener Sozialisten, die mit der Unhaltbarkeit Österreichs-Ungarns rechneten, die großdeutsche Idee – die Verbindung aller Deutschen – zu propagieren.
>
> Wir fürchteten die Möglichkeit dieses erhöhten Drucks Deutschlands auf die tschechische Nation und betrachteten die damalige Struktur Mitteleuropas als unvermeidlich, falls es nicht zu einer Vereinigung des gesamten Deutschtums kommen sollte. Deshalb wollten wir die deutsche Sozialdemokratie in Österreich dazu bewegen, über ihren Standpunkt zu den mitteleuropäischen Problemen ins Klare zu kommen und sich öffentlich gegen die alldeutschen Bemühungen auszusprechen. Šmeral glaubte, daß dies erzielt werden könne, wenn wir uns klar für Österreich ausprächen; die österreichische Sozialdemokratie werde folgen müssen ... Die Prager Resolution aus dem Jahre 1913 sollte also laut der Konzeption ihres Autors eine Waffe gegen das Großdeutschtum sein, dessen Tendenzen damals an Boden gewannen[16]."

Die Resolution und ihr ganzer proösterreichischer Inhalt stieß auf dem Parteitag auf keinen prinzipiellen Widerstand. Mit einem großen Diskussionsbeitrag meldete sich der Repräsentant des revisionistischen Flügels der Partei – František Modráček. Aber auch er betrachtete Österreich als einzigen Boden, auf dem die tschechische Frage zu lösen sei. Modráček erklärte:

> „... Wir Tschechen, obwohl wir in diesem Staat soviel erdulden mußten, sind ein Volk, das aus diesem Staat nirgendwohin flüchten kann. Andere Völker, ob sie nun Deutsche, Italiener oder auch Polen, Serben und Kroaten heißen, sie alle haben im Ausland ihre Onkel, Verwandten. Sie können sich bei jemandem verbergen, wenn es hier kein Obdach gäbe, aber wir haben kein Wohin. Wir existieren nur in diesem Staat und können uns auf niemanden verlassen. Infolgedessen sind wir ein Volk, das zweifelsohne großes Interesse daran hat, daß dieser Staat existiert, daß dieser Staat eine Zukunft hat, daß dieser Staat erhalten bleibt[17]."

Auch die übrigen Diskutanten griffen die grundlegenden ideologischen und politischen Thesen, die die Resolution vorgeschlagen hatte, auf. Sie wurde einmütig gebilligt. Die *Tschechoslawische Sozialdemokratische Arbeiterpartei* ging dem Weltkrieg mit einem Parteitagsbeschluß entgegen, der sich feierlich und eindeutig für die Lösung der tschechischen Frage auf dem Boden der habsburgischen Monarchie aussprach.

16 WINTER, Lev: K Šmeralově výkladu o politice české sociální demokracie na policejním ředitelství prazském roku 1915 [Zu den Ausführungen Šmerals über die Politik der tschechischen Sozialdemokratie in der Prager Polizeidirektion im Jahre 1915]. Naše revoluce 9 (1933) 246-247.

17 Protokol XI. řádného sjezdu 152.

Jiří Kořalka

Schlußwort: Ungleiche Nachbarn

Während eines Jahrhunderts von 1815 bis 1914 veränderte sich die macht- und gesellschaftspolitische Situation in Mitteleuropa von Grund auf. Das Deutsche Kaiserreich befand sich wirtschaftlich und militärisch in raschem Vormarsch und wurde zweifellos zur stärksten Großmacht auf dem europäischen Kontinent. In den meisten Ländern Europas, aber auch in den Vereinigten Staaten von Amerika, Japan und anderswo in der Welt wurde das hohe Niveau der deutschen Industrie, Technik, Bildung und Wissenschaft anerkannt. Der im ersten Jahrzehnt des 20. Jahrhunderts wiederhergestellte Interessenausgleich zwischen agrarischen und großbürgerlich-schwerindustriellen Führungsschichten in Deutschland bildete die Hauptstütze eines großartigen Rüstungsprogramms, das fast keinen Spielraum für eine auf internationale Abkommen gestützte reichsdeutsche Außenpolitik übrig ließ. Darüber hinaus wurde die einheitliche Leitung der Außenpolitik Deutschlands durch den Reichskanzler und das Auswärtige Amt nicht selten vom eigenmächtigen Kaiser Wilhelm II., von seinem Militärkabinett und dem Generalstab gestört. Der Weg des Deutschen Reiches zur Selbstisolierung und zur Einkreisung durch andere Großmächte war in erster Linie innenpolitisch bedingt[1].

Nach den internationalen Veränderungen von 1906/07 wurde klar, daß die österreichisch-ungarische Monarchie der einzige, mehr oder weniger verläßliche Bundesgenosse Deutschlands blieb. Das preußisch-deutsche Reich hatte vor 1914 kein Interesse an der Gewinnung eines Teiles der Habsburgermonarchie, da eine eventuelle Eingliederung der früher zum Deutschen Bund gehörenden österreichischen Kronländer den Einfluß der katholischen und nichtdeutschen Bevölkerung im Reich zuungunsten der norddeutsch-protestantischen Elemente erhöht hätte[2]. Um so mehr war die deutsche Reichsleitung daran interessiert, die Habsburgermonarchie in ihrer dualistischen Gestalt und in engster Anlehnung an Deutschland zu erhalten. Wiederholt sprachen sich die verantwortlichen reichsdeutschen Politiker für die Stärkung des deutsch-zentralistischen Kurses in Zisleithanien und gegen jeden Föderalisierungsversuch aus, falls Österreich-Ungarn fernerhin als „bündnisfähig" gelten sollte. Ebenfalls im Verhältnis zu den innenpolitischen Zuständen in

1 Vgl. Fischer, Fritz: Krieg der Illusionen. Die deutsche Politik vom 1911 bis 1914. Düsseldorf 1969. – Mommsen, Wolfgang J.: Domestic Factors in German Foreign Policy before 1914. Central European History 6 (1973) 3-43. – Berghahn, Volker, R.: Rüstung und Machtpolitik. Zur Anatomie des „Kalten Krieges" vor 1914. Düsseldorf 1973 (Mannheimer Schriften zur Politik und Zeitgeschichte 5).

2 Bussmann, Walter: Das Problem Österreich in der Zeit Bismarcks, vor dem Ersten Weltkrieg und in den Jahren der Weimarer Republik. Ein Beitrag zur Frage der „Uneigennützigkeit" und zur diplomatischen Überlieferung. In: Weltpolitik, Europagedanke, Regionalismus. Festschrift für Heinz Gollwitzer zum 65. Geburtstag. Hrsg. v. Heinz Dollinger, Horst Gründer und Alwin Hanschmidt. Münster 1982, 287-303.

Ungarn ließ der Aufstieg der ungarischen Unabhängigkeitspartei deutscherseits Besorgnisse um die militärische Schlagkraft des österreichisch-ungarischen Verbündeten aufkommen[3]. Nur vereinzelte Stimmen in der reichsdeutschen Öffentlichkeit, wie von Zeit zu Zeit die *Frankfurter Zeitung*[4], zeigten ein gewisses Verständnis für die Emanzipationsbestrebungen der Tschechen. In der wirtschaftlichen und technischen Aktivität, sowie auch in den modernen Strömungen der bildenden Kunst, Literatur und Musik, begegneten viele europäisch denkende Reichsdeutsche direkt den fortgeschrittensten Tschechen über die Köpfe der engstirnigen Nationalisten auf beiden Seiten hinweg.

Die österreichisch-ungarische Doppelmonarchie bot den zeitgenössichen Beobachtern vor 1914 ein widerspruchsvolles Bild dar[5]. Es schien, als ob das Vielvölkerreich nur aus Beharrungsvermögen und mit Rücksicht auf den alten Kaiser Franz Joseph beisammen bliebe. In den führenden gesellschaftlichen Kreisen der Habsburgermonarchie spürte man einen zunehmenden Pessimismus. Jede der vielen in der Monarchie lebenden Nationalitäten fühlte sich in ihren nationalen Belangen und Wünschen vom Staat beeinträchtigt. Eine Unmenge von sozialen, politischen und ethnischen Konflikten spielte sich fast in allen Sphären des öffentlichen Lebens ab. Und doch erlebte Österreich-Ungarn erneut von der Mitte der 1890er Jahre an einen bemerkenswerten wirtschaftlichen und kulturellen Aufschwung[6]. Trotz aller Rückschläge und Mißerfolge brachten jahrzehntelange Verhandlungen und Kämpfe um eine gerechte politische Vertretung der Nationalitäten im habsburgischen Kaiserstaat eine ganze Reihe von Ideen, Vorschlägen und Erfahrungen hervor, die zur Lösung des Verhältnisses zwischen dem Staat und den Nationalitäten, zwischen den nationalen Mehrheiten und Minderheiten über den Rahmen der Monarchie hinweg befruchtend wirkten[7]. Im zisleithanischen, nichtungarischen Teil der Doppelmonarchie

3 Mehrere Belege aus dem Politischen Archiv des Auswärtigen Amtes Bonn vgl. Koralka, Jiří: Deutschland und die Habsburgermonarchie 1848-1918. In: Die Habsburgermonarchie 1848-1918. Bd. 6/2: Die Haltung der Staatenwelt gegenüber der Monarchie. Hrsg. v. Adam Wandruszka und Peter Urbanitsch. Wien 1993 (im Druck).

4 Frankfurter Zeitung, Nr. 311 vom 10.11.1906. – Vgl. Geschichte der Frankfurter Zeitung. Volksausgabe. Frankfurt am Main 1911, 341, 521 u.a.

5 Burian, Peter: Deutschland und das Nationalitätenproblem der Habsburgermonarchie aus deutscher Sicht. In: Deutschland und Österreich. Ein bilaterales Geschichtsbuch. Hrsg. v. Robert A. Kann und Friedrich E. Prinz. Wien – München 1980, 398-411. – Mommsen, Wolfgang J.: Österreich-Ungarn aus der Sicht des Deutschen Kaiserreichs. In: Innere Staatsbildung und gesellschaftliche Modernisierung in Österreich und Deutschland 1867/71 bis 1918. Historikergespräch Österreich – Bundesrepublik Deutschland 1989. Hrsg. v. Helmut Rumpler. Wien – München 1991, 206-220.

6 Vgl. Good, David F.: Der wirtschaftliche Aufstieg des Habsburgerreiches 1750-1914. Wien – Köln – Graz 1986. – Wien um 1900. Aufbruch in die Moderne. Hrsg. v. Peter Berner, Emil Brix und Wolfgang Mantl. Wien 1986. – Die Wiener Moderne. Ergebnisse eines Forschungsgespräches der Arbeitsgemeinschaft Wien um 1900 zum Thema „Aktualität und Moderne". Hrsg. v. Emil Brix und Patrick Werkner. Wien – München 1990.

7 Vgl. Kann, Robert, A.: Das Nationalitätenproblem der Habsburgermonarchie. Geschichte und Ideengehalt der nationalen Bestrebungen vom Vormärz bis zur Auflösung des Reiches im Jahre 1918. Bd. 2: Ideen und Pläne zur Reichsreform. Graz – Köln 1964 (Veröffentlichungen der Arbeitsgemeinschaft Ost 5). – Stourzh, Gerald: Die Gleichberechtigung der Nationalitäten in der Verfassung und Verwaltung Österreichs. Wien 1985.

waren die Existenz- und Entwicklungsbedingungen aller dort lebenden Nationalitäten am Anfang des 20. Jahrhunderts weitaus günstiger als die irgendeiner nicht herrschenden Nationalität oder nationalen Minderheit in den übrigen Staaten Europas jener Zeit.

Der nationale Aufstieg der Tschechen von etwa 1860/61 bis 1914 (im Ersten Weltkrieg war es wieder anders) stieß von seiten des österreichischen Staates auf keine ernsthaften Hindernisse, vielmehr wurde er durch verschiedene legislative, wirtschafts-, sozial- und kulturpolitische Maßnahmen begünstigt. Sozialökonomisch überwanden die Tschechen die Anfangsstufen einer unvollständigen Gesellschaftsstruktur, wenn auch das tschechische Industrie- und Finanzbürgertum der schwächere Partner auf dem österreichischen Binnenmarkt blieb. Sozialpolitisch zeichnete sich die tschechische Gesellschaft durch eine weitreichende Differenzierung des parteipolitischen Lebens aus. Mit der Durchsetzung des allgemeinen und gleichen Wahlrechts zum Wiener Reichsrat zwischen 1897 und 1907 bildete sich ein festes System von modernen tschechischen Massenparteien heraus, das ohne große Veränderungen die tschechische nationalpolitische Szene bis zum Ende der Ersten Tschechoslowakischen Republik im Herbst 1938 beherrschte. Auch sozialpsychologisch wurde die frühere Kampf- und Abwehrstellung der tschechischen nationalen Ideologie wenigstens in den richtunggebenden Spitzen der Kultur und Wissenschaft durch aktive Beteiligung an modernen europäischen Strömungen ersetzt. In der böhmischen Landeshauptstadt Prag hatten die Tschechen ihre unangezweifelte nationale Metropole, das allgemein anerkannte Zentrum ihrer gesellschaftlichen Aktivitäten[8].

Damit in Kontrast stand allerdings das Mißlingen fast aller staatsrechtlichen und tschechisch-deutschen Ausgleichsverhandlungen. Das Gelingen des Mährischen Ausgleichs von 1905 ist der einzigartigen Situation zuzuschreiben, daß die herrschende deutsche Minderheit im mährischen Landtag ihre privilegierte Stellung nicht mehr lange aufrechtzuerhalten imstande war und sich bereit erklärte, einen Teil ihrer bisherigen Machtposition gegen die vertragliche Sicherung des übriggebliebenen Teiles dieser Position abzutreten[9]. Vor 1914 entwickelten sich die Tschechen zu einer dynamischen und modern strukturierten Gesellschaft, die sich nicht mehr als eine ethnische Gruppe, als ein Volksstamm, sondern als eine Nation im politischen Sinne fühlte, und die als eine vollberechtigte europäische Nation – wenigstens gleich den Ungarn im Habsburgerreich – gelten und anerkannt werden wollte. Es wurde zutreffend bemerkt, daß die Polen und die Tschechen ihren Staat von 1918 an „in einer staatsoppositionellen Nationalgesellschaft vorgeformt“

8 Zum Aufstieg der tschechischen bürgerlichen Gesellschaft vgl. Koralka, Jiří: Tschechen im Habsburgerreich und in Europa 1815-1914. Sozialgeschichtliche Zusammenhänge der neuzeitlichen Nationsbildung und der Nationalitätenfrage in den böhmischen Ländern. Wien – München 1991, 76-125 (Schriftenreihe des Österreichischen Ost- und Südosteuropa-Instituts 18).

9 Glassl, Horst: Der Mährische Ausgleich. München 1967 (Veröffentlichungen des Sudetendeutschen Archivs). – Stourzh: Die Gleichberechtigung 213-228. – Malíř, Jiří: Vývoj liberálního proudu české politiky na Moravě. Lidová strana na Moravě do roku 1909 [Die Entwicklung der liberalen Strömung der tschechischen Politik in Mähren. Die Volkspartei in Mähren bis 1909]. Brno 1985, 105-112.

hatten[10]. Eine kritische Einstellung zum österreichischen Staat zeigte sich vor 1914 nicht so sehr in den Führungsspitzen der großen tschechischen politischen Parteien als vielmehr in einem Teil der national gesinnten Öffentlichkeit, in Turn- und Sportverbänden, und richtete sich auch gegen Militarismus und Krieg[11].

Die Deutschen in West- und Nordböhmen, Nordmähren und Österreichisch-Schlesien waren nach den staatsrechtlichen Veränderungen der Jahre 1866-1871 durch die Reichsgrenze von der deutschen Staatsnation und durch das kompakte tschechische Siedlungsgebiet vom Hauptkern der österreichischen Deutschen getrennt. Die ethnographisch-sprachliche Verschiedenheit und geographische Zerstreutheit der deutschen Territorien in den böhmischen Ländern, die verkehrsmäßig zum Teil nur über die tschechischen Gebiete miteinander verbunden waren, bereitete den Nährboden für die Erhaltung eines starken Regionalbewußtseins einzelner Stämme der Deutschböhmen und Deutschmährer vor. Dies beruhte auch darauf, daß vor allem die Deutschen in Böhmen keinen allgemein anerkannten Mittelpunkt hatten, der nur annähernd an die Bedeutung Prags für die tschechische Gesellschaft erinnert hätte; Reichenberg (Liberec), Aussig (Ústí nad Labem) oder Eger (Cheb) konnten nicht mehr als regionale Zentren sein, die sich in einem ständigen Spannungsverhältnis mit Wien und mit den Prager Deutschen befanden. In Prag, wo die Deutschen zu einer schwindenden Minderheit wurden[12], befand sich jedoch die einzige deutsche Universität in den böhmischen Ländern. Alle größeren Städte in Mähren und Österreichisch-Schlesien – Brünn (Brno), Olmütz (Olomouc), Ostrau (Ostrava) und Troppau (Opava) – besaßen bis 1918 eine deutsche Stadtverwaltung, doch waren sie zu einem großen Teil von tschechischen Vororten und Landgemeinden umgeben, so daß die eigentlichen Zentren der deutschmährischen Regionen noch kleiner waren als in Böhmen.

Wirtschaftlich und parteipolitisch orientierten sich die Deutschen in Böhmen und Mähren bis 1918 vornehmlich auf Wien; aber nicht immer wurden sie von dort aus beeinflußt, vielmehr spielten sie selbst eine bedeutende, manchmal die entscheidende Rolle in der deutschösterreichischen bürgerlichen Politik[13]. Der früher verbreitete Landespatriotismus verlor unter ihnen immer mehr an Boden, hauptsächlich nachdem die dem Bevölkerungsanteil nicht entsprechende deutsche Vorherrschaft 1883 im böhmischen Landtag und 1905 im mährischen Landtag infolge der fortschreitenden Demokratisierung und des wirtschaftlichen Aufstiegs der Tschechen beseitigt worden war. Vor allem die Deutschen in Böhmen wollten sich mit der Lage einer nationalen Minderheit im Lande

10 SCHIEDER, Theodor: Das deutsche Kaiserreich von 1871 als Nationalstaat. Köln – Opladen 1961, 8 (Wissenschaftliche Abhandlungen der Arbeitsgemeinschaft für Forschung des Landes Nordrhein-Westfalen 20).

11 Vgl. HAVRÁNEK, Jan: Der tschechische Pazifismus und Antimilitarismus am Vorabend des Ersten Weltkrieges. In: Friedensbewegungen. Bedingungen und Wirkungen. Hrsg. v. Gernot HEISS und Heinrich LUTZ. Wien 1984, 114-135 (Wiener Beiträge zur Geschichte der Neuzeit 11).

12 COHEN, Gary, B.: The Politics of Ethnic Survival. Germans in Prague, 1861-1914. Princeton, New Jersey 1981.

13 Vgl. WISKEMANN, Elisabeth: Czech and Germans. A Study of the Struggle in the Historic Provinces of Bohemia and Moravia. 2. Aufl. London – New York 1967, 35: „Liberal rule was to a large extent Sudetendeutsch rule."

nicht zufriedengeben und wehrten sich gegen eine solche Aussicht mit allen Mitteln. Einerseits traten sie für die Einbeziehung Böhmens in ein größeres Staatsgebilde ein, in dem eine deutschsprachige Mehrheit gesichert wäre; so unterstützten die meisten deutschböhmischen Parteien alle Maßnahmen zur einheitlichen Verwaltung des sogenannten theresianisch-josephinischen Staatskerns Zisleithaniens, womöglich mit deutscher Staatssprache und mit Sonderstellung Galiziens, der Bukowina und Dalmatiens[14], damit sie die Tschechen und Slowenen majorisieren könnten. Andererseits forderten die deutschböhmischen Politiker mehr oder weniger offen die Zweiteilung Böhmens. Seit dem Anfang des 20. Jahrhunderts mehrten sich jedoch unter den Deutschen Böhmens und Mährens Ansätze zu einem tieferen Verständnis der tschechischen Kultur und zum Erlernen der tschechischen Sprache[15].

So entwickelte sich das Verhältnis zwischen den Tschechen und der sie vom Norden, Westen und Süden umgebenden deutschsprachigen Bevölkerung im Jahrhundert von 1815 bis 1914 auf vier verschiedenen Ebenen. Es handelte sich keinesfalls um einen unerbittlichen Kampf zwischen den beiden Nationalitäten, sondern in den meisten Fällen um ein mehr oder weniger ruhiges Zusammenleben, um die gegenseitige Beeinflussung und Bereicherung, von deutscher Seite zweifellos mehr als umgekehrt, doch war auch der tschechische Beitrag dazu nicht unbedeutend. Es war ein Neben-, Mit- und Gegeneinanderwirken auf verschiedensten Gebieten des gesellschaftlichen Lebens, in der Politik wie in unpolitischen Gruppen- und Privataktivitäten, in der Wirtschaft, im Schul- und Bildungswesen, in der Wissenschaft und Kultur, im Turn- und Sportwesen.

Auf der untersten Ebene, in den Gemeinden, Städten und kleinen Regionen der böhmischen Länder, bildete sich zumeist eine für die jeweilige ethnisch-nationale Minderheit ungünstige Situation heraus, da alle lokalen Selbstverwaltungskörper hauptsächlich Mehrheitsinteressen vertraten und oft nur durch Intervention der Staatsverwaltung zur Berücksichtigung der Minderheitenrechte bewogen werden konnten. Das trat vor allem im Schulwesen, aber auch bei der Ermittlung der Umgangssprache in den Volkszählungen zutage. An der tschechisch-deutschen Sprachgrenze überwog in ruhigen Zeiten ein ungestörtes Zusammenleben der Bevölkerung beider Sprachen, durch viele Mischehen und Handelsbeziehungen bestätigt, aber bei verschiedenen Anlässen spitzte sich der Nationalitätenkonflikt hauptsächlich gegen die Angehörigen der jeweiligen ethnisch-sprachlichen Minderheit zu. Man kämpfte um Schulen und Schulkinder, in vielen mährischen Städten oder in Budweis (České Budějovice) um die Mehrheit in der Gemeindevertretung, überall um die zur Verfügung stehenden Finanzmittel. In diesen tschechisch-deutschen Auseinandersetzungen auf lokaler Ebene kam es auf beiden Seiten zu einer beispiellosen Vergeudung

14 SUTTER, Berthold: Die politische und rechtliche Stellung der Deutschen in Österreich 1848 bis 1918. In: Die Habsburgermonarchie 1848-1918. Bd. 3/1: Die Völker des Reiches. Hrsg. v. Adam WANDRUSZKA und Peter URBANITSCH. Wien 1980, 154-339, hier: 208-214, 232-235.

15 LEMBERG, Hans: Das öffentliche Leben in den böhmischen Ländern vor dem Ersten Weltkrieg. Interessengemeinschaft gegen die Zentralmacht? In: Die Chance der Verständigung. Absichten und Ansätze zu übernationaler Zusammenarbeit in den böhmischen Ländern 1848-1918. Hrsg. v. Ferdinand SEIBT. München 1987, 175-186, hier: 181-183 (Bad Wiesseer Tagungen des Collegium Carolinum).

der Geistes- und Organisationskräfte, doch zu den Ergebnissen gehörte auch das dichteste Schulnetz in der Habsburgermonarchie, wenn nicht in ganz Mitteleuropa, und eine hervorragende heimatkundliche Aktivität.

Die zweite Ebene, die historischen Kronländer, des Königreichs Böhmens und der Markgrafschaft Mähren, war mit Rücksicht auf den Bevölkerungsanteil für die Tschechen günstiger als für die dort ansässigen Deutschen. Die meisten tschechischen Politiker sahen die Zweidrittelmehrheit der Tschechen in Böhmen und die Dreiviertelmehrheit in Mähren als ausreichende Berechtigung zur politischen Vorherrschaft in den böhmischen Ländern an. Zweimal binnen vier Jahrzehnte, im Gesetz des von Tschechen vorübergehend beherrschten böhmischen Landtags zum Schutz des gleichen Rechts der tschechischen und deutschen Nationalität im Böhmen vom 10. Oktober 1871[16] und in den am 19. Juli 1912 vorläufig gebilligten Materialien der tschechisch-deutschen Ausgleichskonferenzen in Böhmen[17], löste man, rein technisch gesehen, die meisten Probleme des Sprachengebrauchs und des Minderheitenschutzes in einem von zwei hochentwickelten Nationalitäten bewohnten Land, doch fehlte der politische Wille zu einem beiderseitigen Kompromiß. Lange Jahre arbeiteten tschechische und deutschböhmische Mitglieder des böhmischen Landesausschusses Hand in Hand an wirtschaftspolitischen Problemen der Landesselbstverwaltung. Noch erfolgreicher war die Zusammenarbeit der tschechischen und deutschen Landesfunktionäre in Mähren, wobei in den beiden Fällen einflußreiche aristokratische Kreise eine Vermittlungsposition einnahmen[18], in grundlegenden nationalpolitischen Fragen kam es in Böhmen jedoch zu keiner Einigung.

Als die dritte Ebene kann das Verhältnis der Tschechen in Böhmen und Mähren zu den deutschsprachigen Regionen, Ländern und Staaten in der Nachbarschaft der böhmischen Länder bezeichnet werden, das heißt zu Preußisch-Schlesien, zu den Königreichen Sachsen und Bayern, vornehmlich aber zu Ober- und Niederösterreich und im weiteren Sinne zum österreichischen Kaiserstaat. Traditionelle vornationale Kontakte über die Landesgrenze hinweg wurden zwar in der zweiten Hälfte des 19. und am Anfang des 20. Jahrhunderts durch die Nationalitätenkonfllikte beeinflußt, aber keinesfalls zerstört. An den Handelsbeziehungen mit den Nachbarländern waren allerdings mehr deutsche Handwerker und Kaufleute aus Böhmen und Mähren beteiligt, aber auch tschechische Schneider, Schuster und Maurer konnte man nach wie vor in Niederschlesien, Sachsen und Bayern finden[19]. Dasselbe galt für die Besucher katholischer Wallfahrtsstätten in den Nachbarländern. Rege

16 Zeithammer, Ant. O.: Zur Geschichte der böhmischen Ausgleichsversuche (1865-1871). Bd. 2: Ministerium Hohenwart. Prag 1913, 98-99. – Vgl. Wiener, Rudolf: Das böhmische Staatsrecht und der Ausgleichsversuch des Ministeriums Hohenwart-Schäffle. Bohemia 4 (1963) 54-173, hier: 149-154.

17 Tobolka, Zdeněk: Politické dějiny československého národa od roku 1848 az do dnešní doby [Politische Geschichte der tschechoslowakischen Nation von 1848 bis zur Gegenwart] 3/2. 1891-1914. Praha 1936, 573-579.

18 Vgl. Luft, Robert: Die Mittelpartei des mährischen Großgrundbesitzes 1879 bis 1918. Zur Problematik des Ausgleichs in Mähren und Böhmen. In: Die Chance der Verständigung 187-243.

19 Dazu viele Berichte und Korrespondenzen in den Zeitschriften der tschechischen Auslandsvereine *Vlast [Die Heimat]* und *Český vystěhovalec [Der tschechische Auswanderer]*.

Grenzkontakte wurden auch dort gepflegt, wo das tschechische Siedlungsgebiet bis an die Landesgrenze reichte, zum Beispiel zwischen Náchod und der Gegend von Glatz (Kłodzko) oder zwischen Taus (Domažlice) und der Cham-Further Region[20]. Am stärksten war jedoch die tschechische Einwanderung in die Kaiserstadt Wien, die den Charakter einer Binnenwanderung innerhalb eines Staates hatte[21].

Schließlich gewann die vierte Ebene, das unmittelbare Verhältnis zum Deutschen Reich von 1871 an, für die Tschechen immer mehr an Bedeutung. Es war nicht leicht, die Angst vor dem großen deutschen Nachbarn zu überwinden, doch wirkte das Vorbild des erfolgreichen nationalen Aufstiegs der deutschen Staatsnation sehr intensiv. „Wir gönnen Deutschland vom Herzen seine nationale Einigung und waren und bleiben jederzeit Gegner jedweder österreichischer Revanche-Politik, weil eine solche im Falle des Gelingens eine Wiederholung der großdeutschen, nicht nur unseren nationalen, sondern allen wirklich österreichischen Interessen zuwiderlaufenden Vormachtspolitik wäre, im Falle des Mißlingens aber wir die Kosten dieser Politik vielleicht gar mit unserer nationalen Existenz zu zahlen hätten[22]," erklärte der einflußreiche jungtschechische Abgeordnete Gustav Eim in der österreichischen Delegation in Budapest im Oktober 1892. Alle Konsuln des Deutschen Reiches, die vom Frühjahr 1898 an in Prag wirkten, machten auf den auffälligen Unterschied aufmerksam, den die tschechische Öffentlichkeit in ihren Beziehungen zu den Deutschböhmen einerseits und den Reichsdeutschen andererseits zeigte[23]. Von den deutschen Reichsangehörigen erwarteten viele tschechische Politiker und Journalisten – nicht ohne Berechtigung – eine geringere Voreingenommenheit und hauptsächlich im kulturellen Bereich ein größeres Verständnis für die eigenständige Rolle der Tschechen in der europäischen Völkerfamilie. Der Wille zu einer vielseitigen Zusammenarbeit mit Deutschland war in einigen Kreisen der tschechischen Gesellschaft außerhalb der politischen Sphäre ohne Zweifel vorhanden[24].

In diesem Sammelband behandeln sieben deutsche, tschechische und slowakische Historiker einige Probleme der komplizierten Nationsbildungsprozesse und Entstehung

20 Vgl. Baumann, Winfried: Die Cham-Further Senke – eine deutsch-slawische Kontaktzone in Mitteleuropa. In: Gesellschaftsgeschichte. Festschrift für Karl Bosl zum 80. Geburtstag. Hrsg. v. Ferdinand Seibt. Bd. 1. München 1988, 179-194.

21 Vgl. Glettler, Monika: Die Wiener Tschechen um 1900. Strukturanalyse einer nationalen Minderheit in der Großstadt. München – Wien 1972 (Veröffentlichungen des Collegium Carolinum 28). – Brousek, Karl M.: Wien und seine Tschechen. Integration und Assimilation einer Minderheit im 20. Jahrhundert. Wien 1980 (Schriftenreihe des Österreichischen Ost- und Südosteuropa-Instituts 7).

22 Eim, Gustav: Die Slaven und der Dreibund. Rede des Delegierten für das Königreich Böhmen. Wien 1892, 17.

23 Horská, Pavla, Jiří Koralka und Josef Polisensky: Zahraniční konzuláty v Čechách do roku 1918. Příspěvek k výzkumu bohemik v zahraničních archivech [Ausländische Konsulate in Böhmen bis 1918. Ein Beitrag zur Erforschung der Bohemica in ausländischen Archiven]. Sborník archivních prací 37 (198) 375-474, hier: 462-463 A. 372.

24 Vgl. Koralka, Jiří: Zwei Gesichter Berlins im neuzeitlichen tschechischen Nationalbewußtsein. In: Berlin im Europa der Neuzeit. Ein Tagungsbericht. Hrsg. v. Wolfgang Ribbe und Jürgen Schmädeke. Berlin – New York 1980, 275-295, hier: 293-294 (Veröffentlichungen der Historischen Kommission zu Berlin 75).

des modernen parteipolitischen Lebens in Deutschland, in den böhmischen Ländern und in der Slowakei. Im Vordergrund des Interesses stehen der Liberalismus und die Sozialdemokratie bei den Deutschen, Tschechen und Slowaken mit ihren vielen internen Streitigkeiten und Schwächen, aber auch mit der verheißungsvollen Durchsetzung des politischen Pluralismus und der Toleranz. Die beiden ideologisch-politischen Strömungen hatten das größte Verdienst um die Eingliederung breiter Bevölkerungsschichten in das gesellschaftliche und politische Leben, um die Erhöhung des Selbst- und Verantwortungsbewußtseins freier Bürger gegenüber dem Staat. Unter allen großen politischen Parteien in Deutschland und in den böhmischen Ländern gehörten die Sozialdemokraten deutscher und tschechischer Nationalität zu den in nationaler Hinsicht gemäßigtesten, vernünftigsten und tolerantesten Kräften. Es wäre allerdings angemessen, auch den Beitrag anderer politischer Parteien zu erwähnen, die vor 1914 eine bedeutende Rolle sowohl bei den Deutschen als auch bei den Tschechen spielten.In erster Linie gilt das für mehrere katholische und christlich-soziale Parteien, die im tschechisch-deutschen Nationalitätenkonflikt ebenfalls zumeist mäßigend auftraten. Bei den Tschechen in Böhmen hatte der katholisch-konservative Flügel in der *Nationalen Partei*, unter den sogenannten *Alttschechen*, bis etwa 1890 Einfluß[25]. Danach waren die tschechischen Katholiken in Böhmen jedoch zersplittert und erhielten bei den Parlamentswahlen von 1907 und 1911 immer weniger als 12 Prozent der Stimmen. Demgegenüber stiegen die Christlichsozialen in Mähren zur größten tschechischen Partei im Lande empor, indem sie mehr als 36 Prozent tschechisch-mährischer Stimmen in den Reichsratswahlen von 1911 errangen, das heißt denselben Anteil wie die tschechischen Sozialdemokraten in Böhmen[26]. Es ist bezeichnend, daß sich die Organisation der tschechischen Christlichsozialen in Mähren auf das Beispiel der christlichen Fachschaften in Deutschland, nicht auf das naheliegende Wiener Vorbild stützte[27]. Die katholischen Deutschen Mährens und Südböhmens standen unter dem direkten Einfluß der *Christlichsozialen Partei* Karl Luegers in Wien, die sich mit ihrem Programm der Sozialreform im Sinne der Enzyklika Papst Leos XIII. *Rerum novarum* gegen die Konservativen durchsetzte[28]. Auch theoretische und publizistische Beiträge zur Nationalitäten- und Sprachenfrage aus dem katholisch-politischen Lager bemühten sich um ein breiteres deutsch-tschechisches Verständnis, indem sie Volk, Nation und Staat „nicht über- oder unter-, sondern nebengeordnet“[29] sehen wollten.

25 Vgl. GARVER, Bruce, M.: The Young Czech Party 1874-1901 and the Emergence of a Multi-Party System. New Haven – London 1978, 66-67, 82-84 (Yale Historical Publications, Miscellany 111).

26 HAVRÁNEK, Jan u.a.: Volební výsledky 1907-1964 [Die Wahlergebnisse 1907-1964]. In: Dějiny Československa v datech [Geschichte der Tschechoslowakei in Daten]. Praha 1968, 464-465.

27 HUBER, Kurt A.: Die Enzyklika „Rerum novarum“ und die Genesis der christlichsozialen Volksparteien in der Tschechoslowakei. In: Die Erste Tschechoslowakische Republik als multinationaler Parteienstaat. Hrsg. v. Karl BOSL. München – Wien 1979, 241-257, hier: 256 (Bad Wiesseer Tagungen des Collegium Carolinum).

28 Vgl. PRINZ, Friedrich: Die böhmischen Länder von 1848 bis 1918. In: Handbuch der Geschichte der böhmischen Länder. Hrsg. v. Karl BOSL. Bd. 3. Stuttgart 1968, 1-235, hier: 115-117.

29 In diesem Sinne SEIPEL, Ignaz: Staat und Nation, zit. nach KOVÁCS, Elisabeth: Die katholische

Die moderne Nationsbildung der Slowaken, die bis in die 1860er Jahre bedeutende Erfolge in der Überwindung der konfessionellen Trennung, in der Kodifizierung der Schriftsprache, in der Gründung der *Matica slovenská* und in der Entstehung von drei slowakischen Gymnasien erzielt hatte, erlebte einen schweren Rückschlag nach der Einführung des österreichisch-ungarischen Dualismus von 1867[30]. Während in Zisleithanien die Gleichberechtigung der Volksstämme und der landesüblichen Sprachen durchgesetzt wurde, basierte das politische System Ungarns auf dem grundsätzlichen Unterschied zwischen der magyarisierten ungarischen politischen Nation und den Nationalitäten mit beschränkten ethnisch-sprachlichen Rechten. Der soziale Aufstieg war mit einem starken Magyarisierungsdruck verbunden. Binnen weniger Jahre nach 1867 wurden die slowakischen Mittelschulen verboten oder magyarisiert, auch in den Volksschulen wurde an der Wende des 19. zum 20. Jahrhundert die ungarische Unterrichtssprache eingeführt. Die slowakische Nationalbewegung stützte sich nach wie vor auf katholische und evangelische Geistliche, auf einige vom Staat unabhängige Intellektuelle wie Ärzte und Advokaten, am Anfang des 20. Jahrhundert auch auf Kleinunternehmer in Industrie und Geldwesen. Slowakische Studenten an der Universität Prag und vereinzelte evangelische Intellektuelle vertraten den Gedanken eines gemeinsamen Vorgehens der Slowaken mit den Tschechen[31], die meisten slowakischen Politiker aber orientierten sich bis 1914 auf die Durchsetzung ihrer Forderungen im Rahmen Ungarns. Die internationale Öffentlichkeit nahm von der slowakischen Frage nur in Verbindung mit einigen krassen Fällen der nationalen Unterdrückung der Slowaken Kenntnis[32]. Deutschsprachige Bevölkerungsgruppen auf dem Territorium der Slowakei schwankten in vielen Fällen zwischen der Anpassung an das ungarische Regierungssystem und einer gelegentlichen Zusammenarbeit mit den Slowaken gegen den Magyarisierungsdruck[33].

Deutsche, Tschechen und Slowaken sind ungleiche Nachbarn. Das zahlenmäßige, wirtschaftliche und machtpolitische Übergewicht der Deutschen gegenüber den Tschechen

Kirche im Spannungsfeld von Nationalismus und Patriotismus zwischen 1848 und 1918. In: Die Chance der Verständigung 49-61, hier: 60. – Vgl. Frind, Wenzel Anton: Das sprachliche und sprachlich-nationale Recht in polyglotten Staaten und Ländern, mit besonderer Rücksicht auf Österreich und Böhmen, vom sittlichen Standpunkte beleuchtet. Wien 1899.

30 Ausführlich vgl. Dejiny Slovenska [Geschichte der Slowakei]. Bd. 3. Od roku 1848 do konca 19. storočia [Von 1848 bis Ende des 19. Jahrhunderts]. Hrsg. v. Milan Podrimavsky. Bratislava 1992. Bd. 4. Od konca 19. storočia do roku 1918 [Vom Ende des 19. Jahrhunderts bis 1918]. Hrsg. v. Pavol Hapák. Bratislava 1986.

31 Potemra, Milan: Rozvoj česko-slovenských vzťahov v rokoch 1901-1914 [Die Entfaltung der tschechisch-slowakischen Beziehungen in den Jahren 1901-1914]. Historický časopis 27 (1979) 398-427.

32 Vgl. Michl, Josef B.: Björnstjerne Björnson. Bratislava 1970. – Seton-Watson, Hugh and Christopher: The Making of a New Europe. R. W. Seton-Watson and the Last Years of Austria-Hungary. Seattle, Washington 1981.

33 Einige Deutschnationale waren damit unzufrieden, daß ein gemeinsames Vorgehen von Deutschen und Slowaken in Ungarn zur Slowakisierung ursprünglich vorwiegend deutschsprachiger Gemeinden beitragen konnte. – Schödl, Günter: Alldeutscher Verband und deutsche Minderheitenpolitik in Ungarn 1890-1914. Zur Geschichte des deutschen „extremen Nationalismus". Frankfurt am Main – Bern – Las Vegas 1978, 102 (Erlanger Historische Studien 3).

und Slowaken blieb während des Jahrhunderts von 1815 bis 1914 im geopolitischen Rahmen ganz Mitteleuropas unbezweifelt und unangefochten. Doch war der verhältnismäßig schnelle nationale Aufstieg der Tschechen für viele zeitgenössische Deutsche, vor allem auf der Ebene der Stadtgemeinden und der Kronländer Böhmen und Mähren eine unangenehme Überraschung. Die demographische Expansion der Tschechen nach Nordwestböhmen und nach Wien wurde überschätzt, allerdings erregte die sogenannte Tschechisierungsgefahr viel böses Blut. Anderseits hörte auch in der tschechischen Gesellschaft die jahrzehntelange Angst vor der Germanisierung der Tschechen nicht auf, das Verhältnis der Tschechen gegenüber den Deutschen auf allen Ebenen zu beeinflussen. Die gesellschaftliche Wirklichkeit war jedoch bis 1914 viel versöhnlicher und friedlicher. Der Weg in den Ersten und Zweiten Weltkrieg war keinesfalls geradlinig vorgezeichnet. Durch den Kriegsausbruch vom Ende Juli /Anfang August 1914 wurde das alte Europa – und auch das mitteleuropäische Gleichgewicht – in seinen Grundlagen erschüttert. Die staatsrechtlichen und sozialen Veränderungen von 1918/1919 wären ohne die durch den Krieg ausgelösten menschlichen, politischen und nationalen Leidenschaften kaum vorstellbar und möglich gewesen.

Personenregister